王泰權 著

巫帝國

藏在甲骨文裡

目錄

壹 原始殷商起源於一個遠古的女巫部族

殷商會以巫法治國，其歷史淵源來自一個女巫部族。她們是殷商人的女祖妣，從成都大湖泊一路播遷，歷經了六個階段的大遷徙，並在黃帝蚩尤百年大戰中占得重要的一席之地，最後終於在遼東群島締建子姓邦國。

貳 一個巫法巫天的時代

在上古時代的母系社會中，各部落的女巫手握大權，她們不僅是鬼神與人界居間溝通的媒介者，更是全知型的菁英份子，通曉天文、曆法、醫藥、音樂、舞蹈，甚至軍事，對文化的保存、知識的傳播及流通，都有特別貢獻。

參 人與生活

1 殷人的疾病與喪葬 126

靈魂不滅與萬物有靈，是殷商人宗教思想的兩大主軸。他們祭祀的對象包括天神、地祇與人鬼（祖靈），這種觀念建立在他們與環境的互動及族群的凝聚上面。從殯葬文化來看殷人的生死觀，是最直接也最容易瞭解的方式。

2 殷人的社會組織結構 138

從出土的墓葬器物與甲骨文龜甲片，可看出殷商時期已有成熟的社會結構，以及嚴密而複雜的組織層級。小至家庭的組成份子、王室的規格，以至整個殷商社會，都有一套可長可久的階級區分。

3 淺釋殷人及周邊氏族的奇異圖騰 338

圖騰崇拜是原始宗教的最初形式，其實質作用包括團結群體、連結血緣關係、維繫社會組織及區別不同部族等功能。中國上古史出現的各部族都有自己的代表圖騰，隱含在其中的故事耐人尋味。

傳承之序

殷墟甲骨卜辭，自一八九九年開始發現，至一九二九年中研院史語所董作賓前賢在安陽田野挖掘考古，甲骨學才正式奠定學術性的研究基礎。百年以來，各路名家獨領風騷，甲骨之學不斷推陳出新，如今已成為一種時尚熱門的顯學。

我們都知道文字乃表達思想話語的一種工具，不過這種工具也是全世界所罕見獨有的，漢字不但可以上溯四千年而不脫鉤，而且是單音節發音，每個字都包含了形、音、義的奇妙特色，每個部首、偏旁，都構成了系統性的根株聯結，枝葉並茂，終有一天，漢字將堂堂登上人類文明遺產的寶座。

古往今來，欲滅其國者，必先滅其史，欲滅其史，必先滅其文；而我中華歷經三千餘年兵燹戰亂興亡輪替，每逢浩劫而依舊長存，實乃文化傳承未絕之故，文化傳承未絕滅者，全賴文字統一延續之功。

今天，我們要把漢字來歷講清楚說明白，就必須從甲骨文、金文著手，所謂治本必先治源，原始的狀況清晰掌握了，就能體會文字發展的因果演變。

甲骨文是目前中國考古發掘最早也最完備的一批文字，既是三千年前殷商朝王室占卜的專用文體，也是一種濃烈的巫文化圖騰繪畫的象形文字。儘管當時還有用毛筆沾上漆料寫在竹簡片

（冊）上的通用文書，可惜不是鍥刻在龜甲版上，也不是澆鑄陰刻於銅器內，那些原始漢字在數千年的風霜歲月中，早已物化粉碎。

萬幸的是，各地出土的十餘萬片龜甲版，和商周青銅器上的古籀文（金文）銘記，留下了許多寶貴的材料，讓海內外雅好此道者可以藉此施展身手，繼續完成原始漢字的拼圖還原筆墨遊戲，或者更深一層研究考古訓詁，專走學術論文路線，或有文創藝術工作者，亦可在此範疇內汲取神祕的經典元素。

話雖如此，但真要通曉這門學問，唯有庖丁解牛方能奏效，那要怎麼解呢？

唯有從「巫」的角度來看充滿「巫」法色彩的文字，唯有從「巫」的身分追溯歷史場景，解構當時的生活方式，透過這個途徑，才是真正解開甲骨文來歷的不二法門。

本書從殷商王朝的前身談起，包含天文地輿、神話人事、田獵征伐、商貿傳奇、飲食德龢、建築營造法式等等，以及巫法演變過程中的一連串趣事，做全方位的獨特掃描，讓讀者一窺教科書既定模式以外的寬廣視野。

由宏觀再進入微觀，面對甲骨文就覺得欣然有趣而會意在心。否則瞎子摸象，摸了一輩子，還在猜疑中下出錯誤的結論，永遠找不到真相。

作者並不否認，這是心靈長期透過冥冥之中的巧妙觸機，所得到的一些遠古啟示錄，以及巫法世界的對應夢境，因此將歷年來研究的心得見解公諸於世，爾後即將出版的續集篇才正式剖析「甲骨文」字根、意符的基本變化。但願庖丁解牛，讓後人對漢字結構的本質與現象能充分理解，重新體驗古典文化之美。

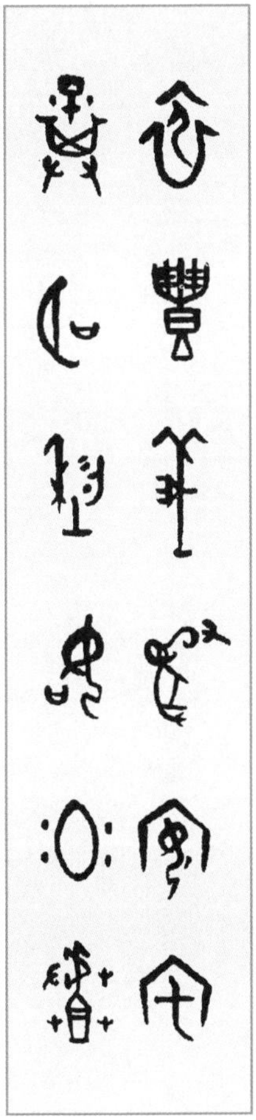

「依禮義為安宅，棄名利如土苴」，最後以甲骨文開山始祖董作賓先生的珍惜名聯作為自我期許，知我罪我譽我，一切交付歷史評論。

二〇一四年歲次甲午

王泰權 序於臺北

壹

原始殷商起源於一個遠古的女巫部族……

1 巴蜀湖濱的原始女巫部族
2 順江東遷，雲夢大澤建立新世界
3 遷徙到長江口，展開近海航行
4 逐漸靠攏黃帝集團，登陸北方
5 拓殖東北，建立子姓邦國
6 商湯伐夏，入主中原

原始殷商女巫部族遷徙大地圖
2
順江東遷，雲夢大澤建立新世界
時間：距今八千年前
地點：長江中游雲夢大澤
3
遷徙到長江口，展開近海航行
時間：距今七千年前
地點：長江下游會稽一帶
4
逐漸靠攏黃帝集團，登陸北方
時間：距今六千年前
地點：山東群島一帶
5
拓殖東北，建立「子」姓邦國
時間：距今四千六百年前
地點：遼東半島一帶
6
商湯伐夏，入主中原
時間：距今三千八百年前
地點：中原地區

一部殷商史就是巫術史，殷商文化就是巫祭文化。殷商會以巫法治國，其歷史淵源來自一個女巫部族。

大約九千年前，有一支女巫部族循著岷山峽谷的崎嶇地段，來到成都大湖泊附近定居了下來，他們憑藉著和平貿易手段及優越的巫術文化，獲得原始藏、羌族的友善接納，得以在此休養生聚。隨著族群繁衍，在物資有限的情況下，開始往外尋求生路。仗著優異的造船技術，他們一路播遷，前後歷經六次大遷徙，從雲夢大澤到了山東群島，醫商併行的獨特表現累積了不少資源，最後終於在遼東半島締建子姓邦國。

這支女巫部族即殷商人的遠古祖妣，無以名之，姑且稱之為原始殷商族。以下就來看看原始殷商族女巫群的六次遷徙，以及他們如何在黃帝蚩尤百年大戰中，占得重要的一席之地。

——編者的話

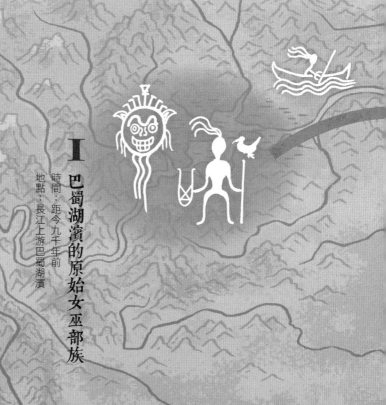

I 巴蜀湖濱的原始女巫部族

時間：距今九千年前

地點：長江上游巴蜀湖濱

◉地圖繪製：張思惟

巴蜀湖濱的原始女巫部族

時間：距今九千年前
地點：長江上游巴蜀湖濱

在遠古時代，四川成都附近曾經是一個大湖泊，我們姑且稱這一帶為蜀地湖濱。這裡居住著母系社會女巫群，女巫們傍湖而居，平日以漁獵為生，靠採集魚蝦果實為食，精通巫術，身上刺青，崇拜蛇圖騰，身邊跟著巨型獒犬。她們已懂得用石斧刨挖倒下的大樹幹，拼成獨木舟，駕乘於湖中，並利用鷺鳥幫忙捕捉湖中魚群。

在女巫部族居住的南邊大地總能冒出源源不絕的鹵水，經太陽自然曝曬而形成塊鹽、護板鹽。鹽是遠古時代用以維持生命的神祕珍寶，她們帶著大地賜予的珍貴塊鹽，穿梭附近水域，與他族進行交易，以其所有，易其所無，並駕舟順著江河，逐漸來到東邊的巴地湖濱（今重慶附近）。

舟

走進巴蜀湖濱這段遠古故事，第一個該認識的字是「舟」字。

在距今約九千年前，巴蜀地區已經進入新石器時代，這裡的原始住民女巫族群已能熟練的運用各種尖銳的石塊、石片、石斧、石刀，作為生產工具，因此懂得剖開倒下的大木幹，刨挖成槽，做成獨木舟，行駛於湖面；或將大木幹裂解成大片木板，當作建築材料。

經過累代傳承，原始女巫族群能精確的將大片木料組合成三角尖翹形的獨木舟，航行於巴蜀之間的長江水域。當時甚至可能已使用雙舟併排的方式，中間用竹桿或繩索牢綁聯結，舟的一邊坐人，另一邊用來載貨，即使行駛在危險的水域中，也不容易翻覆。

對濱河維生的女巫族群來說，舟不但是水上工具，舟的大小更象徵地位與財富。年長的女巫或族長若是病老而死，就以舟為棺木，經過隆重儀式，將舟棺寄放在崖壁間的山洞，舟頭朝向太陽升起的東方，意味著生命即將回返初生之地，此亦為古老濱河文化中神祕「船棺葬」的由來。

鹵 鹽

若說巴蜀之地的女巫部族是靠鹽起家而開始了交易遷徙之旅，一點都不為過。

遠古時期，在地殼變動中大地所流瀉出來的深灰色鹵水，含有高度鹽分，經過陽光長年曝曬蒸發水分，就變成地上自然的塊鹽或板鹽。鹽中主要含有鈉元素，人體如缺鈉，輕則肢體發抖抽筋，重則死亡。因此，遠古時期的內陸地區，一小塊鹽就可以換取許多珍貴物資。

原始女巫群運用獒犬在蜀地南方搜尋，取得了天然曝曬的鹽塊，從此掌握了等同於白金般的神祕資源。於是她們帶著珍貴鹽塊，順著江水，冒著危險展開了四處遷徙交易，這可說是現今中國南方所遺存下來的古老商道——茶馬古道的最早開端。

最早並沒有「鹽」這個甲骨字，「鹵」可視為最早的鹽字，口裡面的幾個點點，傳神表達了鹵水裡面有結晶體，經過曝曬或煎煮就會產生鹽塊。到了晚期金文才出現鹽這個字，由臣、鹵、皿組成，表達有人在監視鹵水煎鹽的景象，可見得鹽是極重要的物資。

鹽字的演變：

獒氏

這個圖騰看起來像個獅頭，但中國地區未曾出現過獅子，為何會有獅子的圖騰？其實這不是獅子，而是獒犬。

獒，站起來像黑驢，跑起來像老虎，吼起來有若獅子，即使流盡了最後一滴血，也不會放棄對營地的捍衛以及對女主人的忠誠。獒是原產於青藏高原的大型犬，祖先血緣來自岡底斯山，性格剛毅、力大凶猛，是這群女巫氏族的護衛犬，在巴蜀地區遷徙過程中有若沉默的守衛神。

所以氏族的「氏」字，在甲骨文、金文中都寫作：、等形狀。許多人還誤解成游牧民族的手杖，其實這是指以獒犬為本的圖騰符號。中國不產獅子，凡有關獅形的圖像或祭典活動的獅，都是從獒犬形象脫胎出來的。

階段 2

順江東遷，雲夢大澤建立新世界

時間：距今八千年前
地點：長江中游雲夢大澤

原始女巫群由於環境資源有限，部分滯留在巴蜀之地，部分靠著愈來愈好的技術建造了大木筏，以船為家，帶著珍貴的鹽，順江而下，來到了雲夢大澤。

七、八千年前的雲夢大澤，是一個湖泊、沼澤、濕地、丘陵和平地共同組成的叢林水國，氣候溫暖潮濕，有如今天的亞馬遜河流域。據說這雲夢大澤的面積，最大曾達到四萬平方公里。

原始女巫群擅於適應濕熱的沼澤生活，當她們赤身露體下水採集魚蝦時，就靠著身上滿滿的刺青圖騰嚇退水中猛魚怪獸；刺青圖騰，也是行走在叢林裡的最好障蔽掩護。這裡的植物藥草種類豐富，女巫們得到許多珍貴靈藥，醫術突飛猛進。女巫們同時也帶來了巴蜀湖濱的野生稻種子，在這一帶拋撒種植。此地叢林多象，她們開始學習馴象，運用大象在陸地上搬遷運輸。船屋是她們的住所，也是物物交易、行巫術醫療的處所。

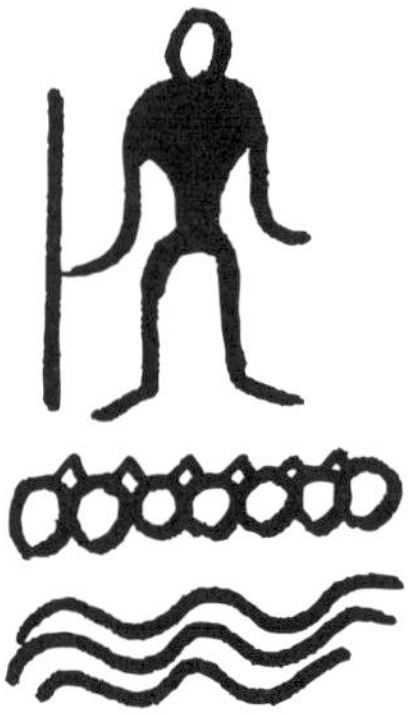

乘 一個人站在木筏上航行，代表了一個水上人家的誕生。

大約在八千年前，原始女巫部族的活動範圍，從巴蜀之地經過貴州烏江，一路輾轉擴張到長江中游的雲夢大澤。那時的雲夢大澤比起現在的遺跡洞庭湖要大上十倍以上，是連跨多省（湖南、湖北、貴州、廣西等省）的寬闊水域以及原始叢林。在這綿延、一望無際的大湖泊上，小獨木舟的運輸功能漸漸不符實際需要，因此，發展出大木筏形式的船屋，並以連結的船屋形成聚落。比起家鄉的獨木舟，人們似乎更加倚賴木筏船屋，成了名副其實的水上人家。甲骨文的「乘」字還保留了這方面的訊息。

原始圖騰描繪如下：

甲骨文的表達反而很簡化：。立人＋木，看得出來是一個人站立在木頭上。而木筏便是將樹幹、竹竿並排，用繩索或皮條綑紮而成。

象 在雲夢大澤叢林，原始女巫部族個個都是役象好手！

為了要建造大型的船屋、船戶，需要許多巨大的原木料，叢林裡多的是參天古木，光靠人力採伐，曠日費時，而且又要如何運送這些笨重的木料呢？一路守護女巫部族來到此地的獒犬，由於水土難服，逐漸在這個歷史的發展階段中自然退位，淡出舞臺，這項搬集大型木料的粗重工作便改由大象來擔任。女巫部族訓練野生象群，取得馴獸經驗的技術，讓大象成為最有利的運輸交通工具，形成河上靠船屋、陸上靠大象的生活景象。

甲骨文中的（為）等形，就是役使大象的描繪字；甚至於在中國地理上，中原地區的河南省，古稱「豫」（小篆作），也是役使大象的意思，只多添置了乘載木架。在殷商朝的君王盤庚七遷都城中，大象更擔任了重要角色，靠著由荊楚之地徵調集中的大象兵團，才能勝任如此艱鉅浩大的遷都工程。在古書《呂氏春秋》中，甚至還記錄商王曾騎著大象討伐淮夷部族的事。在還沒使用牛耕作之前，大象也曾擔任整地的角色。

象：為：豫：

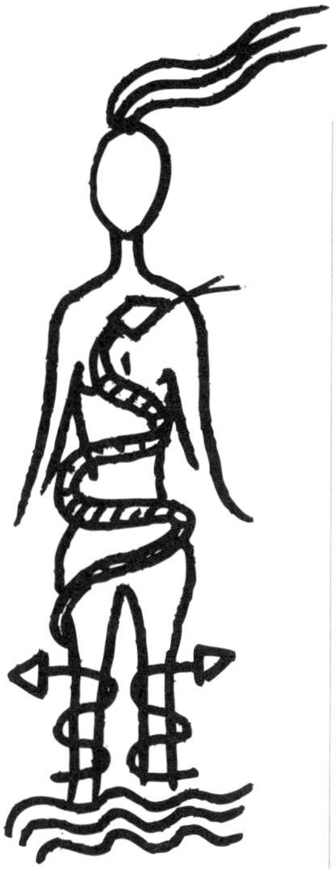

文 紋身，在遠古時代是因生存環境的現實需要，而自然發展出來的圖騰藝術。

遠古時代的雲夢大澤荊楚之地，氣候溫暖潮濕，近似於現今的亞熱帶氣候，人們幾近裸體下水採集食物，必須有祖靈保護，以及環境偽裝色來保障安全。因此，此地的紋身習俗盛行，即使到了春秋戰國，這裡的紋身習俗還是不曾改變。

久而久之，習俗自然會朝著藝術美學的精緻層面提升，所以「文」字，帶有部分的藝術意味就不足為奇了。再來要說到的是另一種「文」。

女巫部族有其豐富的歷史記憶或特殊的祖靈啟示，為了傳承，有些女巫必須將這些圖騰印記、啟示或神諭紋刺在身上，在祭典時，如同看圖說故事般，宣說給族人聽。而隨著貿易路線的擴散，女巫部族就將祖靈以及天地神祇的概念宣諭出去。

「文」字，既然是在人體上描繪刺青形狀，換言之，也是另一類的人體活動唐卡，中國文字的起源就從此處發軔。因為要將一連串的大事小事，說得清楚講得明白，必須要融合圖說，圖說變成圖騰，繪畫變成濃縮的簡約符號，中國文字的初步輪廓就漸漸有了雛形。

在甲骨文中，「文」字大體是：、，但在金文銘文中的「文」，就稍稍看到一些變化，如、……。但無論怎麼變，都是在人的胴體上刺青，刺上各種有特殊意涵的圖騰，或魔咒，或神諭。

再比如「赤」字，甲骨文作，其原義是女巫在祭典的篝火旁邊，展現胴體上的刺青圖騰或符號，說明身上圖騰印記的由來，做為神話或傳聞的解說教學，可視為一種最古老的教育傳承。而赤字，除了代表不穿衣飾之外，也代表紅色之意。

若是兩個赤字並排，那就是「赫」字，原義就是在慶典大祭中，一排繪刺各種圖騰的女巫，或立於祭壇之上呼喊歌頌，或騎坐於大象上，以慶娛神明。赫字，在古在今，皆是指盛大貌。

「文」字演變：

「赤」字演變：

龜既是食材，也是現成的藥材容器。

在食物採集方面，蛋白質食物大體上仍以魚蝦為主，碰到乾旱期，有鱉就抓鱉，無鱉抓烏龜。因此，原始女巫部族有食龜的長遠傳統，而大量烹食烏龜的過程中，必定會留下為數可觀的烏龜空殼，那這些烏龜空殼又能做什麼用途呢？

一對相對的烏龜殼，在一端用黃泥黏土將它們封住，就是現成的藥材藥品容器，然後一對一對的排列在舟船形狀的木槽中，不同的船隻有不同的類別和用途，此為女巫部族精通醫術者的專用器材。

再者，由於烏龜的呼吸吐納特殊，壽命很長，活個二、三百年不成問題，因此龜殼也被視為具有神祕靈性，用於盛裝藥材，是上古人類自然的崇拜聯想。

殷 這個殷字說明了原始女巫部族擅於醫療，特別是婦產科病症。

在雲夢大澤的女巫部族，經過千年遷移旅居，歷經種種嚴苛環境，自然比其他的氏族部落更加通曉大地山川的百花百草藥性，這些考驗是他們能遷徙到不同環境、克服環境的特殊能力。

船屋是女巫族群施行巫術、醫術的場所。船屋上有各種尺寸的尖銳石針、玉針，還有種種百草藥材，裝置在一個個用黃泥封住的龜甲殼中。

女巫群除了有大型的船屋貿易站，也有醫療性質的船屋，透過交易和醫療這兩種途徑的服務接觸，減少了其他在地部族的敵意，女巫群才能在荊楚之地長居久安。

像殷字原始圖騰表達的就是在船屋裡面，女巫手拿器具為孕婦施行生產或醫治。到了甲骨文，便是一個孕婦躺在床上接受治療的情景。難怪到了後來，外族對原始殷商族的封號稱作「般」，即婦女接受治療的圖像字，顯示般商有相當出色的醫療技術，受他族尊敬。

圖騰字  圖解：船屋、孕婦、手拿器具。

甲骨文 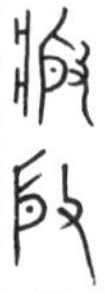 躺在床上的孕婦、手拿器具。

金文 

篆書 

醫

這個原始的圖騰字，有藥酒、有針灸器具，是遠古醫療的象形兼會意。

甲骨文的醫字 ，就是使用如箭尖的玉石器來刺穴道及挑傷口，這些工具都有不同的造型及尺寸，都放在醫療匣中。另外還有一種巫術的用途，認為病魔是動植物或死亡之人的鬼魅依附在人體身上糾纏不休，所以用一種杵形器具，透過感應式或模擬式巫法治療，來驅趕病魔。

「醫」字演變： 醫

階段 3

遷徙到長江口，展開近海航行

時間：距今七千年前
地點：長江下游會稽一帶

原始女巫部族順著長江一路東行，到了江淮一帶，基於貿易路線的拓展，難免與淮南地區的「淮夷」有所摩擦衝突。所以女巫部族只好繼續順江東行，來到長江流域的終端，在太湖附近停泊。當時的太湖還是東海海灣的一部分，是個淺海區。

那時，來自南邊的原住民三苗和百越時時侵擾，加上北邊淮夷的蚩尤集團日漸坐大，壓縮了原始女巫部族的生存空間，他們只好再度遷徙，來到會稽島附近。

原始女巫部族是這個大環境的外來移民，北邊有強大的淮夷，南邊有三苗、百越等原住民，都不可小覷。女巫群以其所擅長的醫療技術和物資交易來獲取短暫和平。當時的會稽島一帶（包含今天的紹興），已經是原始女巫群的商貿大本營。

紹 這個圖騰字，大大展現了原始女巫群卓越的商貿才能。

紹字在最早跟「糸」這個偏旁是毫無關係的。原始圖騰描繪「紹」字，是指在交易中心，與各氏族的商隊代表互相介紹招呼媒合，展開物資交易活動。那用什麼來活絡氣氛、拉近彼此關係呢？當然就是先在大樹下開一罈最上等的好酒，用長長的木杓取出佳釀，分別招待各方嘉賓。

為什麼說是佳釀呢？因為原始女巫部族將成都湖泊的野生稻米，一段一段的帶往長江下游種植，到了太湖流域，稻米種植技術更精良，品種也改善了許多，用好米來發酵封罈，歲月一長，自然就是遠近馳名的佳釀了。

原始女巫部族因為有了便利的出海港口、大海屏障以及會稽島的防衛功能，再加上獨特出色的商貿能力，到了六千年前，已將會稽山附近（即今日紹興一帶），發展為長江流域最大的貿易中心。

在甲骨文初期，紹字並無偏旁「糸」，由於以刀鍥刻的緣故，筆畫簡潔作，到了甲骨文後期的字，，甚至金文初期，反而可以呈現出該字的原貌和精神，而後又簡化成「召」字：。至於糸字偏旁，應是後期才添加上去的。

圖騰字 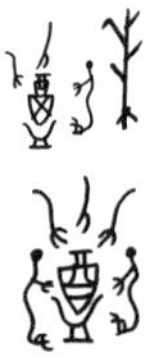

甲骨文 

金文初期 ，後期 

禾

在植物的末梢畫出下垂飽滿的穗子，就是稻穗。來到長江口的原始女巫族，已是個很會栽種水稻的部族了。

原始女巫群在萬年之前，就已經懂得採集野生水稻食用，爾後在遷徙過程中，攜帶品種逐段東移。在初期階段，所謂種稻，不過就是選一片地陷澤地，順手拋撒種子，收成時好時壞，並不穩定。

後來她們發現在候鳥南遷的路徑上，稻米常常豐收，原來候鳥在下降湖畔澤地之後，用爪行走，可以幫禾稻鬆土，用嘴啄食各種蟲螺，可以讓禾稻減少蟲害，而這些水鳥所遺留的排泄物，恰恰又是禾稻所需要的營養肥料。女巫群認為這是天神授意好心，派出使者率領群鳥來幫助人類種植稻米維生。因此，在感恩的情懷下，逐漸形成重要的祭典——禾魂祭。

禾魂祭符號

到了太湖流域之後，水草豐盛、氣溫宜人，住的是干欄式建築，在濕地種稻，平陽之地則豢養豬、狗、水牛等家畜，人工栽培的精緻農耕文化開始成形，祭典儀軌日漸講究，圍繞農耕生活的慶典也逐代添增。

甲骨文早期 ，在植物的末梢上面畫出下垂的稻穗。

甲骨文晚期 

金文 

階段 4

逐漸靠攏黃帝集團，登陸北方

時間：距今六千年前
地點：山東群島一帶

以會稽島為根據地的原始女巫部族，靠著發達的天文曆象觀測，以及有龍骨結構的大型船舶製造技術，自然而然就展開近海航行的貿易。但因南方百越之境為蚩尤集團牢牢掌控，因此只能朝向北方發展，開始往來於東海、山東一帶沿海地段。

他們的商貿路線到達「山東群島」後，與當地的「東夷」族產生通航、通商、通婚，乃至結盟的關係，從此這個遷徙的女巫部族有了一個大融合改變，漸漸從母系社會過渡到了父系社會，形成了原始殷商族。而原來的氏族圖騰崇拜，也吸收了「東夷」族的伏羲神話系列，以太陽神為天帝，崇為百神之尊。因此，蛇圖騰消退了，變成新的「鳥」圖騰系列，歷史上說殷人出於東夷，就是這個緣故。不過女巫部族原有的「獒犬」圖騰仍舊沿續下來，一直到四千多年前在遼西建立邦國後，依然援用之。

此一時期，西北的黃帝集團、東南的蚩尤集團二股勢力進入中原地區爭奪地盤，開始了長達數百年的對峙戰爭。

原始殷商族一方面因為一向與南邊的蚩尤集團不合，另一方面因為據有了山東群島，進可攻退可守，更往北方拓展，而與西北方面的黃帝集團有了接觸。在拓展部族生存空間的前提上，原始殷商族選擇靠攏黃帝集團，結成同盟。

原始殷商族是黃帝集團內的強大物資補給隊，他們建立了近海航行船隊，隨季風與洋流，將東南地區的鹽、米、醃肉、藥材、絲、麻等物資，載往山東沿岸一帶，甚至到達東北的遼東半島。回程時，再把東北地區的皮革、毛料運往南邊，由於回程載貨較輕便，北方所產的遼寧玉石塊經常被拿來做為船隻壓艙石，在會稽卸貨後，由女巫們加工，磨製成祭祀禮器。

除此之外，原始殷商族具備高超的役象能力，以及服牛服馬技術，並改良了車輪的製造方法，建立起龐大的篷車運輸隊，讓黃帝集團在後期的對峙戰爭中，能獲得源源不絕的補給，取得優勢。龍蛇爭霸的二股勢力對峙長達數百年，直到距今四千六百年前，在慘烈的涿鹿總決戰之後，黃帝集團總算取得北方共主的地位。自此之後，原始殷商與黃帝集團建立了更緊密的商業軍事聯盟，並且獲得拓展到遼東半島的權利。原始殷商族，可說是一路靠著天生的生意頭腦打天下。

玉

玉，是原始女巫群獻祭、宴饗諸神的食物。

甲骨文最早的玉字，是一根繩子串著幾塊玉，象形字直接表達出用一串玉飾祭拜神靈。

中國文明進化史上，從新石器時代到青銅器時代的這段文明發展過程中，其實還遺漏了一段三千年的文明，那就是玉器時代。確切來說，玉器時代是出現在新石器時代中晚期，有大量的玉禮器。

玉是石中之至美者，原始殷商族以玉作餌食，獻祭祖靈、天地山川神祇。

太湖流域並不產玉，但隨著近海貿易路線的通暢，可自北方取得玉石塊，做為玉工施作的材料。至於玉的製作形制，最多是玉璧和玉琮，都是巫師祭祀專用的禮器，並非做為一般生活器物。這類玉琮和玉璧，在長江下游有名的良渚文化遺址中有大量出土。

通常巫師祭祀儀典的地點，或在會稽島上的頂端，或在河口渡口的空曠沙灘，或在宗社正式神壇的固定位置。

會稽島是南方的神山，與北方的泰山仙島遙遙對應，此一時期，泰山還是海中仙人之島，後來地形改變了，就稱作山。所以後世的堯帝南巡，才會以會稽為大本營，而大禹治水也以會稽號令諸侯，隱約顯現出神祕的歷史背景。

甲骨文後期：慢慢變為一串玉璧餅，用於餌神。

黃帝

帶有中亞血統的西北黃帝集團，是當時中原地區的新霸主。

黃

「黃」字的原義，是指黃帝集團的強項武力是弓箭和車輛。

原始圖騰 

甲骨文 

金文 ：弓形漸漸擬人化，合併車輪了。

小篆 

帝

「帝」是指上古大部落在曠野架高臺，在四方拉彩帶繩，繩下垂綁各小社的敬條，接受各社擁戴，此為原始形態的稱帝。

原始圖騰 

甲骨文 

金文 

小篆 

蚩尤

蚩尤為當時三苗九黎之傑出首領，也汲汲於想爭取中原霸主的地位。

蚩尤頭若銅鐵、盔有牛角，集團戰士的紋身圖騰為猛蛇，與黃帝集團龍蛇爭霸長達數百年。

「蚩」字的演變：

「尤」字為傑出模範之意。

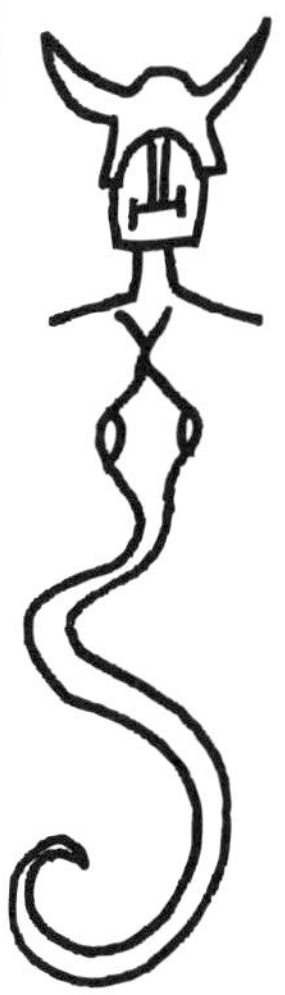

原始殷商族為何要加入黃帝集團？

大約在六千年前，中原地區的黃淮平原已經堆積成形，土壤肥沃，吸引各方氏族前來爭奪。其中，最主要的矛盾是大西北的黃帝集團與東南方的蚩尤集團之間產生了對抗摩擦。原始殷商族在兩者對抗的初期保持中立，繼續做生意，無意參加任何一方。

大約在五千五百年前，帶有中亞混血的西北黃帝集團，正式進軍了中原西部；而東南方三苗九黎、淮夷百越之首的蚩尤集團，也進軍到了中原東部。從此，雙方陣營展開了數百年的紛擾戰爭，原始殷商族的內陸貿易路線受到嚴重破壞阻隔。

最後，原始殷商族倒向黃帝集團這一邊，陸路走不通，就改成海路，因為戰爭的需求，技術就自然發明出來，近海航行隊伍就在此產生。而這個時期，原始殷商族內部也在逐步轉型變化，由母系社會漸漸過渡到父系社會，但女巫的權力並沒有退出淡化，只不過是財富分配管理的方法有所改變，男性也可以累積財富，自由傳承。

數百年的黃帝蚩尤之戰，女巫群選擇了正確的一邊，當然就順理成章從山東群島的停泊基地，正式躍進到達遼東半島，為黃帝集團作後勤補給工作。

詳加分析，有四個因素促成了原始殷商族倒向黃帝集團這一邊：原始殷商族操藏羌語系，而東南方原住民操的是南島語系，此其一。女巫群體型高大，五官輪廓較為突出明顯，肉眼望去，與江淮流域的淮夷、苗黎、百越外形相差甚多，此其二。蚩尤集團為了征戰，常常藉故設關設卡、徵上重稅，引發女巫群強烈反彈，此其三。再加上淮夷並不肯接受原始殷商族的神祇宗教意識，各方面皆難融合，彼此只不過是物資交換，勉強換來短暫的安定，此其四。

服牛馬和舟車技術

在這場黃帝蚩尤的百年爭戰，初期黃帝集團陷於不利狀態，連山東群島的安全都成問題。蚩尤集團為了切斷殷人支援黃帝集團的通路，硬是發了重兵進攻魯南一線，眼看商丘都要不保，黃帝焦慮不已，原始殷商人也是惶恐不安。於是殷人的女巫群派出了大巫長「女發」的祖先「女丑」，與黃帝集團協商困局。最後做出決議，原始殷商族遷往遼東半島，作為黃帝集團的東北屏障，並允諾若戰爭勝利，原始殷商族可在遼寧附近建立邦國。

這段期間，遼寧以西紅山地區的牛羊天然大牧場，就委由原始殷商族的女巫醫療團隊經營管理。女丑是個慧心靈巧的群巫之長，發現野生牛馬可以馴化作為運輸用途，就像在荊楚雲夢大澤時期役使野象群伐木一般。女巫群不但改善了牛羊畜牲的存活率，更創造出優秀品種，保障了大後方的豐厚糧食資源。史書上說，殷人服牛服馬，就是指這段馴獸的過程，女丑的貢獻到此告一段落。

至於女丑的接班人女發，則有更傑出貢獻。殷人長期經營貿易通路，在南方提升了舟船製作技術，現在來到了北方大草原，立刻將以往笨重的圓木板車輪，改成有數十條輻支撐的大車轂，不但堅固耐用，而且承載重量也大為提升。用牛隻來拖雖然速度慢，但運輸量是馬匹的十倍以上，在寬闊的華北大平原上，剛好派上用場，形成了第一梯隊的貿易篷車隊。

史書上說黃帝發明舟車，此為勝利者將一切光環歸於一身的必然現象，幕後功臣是原始殷商的女巫群，所以史書上仍然留了一些線索，如「女發助黃帝」云云。

階段

5

拓殖東北，建立「子」姓邦國

時間：距今四千六百年前
地點：遼東半島一帶

涿鹿大戰後，依照戰後盟約，原始殷商族可以進駐到遼東半島。這片有著廣大原野、豐富水草的新天地，讓原始殷商族開拓了一個嶄新的局面。

首先是打通整個沿海貿易線，包括長江下游、山東群島部分陸地，到遼東半島，往來交易的物資包括米、鹽、貝、玉石、皮革、毛裘、絲、麻、藥材等等。再者，到了廣大平原，牛羊遍野，憑著先進的醫術降低牲口死亡率，更憑藉著閹割的外科技術改良品種；除此之外，更將南方的水稻種植技術帶到東北地區。原始殷商族此階段最重要的是慢慢有邦國的雛形，在紅山地區建立「子」姓邦國，默默經營半個東北地區長達千年之久，基礎深厚。

子 子，並不是孩子的意思，而是原始殷商族在東北遼寧建立的最早邦國，稱為子國。

四千六百年前的涿鹿之戰，西北黃帝集團大獲全勝，九州之域已無敵人。原始殷商族也乘勢收取戰利品，並且依據戰後盟約，在遼寧附近建立「子」姓邦國，堂堂經營半個東北（靠近朝鮮半島）。

殷人建立的邦國，並不稱作殷，「殷」是外族對殷人的稱法，殷人建立的邦國稱為「子」國。當時，黃帝集團是個結構鬆散的邦聯制，並沒有對子國做出太多的限制；相反的，還依賴殷人的商貿團隊來維持南北運輸路線的暢通。

原始殷商族默默經營半個東北，長達千年之久，在文化上扎了深根，在經濟上也投入了相當的建設。甚至後來到了商紂王朝覆滅之後，箕子以亡國餘燼出奔，居然也能在東北建立朝鮮古國，撐了數百年，才分裂成扶餘。若不是有深厚的基礎，焉能偏安於遼東鴨綠江畔？

到底這個「子」是什麼來歷呢？為何原始殷商族會將第一個建立的邦國稱為子國？

原來這個子國最初的圖騰就是舞獅圖騰，這是脫胎於原始女巫群的守護神獒犬。甲骨文省筆刻寫成了，保留了舞獅頭套形狀；到了甲骨文後期，獅頭簡化成用口字形符號來代表：；到了金文才寫成了，小篆。

封

戰爭勝利，裂土分封的儀式與一株神樹有關。

西北黃帝集團打敗東南的蚩尤集團，一統天下，國家的雛形誕生了，但在四、五千年前，仍舊是一個鬆散的邦聯制，裂土分封後，尊黃帝為共主。在冊封小諸侯或小邦國時必須定出疆域界線，因此，王室將帝都特有的神樹，通常為松、柏、樺樹等，整株挖起，帶根帶原土，用草席包覆重新移植到新的疆界，作為確認領地的分封儀式。

原始圖騰 

甲骨文 ：旁邊加上了手或持，表示在地界種上神樹，確定領土。

邦

封字的半邊「圭」，加上邑部「阝」，就成為聯邦的邦，即古代的小邦國，約為今日之縣域。

原始圖騰 

甲骨文 

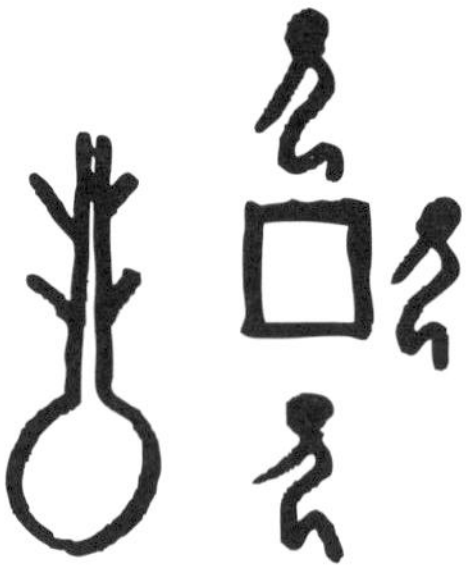

階段 6

商湯伐夏，入主中原

時間：距今三千八百年前
地點：中原地區

距今大約四千一百年前，正當原始殷商氏族在北方建立子姓邦國之時，夏朝建立於中原。夏朝有三位知名的祖先，按順序是堯、舜、禹。堯是一個很會製造彩陶的專家，舜是個很厲害的役象人，而禹則是一個水利工程專家。夏朝雖然是中原地區第一個王朝，卻是一個鬆散的部落聯盟。夏朝末期，夏桀昏聵，國政大亂，部落聯盟之間產生許多矛盾。這時候，原始殷商族祖先契的第十四代傳人，也就是殷商朝的開創始祖商湯起兵滅夏，一路由山東打到山西，入主中原，在距今三千八百年前，建立了準殷商朝，並流放夏朝末代皇帝夏桀到安徽。

不過，殷商族仍不改遷徙本性，歷代君王都愛遷都。到了盤庚，靠著龐大運輸車隊，任內曾七遷首都，最後遷都於洹水旁的安陽（今河南省內）。此後，一直到末代商紂王帝辛都未再遷都。三千一百年前（西元前一〇九八年）周武王伐紂滅商，建立周朝，商朝走入歷史。

堯

堯，是中國古代最早的製陶者，很會製作彩陶器皿。

堯是黃帝的曾孫，在成為天下盟主之前，以製作陶器為業。由於曾受封於陶（山東定陶）和唐（河北唐縣）二地，因此又稱為陶唐氏。堯成為天下盟主後，以山西汾河流域為主要根據地，在位七十年，開創禪讓之治，讓位給舜治理天下。

原始圖騰 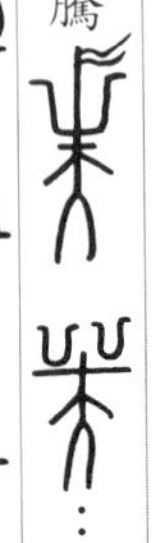：彩陶之神。

甲骨文 ：一個跪著的人，頭上頂著好幾個陶罐。

小篆 

舜

舜，是個役象專家，能役使大象工作。

舜發跡於山西，通過堯的考驗而成為天下共主。傳說他在擔任天下共主之前，是專門役象的人，曾讓大象為他工作，耕種、漁獵、搬運，樣樣民生技能，都難不倒他。

舜的活動範圍主要在山西的西南部。他在位時，沿用堯帝原已舉用的禹、皋陶、契、棄、伯夷、夔、龍、垂、益等人，並清楚分工，劃分職責。他命禹擔任司空，治理水土；命棄擔任后稷，掌管農業；命契擔任司徒，推行教化；命皋陶擔任「士」，執掌刑法；命垂擔任「共工」，掌管百工；命益擔任「虞」，掌管山林；命伯夷擔任「秩宗」，主持禮儀；命夔為樂官，掌管音樂和教育；命龍擔任「納言」，負責發布命令，收集意見。顯見舜很有管理才能。

舜年老時，認為自己的兒子商鈞不賢，就確定了威望最高的禹為繼任者，管理天下。

原始圖騰 ：舜字原義是役使大象工作，原始圖騰字有帳篷、象、工人；後來一再簡化只保留腳印。

小篆 ：運土方的大象腳印。

禹 禹，是個了不起的水利工程專家。

禹的先祖傳說住在西北地區河套一帶，在禹的時候遷徙到今河南西部，率領百姓治理黃河水患，以利於發展農業生產。在治水的過程中，禹走遍天下，對各地的地形、習俗、物產等皆瞭如指掌，因此還重新將天下規劃為九個州。

所謂大禹治水的「禹」，許多人誤認大禹跟「虫」字部有關聯。其實大禹是水利工程專家，他能組織動員成千上萬的獨輪車，進行各項工程。

從圖騰字轉變可見端倪，手推獨輪的雞公車，後來車輪符號漸漸被簡化消失，訛誤成「虫」形，一直到小篆都沒有還原真相。以下來看看「禹」字的原形和演變。

原始圖騰 ：手推獨輪雞公車，乃是載運工程土塊，進行工程。

金文 

小篆 

湯

商朝開國的第一任君王，本身是一個祈雨大巫師，極為靈驗。

首先要解開右邊「昜」字的變化，這與易經的「易」不一樣，多了一橫，念揚。上古時期，「昜」是什麼意思呢？原來是殷商宮廷午宴的禮儀。

什麼樣的禮儀呢？君王立於臺階之上，袖袍揮展手一「揚」，女官（即嬪）就將上好的醴酒分別浥注於臣子的酒杯中。諸臣子跽坐於草席蒲團上，紛紛舉雙手對飲。

至於「湯」字，就是「昜」旁邊，多加了水。

大巫王商湯擅長祈雨，而且靈驗多年，而這些活動，通常在河濱舉行，並且賜宴臣民。湯，這是他族及周朝對商湯大巫王的尊稱，但是殷商人對祖先商湯卻稱作「唐」。唐字古音念「噹」，就是巫王搖動鐘鈴，開口唱念咒語，以通神明。

昜

原始圖騰  ：君王立於臺階之上，袖袍揮展手一「揚」，女官就將上好的醴酒浥注於臣子的酒杯中。諸臣子跽坐於草席蒲團上，紛紛舉雙手對飲。

甲骨文 ：將此象形圖畫，簡化成符號。

金文 ：也是濃縮符號。在金文的文義中，此字皆作對揚的「揚」，換成現代語，就是君臣乾杯。

小篆 

湯

甲骨文 

金文 ：祈雨時，賜宴臣民。

小篆 

唐

圖騰字 ：手拿巫法樂器的鈴鐺，邊搖動邊念頌。

甲骨文 

金文 

商

想知道殷商人如何做生意嗎？看這個商字就知道他們如何善用大篷車隊，往來四方，進行武裝貿易！

商字起源於黃帝蚩尤作戰，殷人建立大型篷車隊，為黃帝提供後勤補給作戰物資。等天下底定後，這種大型篷車隊便轉型為武裝貿易車隊，定期定點巡迴各城邦，一邊進行軍事巡查，一邊做交易市集，故殷人自稱為商，後再稱大邑商。

想當初，在寬闊的華北平原上，原始殷商族以篷車隊將物資運送到黃帝集團手中，源源不絕的物資供應漸漸扭轉了戰局。蚩尤對這些篷車隊忌恨在心，準備隨時打劫破壞。篷車隊速度緩慢，多屬零星

出發，力單勢薄，因而常常中伏，折損不少人員物資。後來殷人採取了應變策略，一次集中百輛以上為大車隊，並且配有斥候騎兵護送。碰到蚩尤苗兵呼嘯攻擊，便立刻將車輛排成首尾相接的環形車陣，將牛馬聚於陣地核心中央，並且施放狼煙送出警訊，損毀的車輛也乾脆推倒，變成臨時矮牆屏障。這種圓環形式的防衛非常有效，可以有效的阻遏騎兵衝鋒攻擊。等到殷商朝建立之後，這樣的大型篷車隊更被運用在武裝商貿的拓展上，從而建立以商立國的大帝國。

原始圖騰 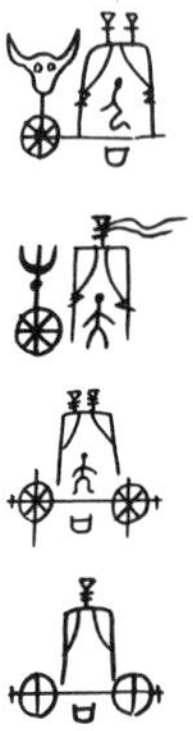：商字乃篷車隊趕集之象形會意。

甲骨文 ：由於甲骨文是硬筆鍥刻龜版，畫圓圈很費工筆，刻方直較便利，故多省略車輪形狀，但依舊描刻車篷形狀，並保留了車頂上的冠形商記標誌，以及吆喝招呼的口形。

金文 

篆書 

周

用田養活天下之口，就是「周」的原義。

周人早期居於今山西中南部一帶，後來遷居於豳（今陝西旬邑縣），與秦接壤，是商湯的屬國。周人早先並無「周」的概念，因受到戎的侵襲逼迫，大約在商朝盤庚後期，遷至渭河流域岐山以南之周原，就此才產生了「周」的概念。周原物產豐富，土地肥沃，灌溉便利，農耕條件優越，經濟發展快速。周字的原義即為綿延之農田。周人造田營舍，建邑築城，國力迅速壯大。到周武王滅商紂王，西周取代商朝，「周」字就多添了口形，暗喻以「田」養活天下之口。

甲骨文 ：築埂劃界，圈地而種，田地裡種滿了莊稼。

金文 ：在原有的田地下面加了個口，表示這是個以種田養活天下人的社會。後期金文，則省去了田地裡的點點莊稼。

小篆 ：田地的描繪已經變樣。

崛起渤海灣的商湯

黃帝之後，便是堯舜統治，傳位夏禹，夏禹建立夏后王朝，傳位到太康，差點滅亡，靠著少康中興，勉強維持了夏禹之績。但國家元氣耗盡，後世難以宏圖振作，等到末代皇帝夏桀登基時，九州財富皆藏聚於殷人手中，夏朝的滅亡已經成了定數。

在太康差點滅國之時，殷人掌握機會利用矛盾，在渤海灣悄悄建立了準商朝，圖騰是白底黑色的玄鳥（鴟），所以《詩經》的商頌寫到：「天命玄鳥，降而生商。」一與東夷鳥圖騰部族聯成一氣，勢力範圍遠達吳越之地。

而原來的「子」姓邦國，就委由女巫群掌管治理。新的準商朝在伊尹輔佐之下，集結所有東方鳥圖騰部族的兵馬，由商湯率領僱傭兵團，從山東打到山西，正式取代了夏朝夏后氏，並且在中原建立了殷商王朝，傳位到盤庚，殷人自稱為大邑商。

貳

一個巫法巫天的時代

1 掀起女巫群的神祕面紗

她們是通靈者，也是全知型的菁英份子

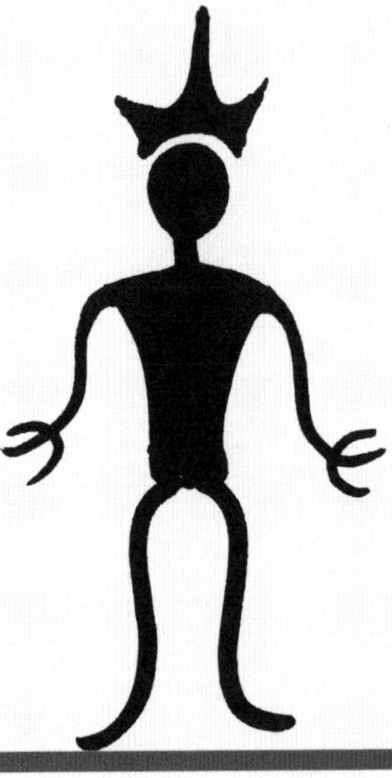

殷商是個「逢事都要反覆貞卜」的時代，甲骨文所記載的就是卜問之辭，而主司其事者就是巫官。因此要瞭解甲骨文，就不得不從「巫」字下手。

在上古時代由女人主導的母系社會中，各部落的女巫手握大權，她們不僅是鬼神與人界居間溝通的媒介者，更是絕頂聰明的部落精神領袖，通曉天文、曆法、醫藥、音樂、舞蹈，甚至軍事，對文化的保存、知識的傳播及流通，都有特別貢獻。

——編者的話

長期研究甲骨文、考證金文，對文字的因果演變，自然會釐清許多訛誤，並且尋覓出各種原始真貌，若再參酌對比以下經典，如《山海經》、《楚辭》、《爾雅》、《周易》、《尚書》、《詩經》、《史記》，仔細爬梳，也能加強對上古史的正確認識。中國歷史在王官文化的詮釋下，往往被扭曲得面目全非，尤其在漢代以後，獨尊孔儒而廢百家之言，活蹦亂跳的文化從此變成死水一潭，這些層層積累的錯誤歷史，當然有必要予以翻動整理、回歸真相。因此，就先從歷史的源頭——上古史來做一個開端。論述上古史，就必須談到巫史，這是一體兩面的事，我們不能刻意迴避巫文化，甚至不諱言地說，沒有巫文化就沒有中華文化。

而上列古籍中，似乎有意遺漏了《周禮》這本曠世鉅作，原因何在？必須承認《周禮》乃數代學人完成的重量級作品，涉獵範圍極廣，對生活方式的各種層面都提出極細膩的藍圖，例如〈禮運．大同篇〉，文字並不冗長，卻句句珠璣，簡直就是一篇完美的社會主義宣言，看完能不感動者幾希矣？問題就出在周室東遷沒落了，王朝的尊嚴與榮耀一去不復返，為了救亡圖存，以天下為己任，一群書生治國，窮畢生之力，寫出周天子的理想國、夢幻國，許多內容雖是臆想，卻認真地加以詮釋說明，可惜太神聖往往就是不切實際的代名詞。況且，周王朝表面上是周承殷制，實際上沒有吸收到殷商文化的真髓，光是從禮器的工藝水平和文字演化來看，就遜色退步太多了。因此，對於重新思考上古巫史來說，《周禮》的內容不恭維不排斥，但要審慎參酌。

巫非巫，非常巫——一群美麗與智慧兼具的女人

古人稱「巫」是：女能事無形，能通天地。這與歐洲中古世紀的巫，名同而義不同，前者是中國

文明締造傳承的女祖，甚至是統治者，而後者是被教會殘酷獵殺的迫害對象，本質不同，因此命運也截然不同。

原始殷商族得以在歷史長流的舞臺上勝出，統領風騷五百年（按殷商王朝年譜），並在文明上獨占鰲頭數千年，追溯源頭要歸功這些傑出又美麗的女巫。雖然許多人承認，原始殷商族的女巫群非常傑出，對文明及文化的傳播有深遠的貢獻，但也難免質疑：這些女巫真的像傳說中那麼美麗妖嬌嗎？

答案是肯正的，因為按原始殷商族女巫群的人事結構，世代傳承的女巫首先要具備這幾個條件：

❶大難或大病不死，死而復活的奇蹟見證者，有靈通體質，可通各路神鬼靈魂，自然可以服人。

❷有高等智慧、淵博知識，能預測未來且屢經驗證，所言必中，自然可以服人。

❸品德良好，有愛心、仁義心，能為群眾服務，為氏族所依賴，自然可以服人。

三項條件中有兩項俱全的菁英份子，很快就能成為社之首、氏之頭，她們身兼管理工作，事務繁忙，奔馳各地，必須要有分身或職務代理人或經驗傳承人來分擔事務。因此，她們會精挑細選能取悅神靈、體態膚貌容顏俱佳的女子，有若近代的選美活動，親自加以培養訓練，即使不是自己的女兒，也情同母女。因此，年輕女巫多麗多媚，實屬自然之事。

而這些秀外慧中的女巫在洪荒未闢的險惡環境中，率領氏族征轉遷徙，透過種種求生手段，所求證印證出來的巫術活動，更不可一概斥之為封建迷信，箇中道理如下所述：

一、**以動機論**：為了愛護有血緣臍帶關係的親族，為了讓氏族繼續繁衍壯大，她們自然是公大於私，行多於言，所有的巫術法則是以原汁原味呈現，不摻假不作偽。但是到了春秋戰國時代，禮樂崩壞，上下交征利，君王愚弄人民，術士玩弄君王，私欲橫流的結果，所謂的巫已經變了質走了樣。到了漢代，政治鬥爭開始利用巫術為工具，整個社會充滿了荒謬的讖緯思想，「巫」已經背離真理太久遠了，不堪聞問。所以，不能將原始殷商族女巫群的巫來類比後世傳統概念中的巫，此有釐清之必要。

二、以效果論：原始殷商族的女巫群，是在真實險惡的環境中，試煉出可行性、有效性的巫術巫法，若是不驗就必須找出原因，否則付出的慘痛代價可能就是整個氏族的大絕滅。經過層層考驗後，自然總結出比較有效果的經驗法則。而後代的巫覡卻是漸漸走入官僚體系，享受鼎食成為巫官，官僚的結果只能照本宣科，脫離了實踐是檢驗真理的唯一標準，還能精進嗎？還能有效嗎？

三、以文明論：女巫群經過數千年又數萬里的長征遷徙，越過各種大小河川，翻過各種大小山嶽，對各類山川水土的風貌習俗都留下了文字紀錄，因此才有《山海經》傳世。《山海經》初看類似神話，但神話解碼剝離後，就是一部巫法世界的方輿誌。

十種專職女巫，本領各不同

上古蒙昧時期是母系社會當家，人類還處於小型會社的發展階段，合作獵捕、專長分工、所得均享，算是一種集體所有制。女巫群就是一個眾巫分工（每位女巫都有最基本的社），但又集結整合互為支援的神祕組織。在古籍中，也可以搜羅到有關「巫」的各種名稱及職能，僅舉二例說明於下：

- 《山海經》的靈山十巫：巫咸、巫即、巫朌、巫彭、巫姑、巫真、巫禮、巫抵、巫謝、巫羅。

•《周禮》有九巫：巫更、巫咸、巫式、巫目、巫易、巫比、巫祠、巫參、巫環。

下面就以《山海經》所記載的十種專職女巫為例，看看她們是如何分工的：

①**巫咸**：群巫之長、氏族之長，兼醫療內外科之權威。

②**巫即**：專研水陸膳食之烹調，以及丹藥炮炙煎煮。

③**巫朌**：掌管天文曆象歲時等相關事務，甚至包含遠方地理、地質的探索。

④**巫彭**：專攻戲曲、音樂及巫祝祭典表演。

⑤**巫姑**：長期保存歷史人文的所有文明記載，並且肩負教育傳播工作。

⑥**巫真**：專攻詛咒祝由的感應巫術，模仿巫術及種種幻術，還有各種占卜奇術。

⑦**巫禮**：所有祭祀儀軌的表演者，能歌善舞，以娛各方神祇神靈。

⑧**巫抵**：開採玉石礦物、雕琢研磨，或為裝飾或為祭供或為法器。

⑨**巫謝**：專攻男女姻緣情愛媒合及性愛相關事務，經營最早期的人口優生學。

⑩**巫羅**：不可誤讀為天羅地網的羅，也不能誤解為專門製網的女巫。羅疑為「儺、難」的原始同音字，類似《周禮》記載的方相氏，披上猛獸皮革、手執斧鉞、足踏舞步，專門驅趕惡鬼，袚除不潔，可以算是日本能劇的真正源頭，也是西藏金剛薩埵舞的始祖。

這麼多不同的巫，出處不一、名稱不一，但其實經反覆對比、爬梳整理，扣除同質異名及轉抄訛誤的部分，還是有脈絡可循。

咸

巫咸：群巫之長、氏族之長，兼醫療內外科之權威。

圖騰字： **甲骨文：** **金文：**

《山海經・海外西經》中說得很仔細：「巫咸國，在女丑北，右手操青蛇，左手操赤蛇，在登葆山（今山西安邑縣），群巫所從上下也。」另外《山海經・大荒西經》也提到：「大荒之中，有靈山，巫咸、巫即、巫朌、巫彭、巫姑、巫真、巫禮、巫抵、巫謝、巫羅十巫，從此升降，百藥爰在。」

這裡面暗示了「女丑北」（即北方的女兒國），左右手操蛇，係指有蛇圖騰紋身的氏族，當然與夏后族系有密切關聯。「群巫所從」，是指以女酋女巫長為尊，活動範圍在五台山附近，剛好在夷、夏、狄、玁交界之所，乃狩獵、游牧、耕作、漁捕文化融會混合之地。

那巫咸國又是怎麼來的呢？原始殷商族女巫群，本就以商貿為習性、醫藥為強項，在遼西建立了「子」姓邦國，漸分三路發展：①一個在東北拓殖新地盤；②分支在遼東、山東及浙江往返舊巢（近海航行）；③主力全部西進，繞過中原夏后氏領域，插入晉北，建立五台山根據地。

商湯伐夏，由渤海灣南下直取山東並非難事，但要攻入冀、豫、晉三省，就沒那麼輕鬆。倘若不是巫咸（女巫群之長）長期經營，再布局安

遠古女巫酋長的原始形象

咸

●巫咸是群巫之長，斧頭代表手握權柄。

●一族之長且法力高強，負責在祭典中召喚祖靈及神明降臨。

排，聯合西北各氏族連續倒戈，夏朝不會亡得那麼快，亡得那麼徹底。所以《尚書》說：「格于上帝，巫咸入王家。」連秦朝的《詛楚文》石刻都要寫上：「告于丕顯大神巫咸。」可見巫咸在歷史上的尊崇地位。

即

巫即：專研水陸膳食之烹調，以及丹藥炮炙煎煮。

圖騰字：  **甲骨文：**  **金文：** 

小篆： 

以上字體字形大同小異，皆像一人跪坐於食器之前，似乎等著開鍋開飯，故引申為立即、即刻之意。唯此處「即」宜做二個解釋：①專門做精美膳食，調和五味；②專門煉製靈山各式藥材。

巫即是兩項專長皆具備。群巫所採集的藥材，最後都要歸到巫即手上，分類整理後烹煮炮炙，再吹噓有不死之靈藥，供女巫群四處商貿交易以獲利。

彭

巫彭：專攻戲曲、音樂及巫祝祭典表演。

甲骨文：  **金文：**  **小篆：** 

彭，是打鼓的意思；而巫彭則是集音樂舞蹈藝術於一身的女巫。但是光

一人跪坐於食器前，正等著開鍋開飯

即

•此字原形與膳食烹調脫不了關係。

•巫即的工作，從此字來解，就是烹調。不僅負責一般的膳食烹調，還負責將群巫所採集的藥材分類整理後烹煮炮炙，供女巫群交易。

•此字後來引申為立即、即刻之意。

有這種藝術表演，只能稱作「優人」，還不能稱作巫。

原始殷商族的巫彭會將包覆蛇皮的節鼓繫於腰上（用手指彈或用手拍），遇到非一般疾病的怪病，如精神異常、中邪，就交由巫彭進行一場驅魔儀式來化解。

首先要在祭場架起燃燒整夜的篝火，而後一邊飲酒，一邊歌詠祖靈、讚頌天地。旁邊還有一位全身塗滿油彩的「巫相」，裝扮成人、神、獸三合一造型的威猛之神，兩人一唱一和，漸漸進入精神恍惚的狀態。鼓聲敲擊的節奏忽快忽慢、若急若緩，巫彭旋身迴轉如鶴似燕，武將立刻跨步跳躍如虎如豹，一柔一剛，繞著熊熊烈火長嘯嘶喊，偶爾發出連串的古老咒語，隨後衝到早已綁在大樹底下的病患身邊，用聖酒噴灑其身軀。若是邪靈不退不降不服，族人立刻將病患綁在門板上（當作擔架），大夥兒抬到火堆邊上繞圈而行，這時抬擔架的族人似乎也被催眠式的音樂節奏及現場氛圍感染，沒學過舞蹈的他們不由自主地搖晃著身軀，愈搖愈快，最後連人帶擔架衝進火堆中央，居然毫髮無傷地穿越而過，一直到巫彭面前才停了下來。

巫彭輕輕地拂著病患的臉，拿起龜殼製作的藥罐，面向天際的星空，優雅地伸展出巫法手勢，將藥丸放進嘴中嚼碎，滿臉都是淚水，然後低著頭將碎藥丸合上水酒灌入患者嘴中。最後，巫彭將許多香草花瓣撒落在病患身上，再由眾人抬行到篝火繞上兩圈，將香草花瓣丟入火

鼓聲響起，歡樂慶典即將開始

彭

- 這是打鼓的象形字：左邊是鼓的象形；右邊的長短符號，代表的是連續性的鼓音聲波。
- 「巫彭」是集音樂、舞蹈藝術於一身的女巫。
- 她們在腰間佩戴用蛇皮包覆的節鼓，為中邪、怪病者進行驅魔儀式。

堆中，代表從此厄運遠離。巫彭繼續低吟，口中唱著感恩頌讚，手指輕彈小鼓節拍，舞出最後一場對天神的謝幕之舞。

現今，在西伯利亞和東北的薩滿，以及西藏少數原始的苯教，都還留存這些早期巫術的痕跡。所以不要光看字面，巫彭並不僅只有鼓手這點能耐；後世（指西周之後）的巫彭雖然登上了廟堂大雅，但已經淪落為表演性質居多、人神感應部分較少的儀式性活動了。

朌

巫朌：掌管天文曆象歲時等相關事務，甚至包含遠方地理、地質的探索。

甲骨文搜尋無此字，金文亦闕失，古文無徵，只能參考其他經典。

《山海經．大荒南經》：「帝舜生無（舞）淫，降臷處，是謂巫臷民。巫臷民朌姓，食穀，不績不經……爰有百獸，相群爰處。」另《山海經．海外南經》指出臷國（古之三苗地）其人操弓射蛇，類似《尚書．堯典》詩歌中提到的「夔」，可使百獸率舞；也與《離騷》：「命靈氛為余占之」的「靈氛」類似。又類通「賦」字，如《禮記．王制》：「名山大澤不以朌（賦稅）。」

朌字一讀為班，亦為頒、賜之意；朌字二讀為汾，從肉部，則近古之「佾」字，類宗教舞蹈也。因此旁徵其事，可以歸納巫朌之意為喜慶頒賜，莊嚴而舞；或因所用器物及價值觀念不同，而忽從玉、從肉、從絲或從貝，但八或分為其基本定義，指「八月、朌、頒、賦」。

若從推理角度而言，巫朌是一種高舉氏族榮耀的圖騰器物率隊出巡，登高拜祭祖山的祭禮。演變到後世，成為皇帝封禪、君子登高作賦之習俗，仍見巡守典禮（朌）的痕跡。

姑

巫姑：長期保存歷史人文的所有文明記載，並且肩負教育傳播工作。

圖騰字： **金文：** **小篆：**

姑者，字從古，什麼稱作古？就是在氏族圖騰柱下（十），開口（口）傳授久遠的事情及祖輩經驗，就稱為古。至於巫姑，可不是後代人稱父親之妹為姑的意思，那是今義借用。同樣援引古籍為證：

- 《國語．周語下》：「三曰姑洗，所以修潔百物，考神納賓也。」
- 《漢書》：「姑洗：洗，絜也，言陽氣洗物辜絜之也。」
- 《周禮》將之歸類到春官女巫：「掌歲時祓除、釁浴。」釁浴是指用香薰草藥之湯沐浴。

巫姑，是女巫群中最喜歡修飾打扮的麗巫，對衛生習慣非常挑剔講究，擅長美容駐顏之術。每年的三月仲春經常舉辦郊遊踏青活動，在溪水溫泉邊，她會幫許多婦女治療皮膚癬疥的小毛病；在青青河畔草上，她教導許多幼童幼女如何辨識百花百草，哪些是吃的，哪些是治病的，哪些是除邪穢用的，簡直就是神農氏女兒的翻版。

在彎潭的休憩處，她划著彩妝的獨木舟，親自把藥酒或用花朵浸泡的佳釀浥注在木碟木碗中，沿途發放，隨波順流，誰撿到誰就喝，喝了的人要唱歌答謝感恩。

張口傳授久遠的事情和祖輩的經驗

姑

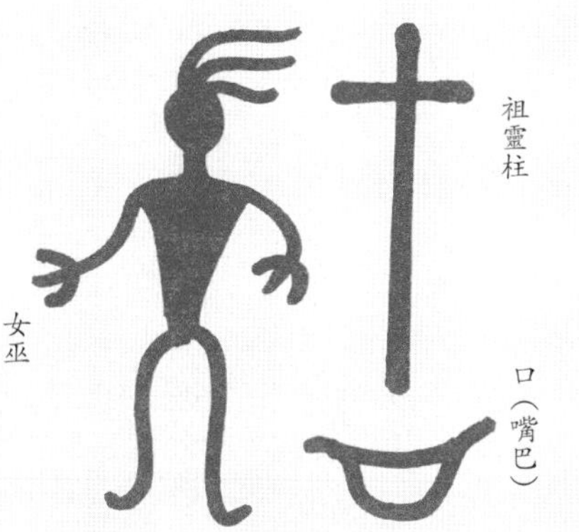

- 右邊的「古」字形是表達：在部族的圖騰柱下，張開嘴巴說話。
- 「巫姑」的工作是負責部族教育傳承，傳授祖輩的生活經驗和久遠歷史。
- 巫姑特別擅長草藥知識、美容駐顏之術。

真

巫真：專攻詛咒祝由的感應巫術、模仿巫術、種種幻術及各種占卜奇術。

甲骨文：　金文：　小篆：

「巫真」其實是「巫貞」之誤。先來說說這個真假的真，金文中原本是寫成從鼎、從匕（食具），如：。後來鼎形省筆，縮變成，上面的匕形也調整了。到漢隸變，再省變為。

甲骨文的貞字，也是從鼎形變化出來的，唯一的差別在於鼎的上方從卜，其原義是指在鼎上看卜出來的兆象到底是吉或凶，其演變如：。故含有偵測、鑑定真假之意，甲骨文為了鍥刻省簡，直接用形符號代表，貞人即史官也。

經過比對之後，甲骨文本就正確在先，反倒是金文訛誤在後，誤將卜形寫成了匕形。因此，巫真應該修正為「巫貞」，才符合事實。

巫貞，乃專門從事各種占卜奇術的女巫，從鑑往知來到預測未來，無所不包。有時沒有任何工具，也能抓一把樹葉，雙手合十在眉宇間默禱，隨後憑空一撒，任其飄落，貞其落下痕跡來看出未來變化的端倪。

偶爾，巫貞會親吻串掛在胸前的貼身玉佩，喃喃自語，在夢境中尋求答案。平常，則用巧慧之心觀察族人的健康和氣色，仔細囑咐叮嚀一番，以免遭遇不測，由此減少了氏族的傷亡損耗，度過不少災劫。

在鼎上看卜出來的兆象，是吉是凶？

貞

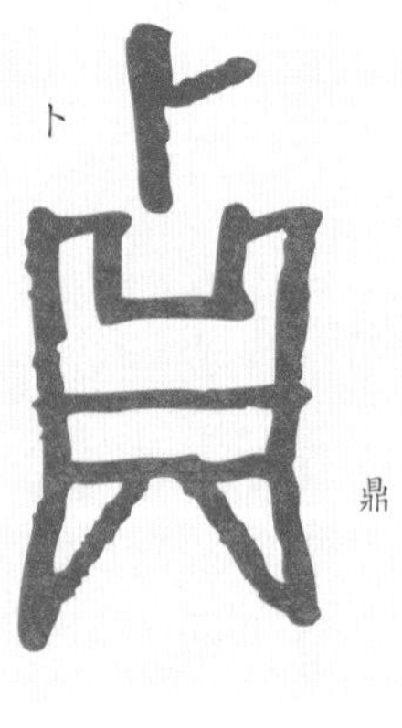

- 「貞」字，鼎上一個卜字，分明就是指遠古社會無事不卜的占卜這檔事。
- 巫貞乃專門從事各種占卜奇術的女巫，從鑑往知來到預測未來，無所不包。
- 後來殷商社會的貞人，是占卜判讀的記錄者，也是史官。

巫禮：所有祭祀儀軌的表演者，能歌善舞，以娛各方神祇神靈。

圖騰字：　甲骨文：

金文：　小篆：

按豐富的「豐」和禮儀的「禮」，其實遠古本係一字。首先說明：先有豐，才有禮字右半邊的「豐」形，後來再加示字邊，強調祭祀含意。

那豐是怎麼來的？依圖騰圖畫字，大約描繪為：，是象形字，表示把祖靈柱（桃木棍）插在玉琮（旗桿座）上，然後瘞埋於土壇中央的坑穴，使其穩定挺直而不搖晃。至於形狀者，按大陸考古界認定為「耘田」玉器，其實更正確的講法應該是——「耘壇器」。

「耘壇器」是一種將許多零碎玉料、瑪瑙、仔料或小件璞玉撥掃到坑穴壓實再耘平的工具，否則光靠細砂黃土覆蓋旗桿座，一旦大風吹襲，還是會鬆動搖晃。此為營造法中地基施工概念的延伸應用，古人也懂這個道理。

關鍵就在添埋這些玉石碎料的過程：這許多玉石零料都經過眾女巫雙手盤摩祈願，甚至親吻後，再放置於坑穴內，造型大小各異，色彩紅綠黃夾雜兼具，所以象形會意成豐富之豐。甲骨文濃縮刻成。

用玉石祭神的現場。

豐

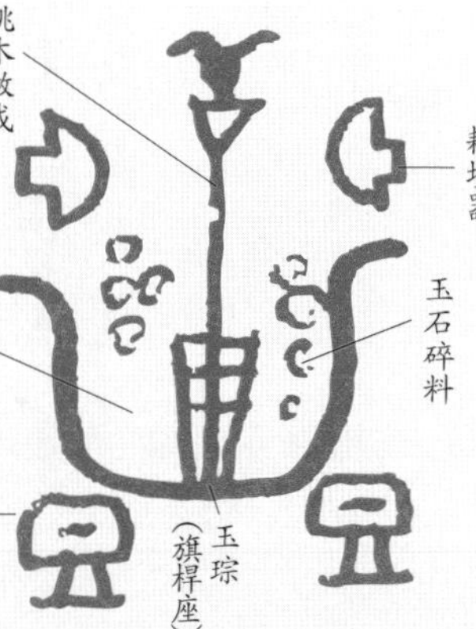

•豐字的圖騰字是一個祭儀現場：將祖靈柱插在玉琮（旗桿座）上，瘞埋於土壇中央的坑穴。接著在坑穴中填埋玉石碎料後覆土，再用耘壇器耘平。

•圖中的玉石碎料大小各異、色彩夾雜，象形會意成豐富之豐。

•巫禮是主司琮璧合獻的巫法祭儀的巫官，專門祭獻玉璧、玉琮、鼎食、豆器等給神靈。

在金文中，將豐字的耘壇器（）竄改修飾成植物生長形式的符號，而變成，轉到小篆。

至於禮字的「豊」與豐很像，但兩者還是有區別。禮的右半邊在甲骨文中有類似鍥刻，但少了「耘壇器」的動作符號，如，金文作，到小篆，已少了中央那條垂直的祖靈棍，後世再簡化成豊，又要有別於豐盛的豐，只好再添加個示部，變成今日通用的禮。

最後回到巫禮的禮，這是一種琮璧合獻的巫法祭儀，專門指祭獻玉璧、玉琮、鼎食、豆器（裝米）、酒器等大場面的繁複禮儀，由承王命、有專業執照的巫官舉行，這種巫師算是後起之巫。

最後額外補上一筆。考證甲骨卜辭，當時的「豐」字偶爾也被借用為負面性的字，比如說：

直譯：乙卯……有艱單丁人豐尿于彔……丁巳兔子豐尿鬼亦得疾

這段卜辭的意思是：乙卯日這天……有一個邊疆兵站的校場（單）傳來一個壞消息，說該地被丁人氏族攻陷了，並把各種糞便排泄物（用豐尿表示），統統灌到唯一的水井（彔）裡面，唉！真狠毒……。丁巳日這一天，另外一個常搗蛋的小蠻族（兔）的不良惡少，也在我們驛站旁的水井中如法炮製搞破壞（豐尿）……以後這裡不能再居住使用了，不要說是人，就算是神靈鬼靈（鬼）喝了井水也會得到嚴重的傳染病。

抵

巫抵：開採玉石礦物、雕琢研磨，或為裝飾或為祭供或為法器。

圖騰字： **金文：** **小篆：**

抵，右半邊為氐，而氐又從「氏」演變過來，何謂氏？氏的圖騰圖畫字是，甲骨文省筆簡單符號化，金文。原義為氏族寨口前面的神獸座石，用以厭勝鎮邪或炫耀誌事。因此，「氏」字與手杖或拐杖根本毫無關聯。

而「氐」字，是氏下多一短橫，代表正在雕琢、正在磨平打光的意思，所以才衍生後世所謂砥礪的砥。至於提手旁的抵，則是更後起的字了，不是上古字。

氐，在金文作，小篆。所以巫抵，不必多添那個提手旁，恢復原來的稱呼——巫氐，反倒正確。

巫氐，是上古時期掌管玉石祭器、神徽雕刻的造型設計師。她們會根據玉石礦的紋理色澤、材質的諸般變化，在腦海中勾勒出做何種工具、何種飾物、何種祭器最適合？既要掌握唯美藝術，又要不浪費材料，此為巫氐手工藝術之巧處。

巫氐手下當然有許多匠人，使用片鋸、繩鋸，日夜切割成粗胚，反覆打磨成全件。不過在祭器方面則有嚴格規定，必須由巫氐親自做最後的

雕琢、打磨一個神獸造型藝術

氐

•氐字，原義為氏族寨口前面的神獸座石，而神獸下多了一短橫，代表正在雕琢、打磨。

•巫氐，是上古時期掌管玉石祭器、神徽雕刻的造型設計師。

修飾加工（即神徽雕刻），不能假手於工匠，以免瀆神。

浙江良渚文化的玉器製作曾經有過盛產的輝煌期，但在殷商王朝正式鼎定中原後，女巫群紛紛北遷到京畿周邊，良渚文化在缺少女巫群的經營運作下，自然就日漸式微而凋零了。

山東龍山文化的玉器祭器也曾受到女巫群的影響，除了神徽造型不同，祭器形制則大同小異。相較之下，遼西紅山文化的玉器祭器較為簡單樸拙，但也保留了原始殷商族的初期風格。

謝

巫謝：專攻男女姻緣情愛媒合及性愛相關事務，經營最早期的人口優生學。

甲骨文：　　**金文：**　　**小篆：**

謝字從射，但最早的射字是，甲骨文，金文訛誤成，一步一步由弓形轉成身形；箭矢也快不見了，變成類手形的。小篆是，此為弓形訛誤身形的變化。

查看金文射字，由到，沒看到彎弓形，只有一個孕婦形，為何捨棄彎弓形，而將就孕婦形？這是西周竹簡片傳抄訛誤的結果，改朝換代有點亂，沒有人糾正，大家將錯就錯，一路沿用到今天。倒是統一文字的小篆發現有疑問，「謝」字還特別將手形又更正為箭矢形，再加上言字邊，形成。但是到了漢隸嫌筆劃繁複，又回到了錯誤的造型，如。

難道甲骨文沒有謝字嗎？的確有，但長得不一樣：（從上視圖看，像張開左右手臂執白帛巾，並且開口念出）。

總而言之，謝字是從射，不管這個射字是怎麼寫，從弓或從身也好，或是傳抄變誤也罷，其義理還是在「射」，意思沒變。然而，這在義理上又產生了一個新矛盾。謝字，不就是感恩、感謝嗎？應該是個很禮貌的用語用字，怎麼會一開口就想「射」人呢？況且甲骨文中就有謝恩這個謝字，為何不繼續使用呢？

因為這是殷商朝廷禮儀的「謝」字，改朝換代後，周朝就有自己的儀禮習慣，何必要遵從前朝，於是就作廢了。可是新的「謝」字，為什麼要用彎弓射箭的「射」呢？其中就牽涉到一段極遠古的習俗了。

七千年前，原始殷商族曾在雲夢大澤濱湖而居。有一年碰到江水大氾濫，湖水濁惡無法撈捕魚蝦，百獸也紛紛匿藏蹤跡，糧食漸漸匱乏，急壞了女巫群掌管膳食的總頭頭「巫即」，只好就近採集小昆蟲補充蛋白質。

有一次她在野生桑林中採集到了大批蠶繭，就試著丟在大瓦缽煮來吃，後來臨時有事要驗收另一批藥材，竟然把這鍋蠶繭給忘了。過了二天，她突然想起，趕緊找出這鍋蠶繭，聞了一下，發現已冒出異味，就嘆了口氣打算作廢。當時外面正下著雨，她想閒著也是閒著，便剝著蠶繭玩玩，這一剝可就剝出了桑蠶新世界。抽絲剝繭的結果，繭不能吃，但「絲」很神奇，煮過的絲，韌性很強，扯不斷有彈性，便叫老織婦來研究看看，於是美麗又輕巧的絲絹，就在一個偶然下應世而出了。

張開雙臂手持白帛布，獻禮言謝

謝

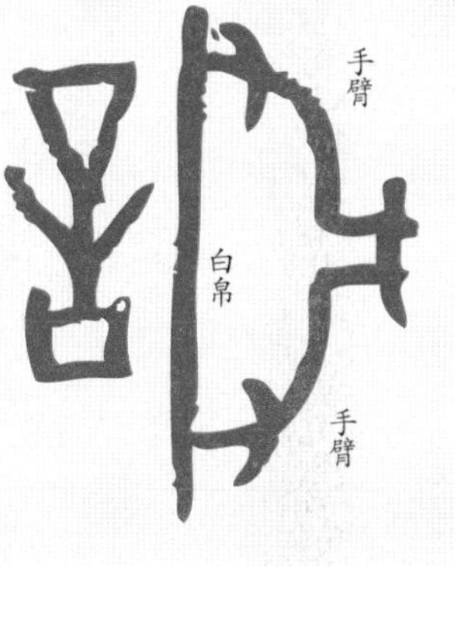

- 這個甲骨文「謝」字，轉個方向這麼看（上圖），更能看出它要傳達的形象。
- 張開左右手臂持白帛布，獻禮言謝。謝什麼呢？原來謝的是男女媒合牽線，雙方滿意，事後獻禮答謝。
- 巫謝便是專司男女情愛媒合，是最早的人口優生學。

六千年前，原始殷商族流轉於長江流域的終端，最後在太湖南邊定居下來。這裡地勢平坦，氣候恆溫，水稻農耕文化得以發展，而周邊的丘陵斜坡則改種最具有經濟價值的桑樹。久而久之，群桑成林，桑蠶文化也跟著發達起來。

從桑蠶文化中，也交織出許多綺麗浪漫的風俗，比如桑女野合、自由戀愛，就是在這種生活環境下的自然演變。但是種種弊端也層出不窮，於是女巫群就以「神靈祝福」的最高原則制定出一套合理措施。大致細節如下：①一定的季節才能自由媾合，以免妨礙生產。②一定的場所才能奔淫，以符人身安全。③一定的婚約儀式才能獲得天神祖靈的祝福庇祐，以免遭到厄運懲罰。同時也讓鄰近氏族明白，掠奪女子是一種強橫野蠻的行為，這是違背天意的，將會激怒祖靈和各方神祇。巧妙的使得其他外族轉用和平禮貌的方法，與殷商女子打交道或訂婚約。

「巫謝」就是掌管婚媒喜慶之事的女巫，主要是主持訂婚儀式。祭過月姥（月下老人原本是長駐在月宮裡的嫦娥，進入父系社會後，女神都修改成男神）後，將供祭後的大片桑葉貼在族中選定的神樹上面，然後恭取祖靈護佑過的「弓」、「矢」，矢上綁有絲線（並非紅色）。如果是女欲求男，則由女方挽弓射桑葉，若中則好事必諧，諸神當允；若是男求女，則由男方主射，其他過程相同。

這樣一來，既可解決族中適婚年齡「男乏通女」、「女無通男」的困擾，二來也可以給外族提供一個宗教性質的儀禮典範，讓大家有所依循而不至於無端擄人肇事。

由於巫法圓滿成功，巫以「射」之為婚嫁牽線，男女雙方皆感滿意，事後呈獻禮物以言謝。這與花草凋謝的謝不同，也與「小女子寸身言謝」之事沒有關聯。考證古籍，可以尋得這個儀式的蛛絲馬跡，比如《禮記‧月令篇》：「仲春之月……玄鳥至，以太牢祀于郊禖，后妃率九嬪御……帶以弓韣（套在拇指上的圓環玉器），授于弓矢，于高禖之前。」這可不是打獵，而是祭拜婚姻神祇（周朝女姐妣——姜嫄）的古俗。

至於桑林中的流言蜚語、風流韻事，在後代還是很多，比如：

- 《墨子‧明鬼篇》：宋之桑林，此男女之所屬而歡也。
- 《禮記》、《詩經》所謂的桑間濮上，是當時青年男女幽會、唱情歌的地方。可惜最精彩的部分已被聖人刪除大半，平添禮失而求諸野的困擾。

羅

巫羅：披上猛獸皮革，手執斧鉞、足踏舞步，專門驅趕惡鬼、祓除不潔的女巫。

甲骨文： **小篆：**

巫羅的「羅」不是指天羅地網的羅，也不能誤解為專門製網的女巫。羅疑為「儺、難」的原始同音字，類似《周禮》記載的方相氏，披上猛獸皮革，手執斧鉞、足踏舞步，專門驅趕惡鬼，祓除不潔，可以算是日本能（上古音念諾）劇的真正源頭，也是西藏金剛薩埵舞的始祖。

在上古，難、羅二字通用。因此，巫羅，其實為巫難（或巫儺），而「難」字讀音為「羅」。在分析巫難之前，先來說這個羅字。

《爾雅‧釋器》：「鳥罟謂之羅。」《說文》：「羅，以絲罟鳥也。」按甲骨文的本義為：上從網罟之造型，下邊為鳥雀之本形。金文、銘文皆同類，其用交叉密布的「網」來困住飛

「鳥」的基本象形指事，已無爭議。

但巫羅每天以捕鳥為業，應屬百工技藝類或魚獵鳥獸門，只能稱「專」，豈可稱為「巫」？而且還是有魔法的巫？這要從「禾魂祭」說起。

在浙江餘姚縣距今七千年前，河姆渡考古遺址曾經出土一件兩面繪上圖紋的雙耳陶盆，其中一面為雙鳥注視禾苗圖，另一面為火尖形鳥面具，有雙勾圓圈做大眼象徵太陽。此乃上古「禾魂祭」的遺物。

按原始殷商族在稻作初期，曾經借助一種叫「雒」的鳥，這種鳥長膝健爪，會在水草區不停翻草勤啄小蟲，邊走邊鬆泥。獲得「鳥田之利」的先民，咸認為這是祖先靈及太陽神祇來幫助他們，豐收之餘乃感恩為祭，此祭當然以崇「鳥」為要。

甲骨文寫作（鷬）（難），像人形戴上大型面具舉行宗教儀式，再演變成「難」字。但此字念「羅」，上古羅、難通用，意即戴上面具進行巫術儀典。

這種「難」、「巫」混合的宗教活動，還特別加上了「人」部，後世就混稱為「儺」，而原義字「難」便假借成新字，變成困難的難（羅之轉音）。

至於「羅」字，並非單純指用網捕鳥，此為見簡易形而不知其深邃意。「羅」古代是指範圍較寬的「難」，也就是說，凡與鳥系圖騰有關的「難」祭，皆可稱「羅」，最後筆都是從雉部，意即迎請以鳥圖騰為象

戴上神奇面具舉行巫術的專人

難

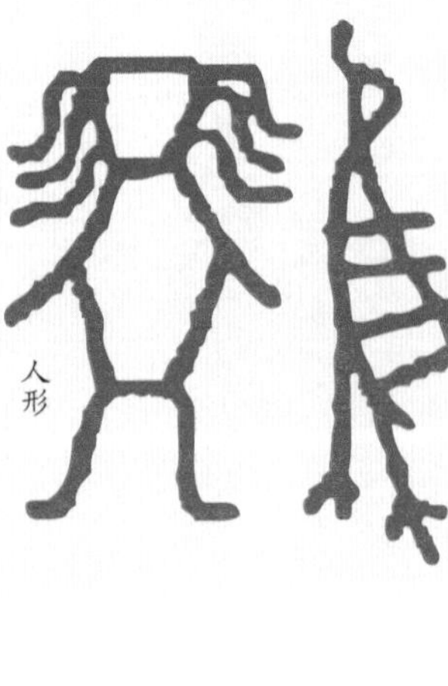

●此為「難」字的甲骨文，上古羅、難通用，都指戴上面具，舉行巫術華典，即現今通稱的儺祭。

●巫羅便是專司這種面具歌舞祭典的巫師，負責工作包括勾畫臉譜、雕製面具到舉辦歌舞活動。

徵的太陽神翩翩駕臨。至於其他族系用面具祭神驅魔的類似儀式，則用「儺」字來區分。

巫羅的重點工作，包括勾畫臉譜、雕製「難」具，到舉辦歌舞都涵蓋在內。「難」具的用途大體可分為三類：

一、軍儺用途：取超大尺寸的皮革角羽，上刻部族圖騰的猛獸造型，以揚兵威。相傳黃帝大戰蚩尤時，曾率十二獸力戰九黎三苗，這裡的十二獸並非指真的動物，而是指氏族圖騰。此俗流傳到後世，則有北齊大將蘭陵王戴面具出征、北魏參「難」祭作閱兵典，以及唐朝西域歸化軍作「難」祭宣誓效忠等。

二、歲儺用途：取青銅為材，範模天地神祇面具，用於歲時祭祀大典。在祭典中，會頒訂曆法明刑教化，宣揚政令。

中國最早最完整的歲儺儀軌紀錄，就存在《尚書》第一篇的堯典之中：「月正元日，舜格于文祖，詢于四岳，辟四門。……惇德允元，而『難』任人，蠻夷率服。歲二月，東巡守，……協時月正日。五月南巡守……八月西巡守……。十有二月朔巡守……。」此外，《禮記．月令篇》也註明驅儺與頒訂曆法在冬季臘月舉行。《尚書．堯典》一開頭就說：「堯命羲和四兄弟分宅四方，曆象日月星辰，敬授民時。」篇末的舜廷群臣濟濟、明堂設官為職的景象，都充滿了「百獸率舞」的儺戲之風。羲和觀象授時及舜迎四嶽，是對曆法演化儀式的描述；舜放四凶

各種戴面具的人形：

獸首人身而舞，為魌之古字。

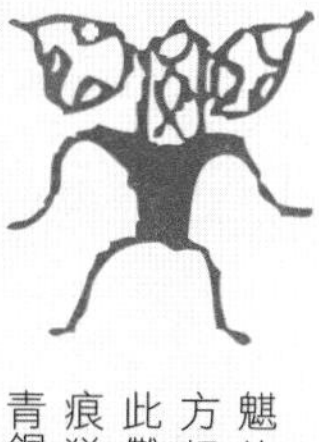
魌的金文，這是方相氏的儺具。此儺具圖騰的遺痕猶散見於商周青銅鼎器之上。

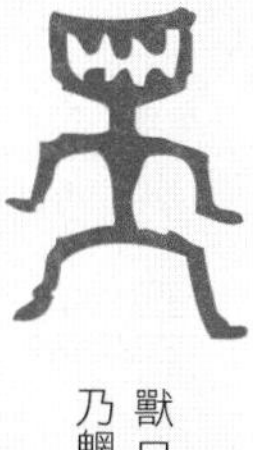
獸口利牙面具，乃魌之古字。

鹿首人身，乃慶之古字。

（指擾亂秩序的共工、鯀等人），反映的則是四門磔除儀式（在城樓四門所舉行的一種驅邪、逐鬼、除疫的儀式）。雖然部分用詞有春秋戰國添造之痕，但並未掩蓋祭典的基本精神。

三、時儺用途：簡單說就是驅魔趕鬼、滌盡穢疫，而重要主角就是方相氏。方相氏的裝扮相當特別，據《周禮．夏官司馬》所述：「方相氏：掌蒙熊皮，黃金（指合金銅）四目，玄衣朱裳，執戈揚盾，帥百隸（公差勤務）而時難（儺），以索室驅疫。大喪，先柩，及墓，入壙，以戈擊四隅，毆方良（陰間邪獸）。」

至於這些「儺」具的圖案，不外乎天地人神鬼最凶惡的造型，攘鬼用刑、以煞鎮煞的基本道理古今相同。時儺流傳到後世逐漸添加戲劇功能，宗教作用慢慢淡化，目前只有在西南邊區少數民族還能見到古典神話遺風。

據《周禮》記載，周代儺禮由占夢（官職，向天子獻吉夢，為儺禮先導）、男巫（覡）、方相氏共同主其事。其中方相氏並非指個人，而是由「狂夫」四人組成，必要時還可擴編。由於面對的是降魔伏妖的艱苦挑戰，方相氏難免充滿了濃烈的薩滿跳乩動作，因此官書稱作狂夫。

至於黃金四目，常為學者所不解，經考證出土物，原來是前後都戴上面具，雙面具自然就有四目。而方相氏的稱謂，許多推論仍停留在許慎《說文解字》的階段，未能突破。其實周承殷制，殷人稱四域或外邦為「方」，如人方、鬼方、夷方等等，此方當作四面八方解釋。相，不是看相的相，亦非相貌的相，而是甲骨文木字加且字，因簡筆將「且」字寫成目字而訛變。木字加且字念作落、若（亦羅字轉音），從木部，代表大面具是用木料雕刻，加且字是代表祖字，亦即祖先靈（天地神之一）經血祭後，有無限威力。氏者就是那一群人或那一族人，這點相信大家都無異議。綜合以上所述，方相氏的原意應為：戴上祖靈天神面具（難具）要到四面八方作戰的一群狂夫。

上面談了《山海經》裡的十巫，下面略說幾個在《周禮》中出現的巫師名稱：

易

巫易：即巫陽，也就是指商湯。等同於群巫之長，代表巫法至尊。

甲骨文： **金文：** **小篆：**

易、陽本同字，巫易等同於巫陽，即《楚辭．招魂》所說的巫陽。「易」千萬不要誤為《易經》的易，有沒有中間那一橫可差得遠，因為「易」是商湯的別名，巫易（巫陽）指的就是商湯。

在甲骨卜辭中，稱這位商代的開國君王為天乙（）或大乙（）。此外，卜辭也寫作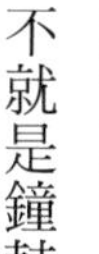（唐，上古音讀若嘡），是鐘聲的形聲詞；商湯建立王朝，集合大小臣工、文武百官，不就是鐘鼓齊鳴嗎？商湯是商朝的大巫王，問題是後世的南方文學《楚辭》為何要把商湯（巫陽）列為心目中的神巫之王呢？這是因為整個楚文化（荊州）的背景，曾經受到原始殷商族女巫群的熏陶影響長達千年之久，女巫群的風流韻事、男女關係浪漫開放的一面，正是楚文化的特色，招魂並沒有招錯對象。

祠

巫祠：專管氏族懷孕、生育、繁衍子孫的巫者。

甲骨文：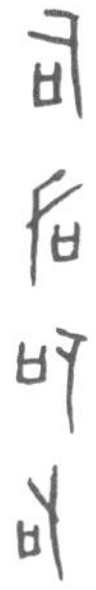 **金文：**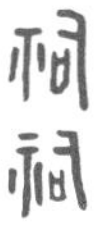 **小篆：**

巫祠的「祠」，甲骨文以「司」字表示，遍祀先公先王一遍為一祀，亦稱司。巫祠是較古老的稱呼，周朝稱巫履，雖然異代異名而實質相同也，專管「不孝有三、無後為大」的懷孕求子祭儀。

那麼，為何周朝要改稱為巫履呢？這必須簡敘一下周朝的開國神話。《詩經》有文雅的歌謠：「厥初生民，時維姜嫄。生民如何？克禋克祀，以弗無子。履帝武敏歆……載生載育。」大意是說，姜嫄到郊外祭天，一不小心踩到大神的腳印（履）而起了春心，後來懷孕得子。這段故事在《史記》中有了延伸版：「后稷名棄，其母有邰氏女，曰姜嫄。為帝嚳元妃，姜嫄出野，見巨人迹，心忻然悅，欲踐之，踐之而身動如孕者。居期而生子，以為不祥，棄之隘巷，馬牛過者皆辟不踐；徙置之林中，適會山林多人，遷之；而棄渠中冰上，飛鳥以其翼覆荐之。姜嫄以為神，遂收養長之。初欲棄之，因名曰棄。」《太平御覽》也提到：「周本姜嫄，遊閟宮，其地扶桑，履大跡，生后稷。」

這些踐「履」生子的神話，其實是在禋祀的祭典中，巫覡以神格化身來與婦人交合。巫履的意思就是以足納於履中，是男女交媾的轉折隱喻，幫這些求孕困難的貴婦解決子嗣問題，這是一種默許制度。另外，再來小解釋一下何謂「禋」？

禋字的金文演變為，上面是宗字之頭，旁為卣（薰香器），上面有青煙裊裊，下有火焰維持燃燒，意為延續火種不可中斷，會意成求子嗣不可斷也。後來卣形縮成西形，底下火種訛變成土，小篆才變成從西、從土的。

禋

祈求子嗣綿延不斷

●「禋」字的組成：先是一個宗字，即屋子裡面有根祖靈柱（示），再擺上薰香器皿，下面有火焰一直在燃燒，表示延續火種不可中斷。
●由此會意成求子嗣，讓香火不中斷。

比

巫比：同巫履，為楚人對求子巫者的稱呼。

甲骨文： **金文：** **小篆：**

巫比應是南方楚人對巫履的稱呼，從以下三點可推論得知：①比者，本為男女匹配之意；②女性始祖稱祖妣，而妣、履上古同音韻；③《周易》「比卦」爻辭的用語，具有匹配、暱狎的濃烈色彩，追根究柢，都與巫履的作用相同。

凡

巫凡：管風管雨、占天時、通鬼神的巫者。

甲骨文： **金文：** **小篆：**

一個平凡的凡，其實很不平凡。凡字的甲骨文及到金文都有一個共同特徵：單邊刻意寫成，並且略帶彎弧，而不是寫成比較對稱的平行式形，這究竟代表什麼意義呢？

許多文字學家，都說凡字是「槃」字的原型，是一種高腳盤，看似沒錯，卻沒說到節骨眼上，也無法交代其功能和作用。經過各種經典的連續文句對比，筆者終於找到了線索。

原來「凡」字是一個製陶的基本概念字，做陶甕時需要一個高腳轉盤，如，才能將陶土泥繩慢慢旋繞成疊層的泥圈，所以最原始的象形兼會意的符號，大約是，再省略成；但又考慮到與皿形字部首太相近，容易混淆，就改為側立寫成以作區分。所以「凡」就是正在轉動的高腳轉盤，故一邊略帶圓弧形來表示旋轉。

凡字又衍生出「般」字，甲骨文，從凡、從攴殳形，是指製作長方形的陶槃。而大件的足以讓人臥入，幾乎像一條舟（也類似長形洗澡缸），後來真的就以舟形取代原有的，變成，如般、槃等字。

陶槃的用途，是用來以白水煮全豬、全羊等頭尾完整的祭牲。槃下方有四條矮腿，中間空隙可以堆積柴炭，以小火慢慢熬煮煨到稀爛，至今東北地區的薩滿教或正統滿族仍保留此遺俗。

那麼，巫凡的任務是什麼呢？答案是觀日月變化來定節氣，觀星斗移轉知歲時變遷，占天時而預知風雨，並主祭方位神及四面風神。簡單來說，就是上古時代專門管風管雨、占天時通鬼神的氣象專家。至於祭風神的女巫為何要以「巫凡」為名呢？這就與「風」字的造字源頭有關。

「風」看不見又摸不著，很難用象形圖畫來表達，於是甲骨文就借「凡」字的快轉會形成「風」，來指事並會意成「風」，此為古人造字的巧思。（後世的風字裡頭藏了一條虫，並非指昆蟲，而是「凡」在旋轉時會將泥繩圈盤起來，看起來像條長蛇，書家就用長虫做代表符號，變成現今通用的風字。）

接著要談一談甲骨文中的風：，頭上有冠（代表天帝使者、掌管四方風神的太陽神鳥），這個有冠鳳鳥的象形字，再添上右上角的凡字，就是指祭典中含有敬語的「風神」。金文的

凡

一個正在轉動的高腳轉盤

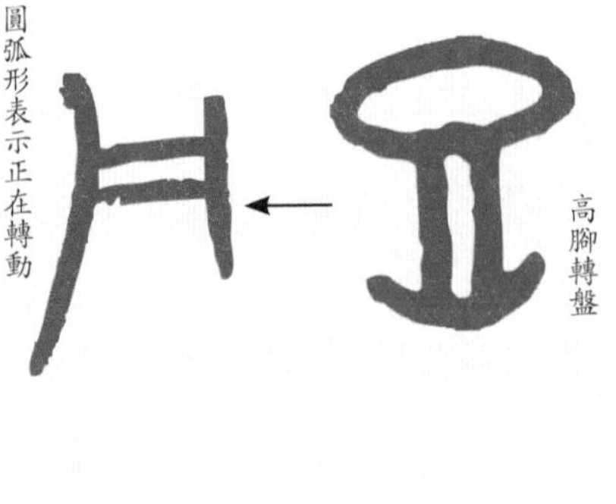

- 凡字，跟遠古製陶有關。高腳轉盤是製陶工具，陶土泥繩藉由轉盤慢慢旋繞成疊層的泥圈，如上圖所示。
- 凡字是「風」的造字源頭。看不見又摸不著的風，很難用象形圖畫來表達，於是甲骨文就借「凡」字的快轉，來表達「風」。
- 巫凡就是上古時代專門管風管雨、占天時、通鬼神的專家，也是祭風神的女巫。

風，仍保留了凡字造型，小篆為。

舉甲骨卜辭的原文拓片為例：

直譯：貞（卜斷）翌（明日）丙子（代表日期）其有鳳（風）

直譯：其冓（碰到）大鳳（風神）

弄清楚凡、風、鳳的基本概念後，再回歸正題：為什麼殷人要特別祭祀風神呢？這牽涉到原始殷商族在長江流域下游的遷徙貿易形態。當時女巫群在太湖南邊拓殖時，曾經遭遇淮夷、三苗、九黎等蚩尤系統集團的長期壓迫，被逼得出海尋求生路。雖然他們是貼著海岸線做近海航行，同時也改良了舟船的製作技術，並懂得利用風帆，但是下水順航容易，上水逆航就非得靠「風」不可，不靠季風，不拜風神，船隻就動不了。既然要借東風來幫忙，基於現實需要，只好虔誠祭拜風神了。

這是掌管四方風神的太陽神鳥！

風

●風字最原始的形象是從風神而來。風神是頭上戴冠的太陽神鳥，右上角再添個凡字，表達呼作響的風。

●後世的金文、小篆，「風」字裡頭藏了一條虫，其實並非昆蟲，而是製陶轉盤在旋轉時將泥繩圈盤起來的形狀，看來像長虫。

看看女巫們穿什麼？

女巫群的服飾隨著遷徙路徑而改變，依照生活環境不同、物資多寡，因地制宜，就地取材，展現出先人順應環境的智慧及能力。

◎成都湖泊期

春秋兩季皆披麻索魚網，有紋身，蓄長髮結辮交纏胸前、垂於腰際，下身套綁魚皮開叉片裙。夏季於舟上則不穿衣服，冬天則覆獸皮。遠行時，頭戴竹編魚帽，膝下纏粗麻布條以防碰撞，足蹬葛藤編織的露趾履，手執荊刺長棍，背上揹著有蓋的竹編魚簍。

◎川東巴山期

按「巴」字的象形，就是大蟒蛇。「巴蛇吞象」的形容雖說誇張了些，但該地大蟒蛇橫行出沒，人畜皆食，確為不爭之事實。女巫群為瞭解決這個生活環境的大困擾，想出了一個兩全計策。

遠古環境資源有限，必須嚴格淘汰人口，因此女巫群將氏族中病變低能兒童作為祭大蟒蛇的餌食。她們把鹿角綁在童子胸前，大蟒吞噬童子後，無法消化鹿角，只能纏繞大樹幹擠壓，最後刺穿腹部而垂斃。而後，取蟒皮作衣，取其肉烹食。因此祭典中，女巫是以蛇皮做胸甲、腰纏蛇皮垂片裙、腳穿船形履的模樣出現，歌舞皆以蛇圖騰崇拜為主，認為蛇神之力量必附於身上，可抵擋各種奇獸異魔。

◉ 雲夢大澤期

巴蜀地區四面皆是熱帶雨林，以往的最佳保護神獒犬不適合在此生存，那要怎麼安排木筏船屋周邊的警戒呢？聰明的女巫群很快就找出了方法，她們用獨木舟在蘆葦密布的沼澤區尋獲大候鳥的蛋，取回後放在屋棚內保溫靜待孵化，終於養出了大白鵝（「雁」的一種）。甲骨文，金文寫作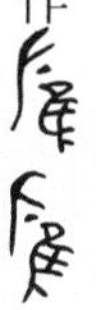，皆是人類飼養大鳥的象形文字。白鵝有強烈的領域性，稍有風吹草動就會群起伸喙攻擊，自然能夠勝任警戒之職。另外白鵝也吃蟲蛇，周遭的蟲蛇之患也順便解決了。

接下來，她們又發現叢林地勢較高處有許多野生象群，於是用堅韌網索圈作圍籬，將象群驅趕於崁地溝壑，小象腿短，混亂中一旦遁逃於溝坎中就被捕獲。女巫群派出象女專門照料，經過幾代的馴化培養，這些大象已經聽得懂象女的指令與要求，不但能做工，還能保護高腳棚舍周圍的安全。岸上的安全問題暫時解決了，但在水上、水裡仍有各種精怪隨時取人性命，防不勝防，因此演變出極富藝術性的刺青文化當作保護色來防身。

女巫群平日的穿著也隨之改變，春夏秋三季於船屋上時都赤身裸體，只在腰上纏著一塊苧麻布料。遠行時，則戴藤甲編織的高胄帽，身披藤甲護胸，腰套麻布料，脛裹護膝，足蹬尖船形葛履，背後挑負藤甲藥材，手執彎勾藤杖。祭典時，則穿候鳥季節一路搜集的羽毛衣，由胸至手臂飄垂，足踏高蹺式墊鞋，仿各種水鳥妙曼旋舞。

◉ 太湖南濱期

環境又丕變，地處平陽，水源充裕，四時有不謝花卉，八節出應景之果，水稻精耕文化開展，桑蠶紡織轉趨成熟，商旅貿易盈收，服飾也朝精緻層面提升。紋身習俗悄然消退，蛇

腳蹬高蹺式鞋子的女巫

求

金文：　小篆：

圖騰崇拜漸漸被鳥圖騰取代。內衣用左右披的帛質無袖短襟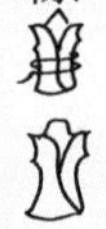，不用鈕扣，以束帶纏之，下裳至膝以繩繫之，短袖外袍用絲、麻雙層料組成，以寬帛料捲纏束腰，垂至足踝之上。

江南雨季長，地常濕濘，葛履不耐穿，因此改蹬高肋木屐以應。禾魂祭拜、慶典祭祀，女巫群的典型裝扮是盤髮插玉梳，上嵌飛鳥玉飾，雙耳有玉玦垂飾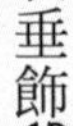，頸項之間掛短管柱的玉鍊；外袍則有鑲滾邊紋飾，比如勾紋或迴紋；寬帛材料腰帶上鑲有玉石、綠松石；足套白帛襪，木屐塗上漆料防腐並加上彩繪（所以不要以為木屐的發源地是日本，其實是在太湖周邊的江南水鄉）。

⊙ 山東泰山期

女巫群貿易遷徙路線北上，轉至泰山群島附近，氣候漸寒，垂髮改為結髮。秋冬之季男加冕帽，女加船帽；寬袍窄化縮緊，外罩獸皮半披風，足蹬木底葛藤短鞋。

⊙ 遼東半島期

風雪紛飛，大地一片銀霜，女巫頭戴皮筒帽，身上裹著數層絲帛內衣內袍，外罩獸皮對襟大長袍，稱之為「裘」，甲骨文以描繪毛邊來象其形；腳上穿的是木底獸革長筒鞋，以利遠行。至於頸部的禦寒毛料，則是用狐、貂一類的小動物毛皮（連頭連尾巴），剛好繞著脖子一圈，稱作「求」。

飛鳥玉飾

木底葛藤短鞋

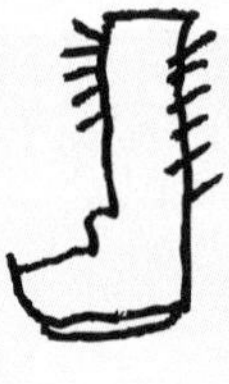
木底獸皮長筒鞋

求字的金文明顯看得出來是動物的毛皮。「求」是用來圍脖子取暖的，若是用皮毛做的衣服，就成了「裘」。

裘

甲骨文： **金文：** **小篆：**

裘就是毛皮大衣，甲骨文與金文描繪的是動物毛皮做成的對襟大長袍，還特別描繪出毛邊。

甲骨文卜辭中有一片至今仍無法翻譯解讀，細究之下，發現與皮革毛料有關：

〈粹九四五〉

直譯：子卜在　獸田貂禭　漢弄　其……禍

譯文：王室貴族（子）卜看這個龜甲兆象，在獵祭捕獲野獸的單場空地，將成批的「貂」宰殺剝皮，並將剝好的毛皮料垂掛在架子上，如形隨風吹乾，準備用石刀刮揉皮革背面，使其柔軟可用（指將皮革軟化）。對於如此大陣仗的展示，透過隆重的祭拜儀式（禭，剝下動物皮毛的祭魂儀式）來請示獸神與獸魂答不答應我們這麼做？會不會因此惹上災「禍」？

從這個線索中，可以發現殷商人很懂得用高檔毛料（貂皮）。而貂的產

殷商人也穿貂皮大衣！

禭

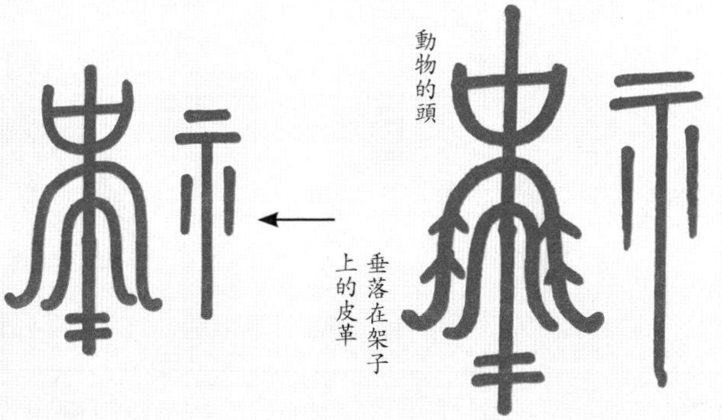

- 這是一種特殊的獸魂祭：剝下動物毛皮的祭魂儀式。
- 先把剝下的毛皮披放在架子上，再舉行祭典。

地在東北，可以說明原始殷商族的女巫群在東北建立「子」姓邦國時，已經有了這種獸魂祭的儀式，並在王室中一直流傳延續。

事實上，貂皮之所以到現在都很昂貴，其原因不外是：①輕若羽，重量特別輕；②不起皺摺，怎麼壓怎麼捲都「不變形」；③不怕水，雨水滴到貂毛上面，只要一抖就全部彈開；④防水「不沾濕」；⑤不掉毛，保存時間長。聰明巧慧的女巫，當然不會捨此而用一般庶民使用的羊毛、狗毛。因此在祭典舞蹈中的華貂獻舞，正是冬天的重頭好戲。

在風雪嚴寒中舉行祭典，如果穿的是層層包裹的厚重庶民衣料，不但臃腫難看，舞蹈的肢體表現及步履盤旋都會受到限制，無法討神歡心。但是披上貂皮就完全不同了，內裡僅需一條絲帛帶纏胸束腰，可以盡情奔放地表演各種高難度的獻媚之舞。

舞

圖騰字：  **甲骨文：** 

金文：  **小篆：** 

按照甲骨文的筆意和鍥刻特徵，舞字是取伸展毛裘、聽鼓聲節奏而迴旋踏步以迎風之姿。小篆強調雙手加上雙腳，和著音樂有節奏的舞動。經書說舞字是「像人執牛尾而舞之形」，乃迂儒見解，其說不正確。

披上貂皮來跳舞

舞

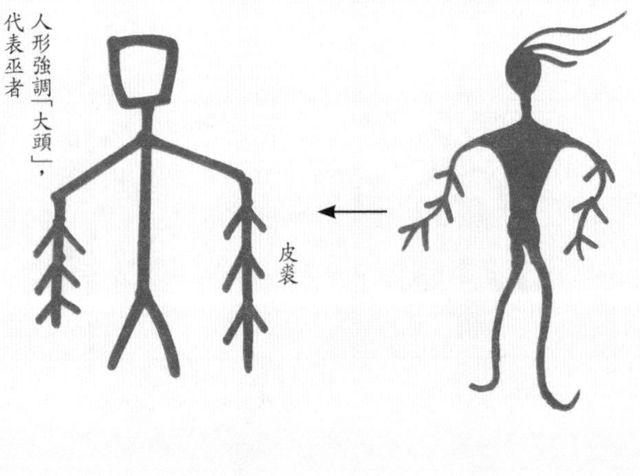

●女巫舉行祭典時，要獻舞以娛神。

●天氣寒冷時，女巫會披上輕暖的動物毛皮來禦寒，以免一身厚重衣物妨礙跳舞。

⦿中原王朝期

女巫群在儀典中的髮飾變為雙髻形，如，髮上有橫插簪。若是有王室姻親血統者，耳上飾有玉玦，頸項掛有小玉璧串，胸前掛大玉璜。袍服為有滾邊的白色錦帛料，斜對襟式穿著，寬版大束腰；後面有竹編的錦布囊（置藥材），腳上穿著鳥喙尖船鞋（木底厚緞料）；衣襟內插上過世老巫師留下的人脛骨所鑽磨的短笛（用以召喚神靈），腰繫蛇皮鼓，手執玉鴞長杖（代表巫法權柄）。

頭梳雙髻形的女巫

鳥喙尖船鞋

2

巫法與祭法

殷商人拜什麼?怎麼拜?

中土玉藏豐富，玉石開採歷史悠久，早在上古時期就以玉石製作工具、武器，並且用於祭祀，此類玉器特別稱為「祭器」。玉石被視為具有通神的功能，被廣泛用於祭祀，比如《周禮》中用六器以禮敬天地四方：「以蒼璧禮天，以黃琮禮地，以青圭禮東方，以赤璋禮南方，以白琥禮西方，以玄璜禮北方。」玉器也用作代表身分地位及權力的裝飾品，殷商婦好墓就出土了大量的玉質髮飾、頸飾。以下就針對祭器一項加以探討，分節分題討論玉器的起源、應用及相關的甲骨字。

——編者的話

玉石有靈，靈石用玉——從原始殷商族用玉說起

大約在新石器時代晚期，距今八千年前左右，原始殷商族的女巫群擴張貿易路線，遷徙到長江流域的雲夢大澤，以木筏屋及船屋緊鄰湖濱和江灣一帶定居下來。

一個雨季的某月某天，上游大洪水瞬間席捲沖刷原來淤積的灘地，最後，狂風暴雨停止了，天候也轉晴了。一些女巫正率領氏族的年輕工匠，準備修補整理凌亂的社地，忽然眼睛一亮，整個河灘像天女散花一般撒落了許多美麗瑩潔的瑪瑙石、玉石小圓料，各種造型都有，五彩繽紛，煞是好看。原來長江上游的一些巨巖，因為地質崩塌落陷跌入江中，經過萬千年的滾洗撞擊，日夜不停沖磨，最後磨無可磨，剩下最精華的石心、石膽，就變成了顏色亮麗的瑪瑙石，或溫潤可愛的玉石心料。

愛美是人類的天性，女巫何嘗不喜歡打扮。她們將這些可愛的靈石搜集起來，好看的當作飾件，實用的當作生產工具，薄如刃形的則做為醫療器具。另外還有些造型渾然天成的，如豕、如虎、如牛、如蛇、如馬或如龜，都是得自大自然的賦形，她們認為這些是上天祖靈所賜予，一定有一種無形的神祕靈力隱藏其中，因此加以把玩膜拜，甚至傳之後代，做為神靈所護佑的聖物法器。

女巫群在往長江下游貿易遷徙的拓展過程中，難免遇到各種離奇的山精水怪作祟干擾。為了祈求平安渡過，因此按照古老巫術殺牲祭拜，甚至以活人（奴隸）獻祭，並將靈石寶物瘞埋於小土壇，隆重獻給該地神祇或神靈，再插上花卉樹枝為記號。可能是平安靈驗的次數愈來愈多，就演變成巫術中的常態行為。

到達新的拓殖據點後，為了祈求氏族平安、作物豐收，她們如往常舉行各種祈禳的祭祀活動。這

時候，有些精明聰慧的女巫發現了一些祭祀後的異樣特徵，比如瘞埋寶物靈石的地段在半年後突然花朵盛開、結果纍纍，或是植物長得比周遭青茂高大許多（其實是血祭加上玉石材料，促使地下伏藏的水文系統產生離子發酵作用）。這不是作夢，而是親眼所見的真實狀況，此後女巫群就加強了玉石的獻禮媚神活動，並提升到正式儀軌的層面。

大約在六千年前，原始殷商族發展出近海航行技術，商貿範圍從餘杭、會稽一帶擴大到山東，又由山東登陸遼東，打通了整個東南到東北的貿易路線；又拜黃帝與蚩尤數百年爭戰之賜，獲利無算。遼寧出產的青玉、黃玉、白玉上等材料，可以源源不絕供應，影響所及，開創了歷史上的「玉器時代」，剛好承接了新石器時代末期到青銅器時代的初期，合計兩千年。

在玉器時代中，使用最多的玉器是玉琮和玉璧，占考古出土數量的七成。玉琮的形狀是略呈梯形的四方瘦長柱，內有穿透圓孔，外表或是素面或是琢刻神獸族徽。歷來學家對於玉琮怎麼使用爭議頗多，但都不能說到要害處。原來玉琮，就是一個可以插樹棍（通常為桃木或荊木）的旗桿座，玉琮的正方形四面造型，就是為了維持瘞埋後的穩定。三句話就簡單講完玉琮的作用，不扯那些枯燥乏味而又未必正確的學者論文。

或許在江浙太湖周邊（良渚文化）的玉琮刻紋，與山東半島（龍山文化）及遼西地區（紅山文化）的紋飾稍有不同，那是巫法融合後的小歧異，原屬自然，不足為怪。這種「以玉餌神」的巫法概念及儀軌，曾經活躍了三千年，一直延續到周朝。

那麼玉璧又是如何使用的呢？如何獻給太陽神、山神、河神、方位神？玉璧就像一塊大烙餅，中間有個圓孔，剛好可以像串燒一樣，一件接著一件投套在桃木棍上，面朝天空，落地而獻。《周禮》所謂的「黃琮禮地，蒼璧禮天」，觀點算是正確，但沒有具體敘述儀軌的程序與方法，讓不少學者誤以為玉璧穿孔是為了像鐘一般懸吊起來。

從甲骨文重新認識玉琮與玉璧

矮短形玉琮

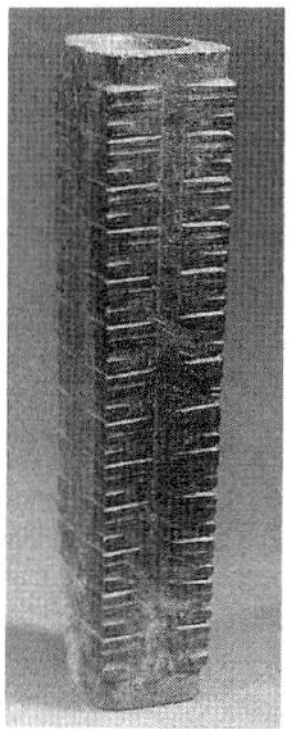

瘦長形玉琮

這四張圖都是良渚文化出土的玉琮，分別是矮短寬形及瘦長直形兩種造型。接下來，要從最早的甲骨字來探討造型特殊的玉琮及玉璧在壇臺上如何使用，追根究柢才能正本清源，從源頭處尋找真理，釐清多數人對玉琮及玉璧用途的錯誤認知。

宗

玉琮的琮字從「宗」，宗在義理上是指神聖宗廟的宗和祖宗的宗，與氏族有關，並衍生出另一義理：萬變不離其宗（宗旨）。

圖騰字： **甲骨文：** **金文：** **小篆：**

望文生義，看圖想像，「宗」大概是在屋頂下擺上「示」之柱（參見下節所述）。但，真的這樣簡單嗎？

在祖靈祭中亮出你的身分

宗

•每一個氏族的神徽雕飾都不同。
•祖靈祭開始之前，先把神徽雕飾套在祖靈柱上，再插在旗桿座，用來表明是哪一個氏族。
•然後再進行祈禳儀式。

在甲骨文之前的圖騰圖畫字，宗字大約有諸形，甲骨文為了省筆簡化，乾脆將屋宇部首直接合一，最後變成了。這當中的演變，可以從幾個考古出土的太陽神神徽見出端倪：

石家河文化的太陽神神徽。

山東龍山文化的太陽神神徽。

商人崇拜太陽神，稱之為帝。太陽神神徽從複雜的雕琢之工到簡易象徵，神徽的上方慢慢形成「介」字（屋頂）造型。這種「介」（屋頂）形狀的神徽，普遍出現在各種神祖玉器雕飾上面，後來乾脆簡化成屋宇的樣子，便成了這樣一個宗字。

玉琮就是用玉製成的宗，原本是一個用來插樹棍（祖靈柱）的旗桿座，在祈禳之前，祖靈柱最上面還要再插上一個代表氏族的圖騰或神徽玉器，此為「宗」字最原始的來歷。此外，從玉琮在壇臺上的使用方式，我們得知玉琮原是插在土壇的中央位置，即祭典廣場的核心所在。

由玉器的使用，解開「示」部的千古之謎

對玉璧、玉琮的形制和用法，以及在巫法祭典中的意義有了粗略的概念後，接著再來談談漢字中，凡是與祭祀禮儀有關聯的一個常用偏旁，那就是「示」部。

依漢代許慎的《說文解字》，我們只能想像有根柱子，上面擺上或掛上祭品，以木柱或石柱代表「神主」。更有人認為，「示」的上部是擺上牛、羊、豬等鮮血淋淋的獻牲，所以「示」部左右兩邊還會增飾灑落血滴的垂點符號，以彰顯其象形，此純為學者的想像。我們可依殷商巫法世界玉琮和玉璧的使用程序，來重新認識「示」字。

示

甲骨文： 

❶首先用瘦長形玉琮當作旗桿座，先埋入土中，玉琮的中間圓孔則插上祖靈柱（棍），使其挺直而不會左右搖晃。

❷圓形的玉璧剛好套入祖靈棍中，落地而獻之。所以甲骨文還保留了玉琮在地、一根直線的插入符號。

❸甲骨文直線（代表柱棍）符號上方，有一長橫一短橫（如），一長橫是表現出玉璧要套入的

意思，至於上面還有一短橫，難道是代表祭祀的牲品供物？那一短橫，其實是一種矮短形的玉琮，再套蓋在玉璧餅上面，如車軸上的缸頭套頭一般，使玉璧餅能緊貼地面而水平呈獻神靈。

❹示部左右兩邊偶有灑落的點滴符號，又是指什麼？是鮮血嗎？不對，那是指祭酒、酹酒、灑酒的意思，在儀典上，通常是用一種圓寬口喇叭形狀的酒器（觚）來彈灑，絕對不是在祭壇上搞一個牲物解剖大展示，弄得鮮血淋漓，最後腥臭而不可聞（血祭有另外的臥槽法）。

❺所以，「示」部是由琮璧合體的餌神概念所演化出來的宗教儀軌。而琮插入地下（代表地神）、璧朝天，可以見出古人的天地觀念。

❻最後還要在祖靈柱（棍）上面，插上一個代表氏族的圖騰或神徽玉器，再進行各種祈禳儀式。

與示部有關的四個常用古字

祭

甲骨文： **金文後期：**

小篆：

祭是指「以手持生鮮帶血的上肉」，乃祀典系統中的專名。若是持乾肉，那就稱為「脩」了。

祭祀，拿什麼來拜？拜什麼？

祭

- 「手拿帶血的生肉」，就是祭的本義。
- 這是殷商人祭祀系統的一個專有名稱。

早期用玉石刃，晚期用銅刀，割裂牲體以生肉血祭於高壇，並以酒淋之。要特別說明的是，甲骨文的祭最早根本不從示部，那是後來在春秋戰國時添加上去的。

祀

圖騰字：

甲骨文：

金文：

小篆：

祀是祭祀時用來象徵神主，或代表祖先降靈的長孫小兒。

此字從示、從巳，巳的初形本為，表示舉小兒跨騎於成人肩膀上，旁從示部，象徵在祭壇上隆重宣告宗法制度長子長孫嫡傳的儀式，所以古代祭禮有「祀迎尸」，尸即代表祖靈象徵的小小兒（三歲以下的幼童）。後來又為了區別一般小兒的及祭祀典禮中專門的，只好將之形改作稍彎的，似人盤跪之形，專門用為祭祀之字。

祖

甲骨文：

金文早期：

小篆：

祖，即宗族大牌位。祖的甲骨文不從示部，添加示部的字是遲至春秋戰國後期才出現的。甲骨文作等形，有部分學者認為是男性陽具崇拜之意，雖然上古時期人類的巫術有生殖崇拜或求子祭，

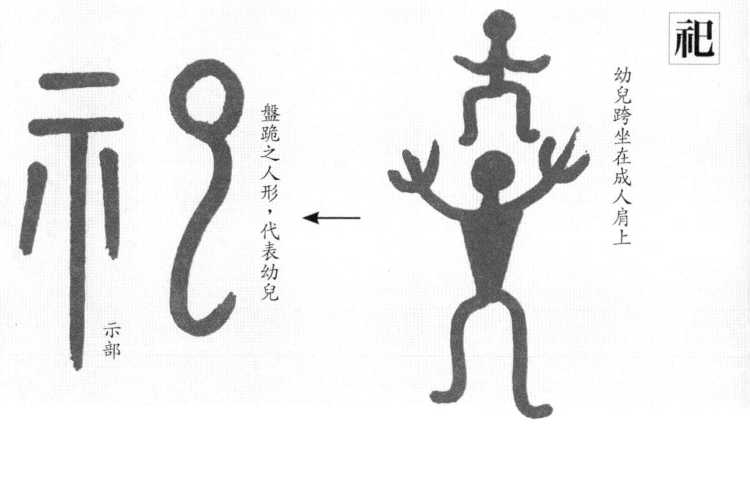

- 簡單來說，「祀」就是活人扮演的神主牌。
- 家族祭祀時，由具長孫身分、未及三歲的幼兒代表祖靈。
- 通常用於長孫嫡傳儀式。

但是考慮到殷商祭典已經非常成熟奢華了，王室所用的各種禮器也已達人類工藝的顛峰水準，怎麼會很突兀地放置一根粗陋造型的陽具來代表祖先呢？

況且殷商朝，母系社會的影響還很濃烈，對於先王的大小配偶都要列入祖先祭祀範圍，王室中大量用女官女史，連儀隊都有女性護衛，生殖崇拜說顯然站不住腳。那麼，這些象形符號到底是指什麼呢？

祖之原始來歷，是將大樹幹剖開而成的木板，截取根部段磨平拋光，然後橫置於几架上（），由根部開始書寫記載家族及氏族的世系來歷，類似祖譜，一直寫到尾端（後世的祖先牌位是濃縮迷你版）。但上古文字習慣是將橫置之物改為豎直形刻劃書寫，即使是描繪動物的文字亦同。所以，祖字即宗族大牌位也，借為祖先之祖。

祝

圖騰字： **甲骨文：** **金文：** **小篆：**

祝是一種專業巫覡，有冠飾，代表王室授予之權，在壇臺執行琮璧合一的獻禮，可以類比日本現有神社制度中的神官。

女巫或男覡在祭壇或祭架上喃喃念咒，或仰天長歌或朗誦祈語，皆稱之為「祝」。化災難為吉祥，化腐朽為神奇，甚至能起死回生，乃古代「祝」的本質，驗與不驗，在卜辭中都有極豐富的鍥刻記載。甲骨文從

祝 朝廷的專業神官

•祝是專業巫覡，頭上有冠飾代表有官職，不是一般巫覡。

•跪在壇臺前念頌禱詞，消災祈福，甚至能起死回生。

，與兄字不同，後世為了簡化統一，才變成兄形。

主要的祭典儀禮——與祭典有關的甲骨文

殷商王朝五百年的歷史，幾乎可以稱之為一部巫史。立國的商湯本身就是巫權與王權合於一身的大巫，雖貴為君王，仍然禱祝於桑山之林。從甲骨卜辭來看，後代商王親自占卜也是屢見不鮮，尤其是占卜後的解釋權依舊抓緊不放，若非巫，焉能為之？

在巫法、巫術與生活方式密切結合的社會裡，殷人對各種祭祀特別講究慎重。祭祀時，全族人馬都要分工配合，奉獻力量來共襄盛舉。如果誰不肯捐輸盡力，就會遭到族人及群眾的鄙視唾棄，聰明的國王巫長往往很巧妙地透過隆重的「祭祀儀軌」，來達成團結族群、鞏固王權的作用，故殷商崇祀豈止宗教，橫跨政治領域亦為目的之一。

殷商王朝的祭祀儀典複雜而密集，我們可以根據甲骨卜辭的考證，將這些儀典整理出一個概略的系統，除了前文提到的祭及祝之外，還有以下常見祭儀。

彡

彡祭：伐鼓而祭。

甲骨文： **小篆：**

讀音彤。彭的省略符號，所謂「彭」就是陳列大鼓中鼓小鼓，由特殊訓練的神鼓手（優）裸胸奮力揮擊，為所有祭典之開始。

翌

翌祭：鳥翔之舞祭。

甲骨文：  **小篆：** 

選童子在其頭頂紮上羽翎，仿玄鳥踏步而旋舞。後來儒教祭孔的八佾舞，仍承此遺習。

亶

亶祭：黍稷之供，祭太陽神。

甲骨文：  **小篆：** 

讀音即。選用精米蒸熟後，盛之於此造型（鼓形）的木桶中，木桶旁置長形葉片及箸（筷子），祭太陽神用之。

㞢

㞢祭：祭先王妣考及祖靈。

圖騰字：  **甲骨文：** 

讀音又。在甲骨卜辭中，一般借用為「有、又、祐」的同義字，代表富有、隆重的意思。這是因為「㞢」字是從「牛」字變化出來的，上古時期財富的衡量是以「牛」作單位，此為游牧民族習俗之沿襲。㞢祭，是指有酒、有肉、有花、有果、有歌、有舞的豐盛祭祀，通常用於先王妣考及祖靈的崇拜。

賁

賁祭：燔祭，燒柴祭天。

甲骨文：

取松柏木油脂較豐富的根部，於祭祀場所燃燒燔之，白天取其青煙直達雲霄以會神明，夜間取其照明供歌舞歡慶之用，通常用於祭嶽神、河神、方位神。

福

福祭：灑酒獻祭。

甲骨文： **小篆：**

在祭壇或高臺上，將整罈酒敲開，遍灑於東南西北四方，以饗天地神靈。

歲

歲祭：歲末感恩祭。

圖騰字： **甲骨文：** **金文：** **小篆：**

止戈休歇，一年將終，臘月寒冬除夕前的感恩獻祭禮。

御

御祭：暮春三月郊祭。

圖騰字： **甲骨文：** **金文：** **小篆：**

一起出城去郊遊，古人的花車遊行

御

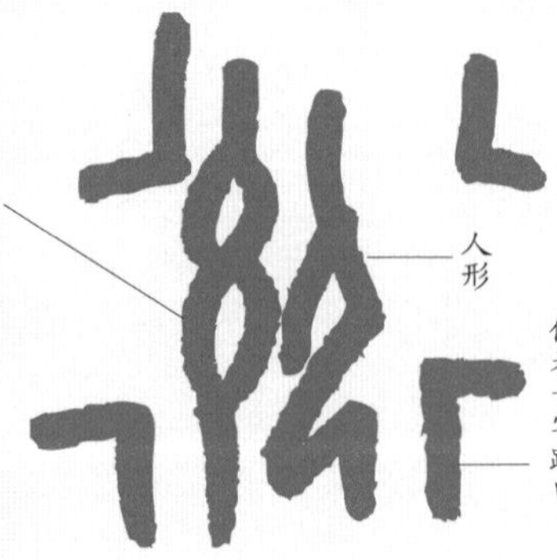
午字，以繩子拉出子午線來定出南北方位
外圍的「行字」，代表十字路口

●御字原本指在建築之初，在王城街道上拉出子午線來定南北方位。

●這裡指的是一種特殊祭典——御祭，麗巫姣覡扮成各類神仙人物，用長板車拉索前進，走在王城的中央大道上，出城舉行郊祭。

簡單說一下「御」字的來歷，中國從夏商開始，王城的布局都採坐北朝南的子午向。御字的核心為「午」（）。這個「午」就是打樁拉出子午線，以為道路建築之依憑。因此，御字最初的意思是在王城建都時定出方位做都市規畫。御字弄懂了，再來說明御之祭：將祭臺放在長板車上，眾人拉索拉縴，祭臺上的麗巫、姣覡精扮成各類神靈飛仙，宛若現代花車，君王則以百巫之長的身分率領浩浩蕩蕩的車隊，從王城的中央大道出城郊祭，時間大都在暮春三月左右，亦可看成上古時期的嘉年華盛會。

匚

匚祭：王室祭祖靈。

甲骨文：

讀音枋。於王室的宗廟門內祭祀祖靈，用黃土和石塊堆砌成塔形，中間有凹坎，封置人形俑偶，都穿戴著華麗衣飾（以活人殉葬之風在武丁朝已經減少，多改用人形俑偶）。

冊

冊祭：血祭儀式。

甲骨文：

此字上古讀如「刪」，就是砍的意思，這是將敵方俘虜（多半為羌人）斬首的血祭儀式。將戰爭勝利的祝告詞寫於竹簡片（册）上，下方並非嘴巴的口，而是指在地上挖掘一個亞字形坑口，再將「册」瘞埋，傳於黃泉九幽，以慰先祖之靈，有詛咒及通告神靈之意涵。

帝

帝祭：酬神祭。

甲骨文：  **金文：** 

大氏族形成相當勢力後，會選擇曠野的大神樹，四面拉出長粗繩索（代表四方），由其他小氏族及本族成員將小布料或小繩索一個個垂懸於主繩索下面，迎風而動，表示依附、歸附於巫長君長的意思。而「帝祭」則是指在宗廟前方空曠地搭起木架高臺，讓麗巫、姣覡在臺上跳娛神之舞，四方依舊拉起粗索，加強「帝」臺的穩定結構。粗索下方再懸掛王室成員（即貴族系列）的祈願木片、竹片等。

烄

烄祭：求雨祭。

圖騰字：  **甲骨文：**  **小篆：** 

此為上古的求雨巫術。將草繩編扎成的人偶插立於獨木舟上，下置柴薪，灑酒求雨，最後祝告風神來風，歌頌踏舞完畢，點燃火炬。

告

告祭：立牌坊之祭。

甲骨文： **小篆：**

同祰字。上古時期，立路標指示方向，再加上口字旁，即是告字。祰祭，即立牌坊之祭。

勺

勺祭：酒神祭。

圖騰字： **小篆：**

讀音為酌，即酌祭也。祭什麼？祭酒神，用什麼方式來祭呢？用一支似笛子的短簫，由女巫邊吹邊舞，謂之舞勺。

嶽

嶽祭：闢淨地祭山神。

甲骨文： **金文：** **小篆：**

「嶽」在卜辭中當成特殊山神，祭祀位階大致與河、土（社）相同。

有學者將字釋作「羔」，此說不正確。也有人將火形當山形看，而釋成「岳」，意思雖接近，但仍有不足。在卜辭金文中，「嶽」是祭典儀式的專用字，現代人搞不懂，為什麼嶽字左右會有兩條犬呢？

用黑狗祭風神及方位神

嶽

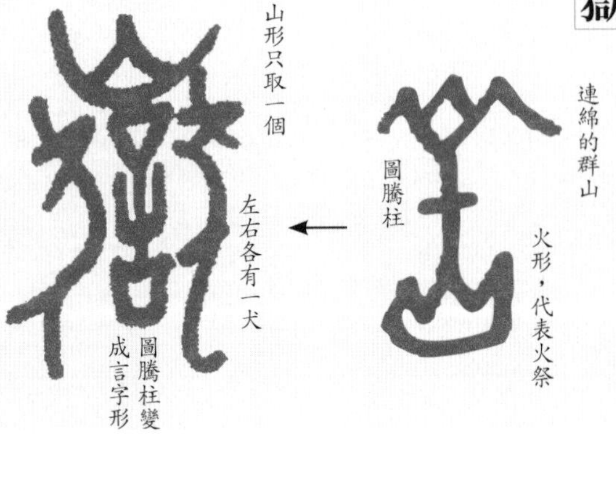

- 嶽在卜辭中當成特殊的山神，字形描繪的是祭風神或方位神的特殊儀式。
- 狗可辨方位，又能止風定風，所以用於祭風神及方位神，但一定要使用純黑色的狗。
- 先闢出淨地，把狗頭擺在四個方位，埋於地底下。地面再插上圖騰柱以為鎮守。

其實這跟殷商祭祀「方位神」、「風神」的習俗有關，有時上述祭典會與山神大祭合併舉行。其中場面盛大隆重者就稱為「封禪」，這種山神祭，必須在山頂上整理出一塊平坦的祭壇聖地，以備儀典之陳設。在闢出淨地時，必須用犬（純色犬，即黑犬）來祭風神及方位神，並將狗頭朝四個方向瘞埋於地下，並在地面插旗，以為祓除鎮守（唐宋之際，民間仍相信黑犬毛燒成灰可以止風定風，即此巫術遺留之痕）。字的上半，即群山層層疊嶂；字的中間是祭典的圖騰柱，下從火形。到了金文，群山省略成一般的山形或火形，而圖騰柱子則漸漸變成言字形（）；下方的火形，也慢慢變成口形。此字從二個犬形複數，是代表四方風神之用，到了篆書，嶽就正式定型為。

所以，「嶽」是指闢淨地舉行山神祭，需要用到黑犬祭風神、方位神，並將狗頭朝四個方向瘞埋於地下，地面插旗，以為祓除鎮守；後來演變為神山之意。至於會使用犬祭山神，一是因為犬非牛羊，沒有經濟價值，二是因為犬可以辨方位、當嚮導。

後期改良增添的祭典

後期的巫長君王以「彡」（大鼓之祭）、「翌」（鳥翔之舞）、「祭」（酒肉之獻）、「壴」（黍稷之供）及「劦」（聯合總祭）等五大祭，作為祀典的主流骨幹。另外還有相伴舉行的附屬祭典，包括：

濩

濩祭：求雨祭。

甲骨文： **小篆：**

讀音獲。借禽鳥被雨水淋濕的象形，表示大雨霍然而下，濩祭就是求雨而天降甘霖不止之貌。

⿱亘共

⿱⺈⿱目共祭：山神祭，雙手捧食器登上祭壇。

圖騰字： **甲骨文：**

⿱亘共通⿱⺈⿱目共。以旗桿挑著長條肉脯，頭頂著鼓形的豆器（裝醃菜醃肉）列隊登階，配合樂聲進二退一或轉向，此為山嶽的祭典，後世封禪典禮亦援用部分。

籥

籥祭：禾魂祭，邊吹管樂邊唱頌。

圖騰字： **甲骨文：**

籥通龢，也可以稱作禾魂祭。女巫樂班用竹排管樂器（類似口風琴或排笛）吹奏鳥鳴樂曲，以慶五穀豐登。

⿱𦥑示

⿱𦥑示祭：祖靈祭之一，花車繞境迎祖靈。

圖騰字： **甲骨文：**

讀音義，選容貌姣好的童男女，飾以飛翔騰升之狀，固定（綁足膝）於示架上，隨花車或神輿繞行城垣，以迎祖靈之祭。

以上舉其犖犖大要，將殷商祭祀的儀典巫法做一簡單的勾勒介紹。這裡面的小說明，一般金石家或考古學家都輕描淡寫幾句話帶過，或甚至隻字未提就直接跳過。因此在這塊被疏忽遺漏的巫法天地裡，筆者不揣淺陋，比照曾經在蠻荒地區的實際生活經驗，模擬古今人類相同反應的心理模式，沉潛思考巫法夢境的神祕提示，並參閱目前可考據的殘篇斷簡，逐漸爬梳整理而成此篇論述，期能發揮歷史性的串聯工作。

殷商人崇拜什麼？——殷人的天地神鬼觀及宇宙觀

在女巫群率領氏族大遷徙的過程中，並非一帆風順，往往遭遇許多大自然災害的嚴苛考驗，更要隨時提防異族野蠻男子掠奪年輕女子（搶婚）的不可測風險，中間還穿插各種毒蛇猛獸吞噬脆弱軀體的意外凶險。在這許多劫難中往往帶有莫名的倖存機運，甚至還有神奇的神靈指示，讓她們得以度過不少難關，得到更多的經驗知識。劫後餘生之後，人們就會對風雲日月、大地山川、各類山精水怪、祖先神靈，產生敬畏恐懼及感恩喜悅交纏的宗教情懷。

一、月神崇拜

原始殷商族有一批卓越的女巫群，在七千年前就已經能純熟使用太陰曆，以十天為一旬，三旬就是一個月。在母系社會主導之下，敬奉「月神」就成了再自然不過的事了。月缺後必有月盈，這是一種永恆的生命周期循環，由此將永生不死的「靈藥」與美麗的「月神」連結在一起，也衍生出後世的西王母及嫦娥神話。

在月神崇拜的長期影響之下，加上女巫群擅長貿易流通和醫療服務，並不崇尚陽剛武力來爭奪資源，所以孕育出一種柔弱勝剛強的生存哲學，也是中國老莊思想的真正源頭所在。

二、太陽神（天帝）崇拜

原始殷商族是多神的集合崇拜，也沿襲了萬物有「靈」論的巫法習俗。到了殷商朝正式建立後，君王就是大巫王，君權神權不分，幾乎政教合一的統治手段順理成章地延續了五百餘年。

原始殷商族在由母系社會過渡到父系社會時，吸收融合了東夷族的伏羲神話系列，諸神崇拜也由原先的女性神祇擴增了男性神祇成員，並且陰陽合配，而在諸神中最高位階的當然是「天帝」，也就是太陽神。

殷人將太陽神做了擬人化的推論想像，認為天有十日，每日輪值，太陽神每天早晨爬上通天神樹（扶桑），有女御駕車迎接，還有整群神鴉（三足鳥，由此也衍生出鳥圖騰崇拜）伸展翅翼，載著天帝巡行天際。奔馳一天後，最後到了湯谷沐浴休息，落日之後，換月神登場。

殷人對於賓日、祭日的習俗，在三千五百年後仍然留下許多遺痕。理解原始殷商族的天地神鬼觀，再來檢視殷商王朝盛大隆重的各類祭典，就會發現原來各種祭祀活動，都是一種淵遠流長的文化累積與巫法經驗啟示錄。

三、祖先靈崇拜

殷商人的重要祭祀對象還包括歷代祖先神靈，祭禮的周期是用十二旬（每十天即一旬）的梯次，按照祖先辭世升天的忌日干支當作標準，全部按甲乙丙丁順序祭完，總共要祭先王三十四次，祭先妣二十二次。

一年有三十六旬，換句話說，一年要大輪祭三次，平均每兩天就有一祭。殷商王朝若無相當豐沛的經濟資源，是無法進行如此周延密集的祭祀儀典的。

四、地域神崇拜

包括四方位神、四方風神，以及大自然的山川神靈。

殷商人的祭典場所

家

甲骨文： 金文： 小篆：

宗家二字是一起念的（上古音讀若「種咖」），是指大家族居住地後方丘坡的小平臺，是祭祀祖靈的場所，大體取子午線方向（北面）。單論「宗」字是氏族祭典的主要場所，也用以代表在家族居住地後方小丘坡上所搭蓋的小型屋，裡面供奉祖靈，為家族之祭所。單論「家」字，一般人都會認為是寶蓋頭下面養條豬，這是看圖識字而不識其義，未必符合古人造字的原義。試問在農業社會中，牛隻難道不是最重要的財產嗎？寶蓋頭下面有條牛（牢），難道就不能稱之為家了？

家字的甲骨文、金文、小篆大體上都是一個樣子：從宀從豕。原始殷商族在雲夢大澤遷徙定居時，不但懂得役馴大象，也運用了醫療技術來豢養豬隻，改良品種。他們對豬的生活習性已經有很深刻的瞭解，發現不論野豬、家豬，統統都有「群聚」不分離的特性，喜歡聚攏成一堆，故借此會意成「家」。一個標準的「家」字，當然包含了許多成員，如父母、兄弟、子女等等，女巫群的造字概念也考慮到了這一層因素，因此以豕做為「家」的象形會意指事，確為允當。

社

圖騰字：
甲骨文：
金文：
小篆：

社是氏族祭禮的場所之一。漢字中，凡是有「示」部偏旁的字體，都與祭祀有關，社也不例外。「社」通常位於林園區的空地，是指用石塊交疊砌成有階梯的土壇臺：先用石頭砌成四方形矮牆，中間再填上乾淨的泥土，就變成一個簡單的「臺」，類似近代學校機關的司令臺。後來嫌「示」部多餘，反正築壇就是為了祭祀，故縮筆以「土」代替。金文作　　肥筆，再變為　等形。至於「土」的造型，為何會畫成　等形？這是代表將石塊交叉疊砌以求穩定的一種營建方法；上古時期的「土」念成「社」，凡甲骨卜辭中的　　，念「社」就讀通了。後世將「土」借用為土地的土，只好再回復原有的「示」部而成「社」字，此為春秋後期的事。

除了「社」之外，還有官方建造的「國社」。國社二字合起來的意思，相當於日本現存的「神社」，代表官方在各地開疆拓土時，為了宣揚教義、凝聚國族共識所成立的祭神場所。祭祀的神祇也不限於地方神，通常是選在都邑附近的小山坡旁，兼作林園休憩之所。

整地填土，啟建壇臺

社

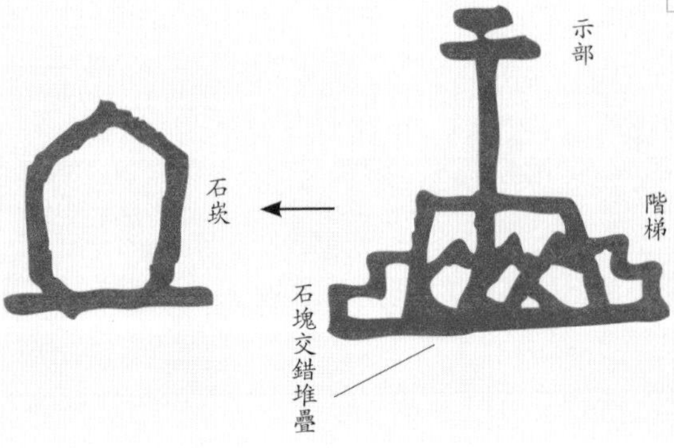

●社原為砌石堆土作為祭壇，為殷商氏族舉行祭典的場所。

●甲骨文簡筆為石崁之形（外圍是石頭，內部填土），後來就省略示字邊，直接以「土」字代替社字。

雝

甲骨文：　金文：　小篆：

通古之「雍」字，指河灣中的沙洲或水中之島，人不能自往，只有鳥群才可以到達。

雝字從隹，即水鳥形，從口形，偶爾也從水邊部。甲骨文作等形，歷來學者皆謂是雙口形或雙環形，代表鳥足部的繯絡，因為被羈絆而不能飛逸，此論述有誤。

雝者，是指鳥足所踏踩的圓圈或方圈，也就是河灣中的沙洲。金文的寫法就比較清楚一些，重複的圓圈代表複數的沙，意指「水中之島」。文字演變到後期，將變異為形，到了小篆就成為，也難怪後人不知此字的真義。這個「水中之島」是個與世隔絕的度假地點，人不能自往，只有鳥群才能飛越到達。

女巫群傳承新進人員或訓練祭典表演工作人員時，也經常選「雝」為地點，取其清靜而無閒雜人等干擾。另外，祭河神、水神或地方神時，也會選在辟雝舉辦，祭典中若盛上糕果祭品，常常引來各種水鳥爭相啄食，而水鳥降在沙洲灘上往往會留下許多鳥跡，這許多鳥踏跡痕偶爾會呈現出圖案奇觀，說不定就是神明的暗喻。因此，女巫群特別將此類兆象整理記錄下來，最早的圖騰文字就從此孕育誕生了。

另外，巫法中的「扶鸞」也由此演變出來，方法是巫覡兩人共持一根Y形樹枝，在恍惚狀態中，由潛意識主導，在沙盤中刻劃出神奇的符碼，再由巫長來解譯。所以扶鸞的「鸞」字從鳥（仿鳥跡），是有其歷史淵源的。

扶鸞的由來

民間宗教常見的扶鸞儀式，最早是跟鳥有關，我們可以從甲骨文來推敲。甲骨文有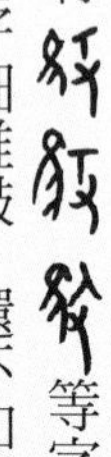等字，歷來學者斷作「」，認為是持杖（攴）驅趕鳥群，但此說禁不起仔細推敲，還不如暫定為「扶鸞」義來解譯，更為貼切。為何我會如此分析呢？首先，「隹」形刻意寫成相反方向，且鳥字之口故意朝下方，即代表非正常的鳥形。再來從等形，與正統的（攴）形寫法也有差異，同樣也是非正常的攴形。這種反常的寫法，究竟想表達什麼呢？以下拓印自卜辭原版（乙五七五），從卜辭內容來分析會更容易瞭解（合集六六五五）：

直譯：帝 其 降 扶鸞

譯文：在郊野舉行禘祭大典時，希望神祇能夠降在鸞枝上指示神諭。

直譯：貞 王 疾 不 佳 扶鸞

譯文：占卜貞問君王的疾病能好嗎？是不是只有用「扶鸞」方式比較……？

殷商王朝最初成氣候的據點，是在遼東半島到渤海灣一帶，在巫教神教雜揉的年代，是以各種鳥圖騰崇拜為主。而在更早的母系社會中，神巫常在濱河的祭典中歡迎祖靈或神靈使者（即天鳥）降臨。當鳥兒踏足在沙洲邊際，就會留下許多「鴻爪」、「梟痕」。神巫依據這些上天使者下降人間的爪印痕跡，當作信息符號傳遞，從而解讀各種吉凶福禍徵兆。

換言之，「天神選在沙灘上，借由鴻鳥的爪印當作天筆，留下了神諭」，此乃「扶鸞」最原始的概念。到了殷商王朝，文字趨於豐富成熟，巫官（甚至是君王）就以、、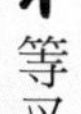等叉形樹枝象徵鳥爪，並在下方綑好木筆，在巫祝儀式中，由左右各一人持叉形一端，在恍惚狀態下自然靈動推移，而後大巫再根據沙上所畫出的奇異符號或特殊字體，來解釋各種兆象。

若是在室內舉行，則拆下門板後鋪上細沙，當成簡易的沙箱，此為「扶鸞」的正式發軔，後世稱這種形態的占卜模式為扶鸞。這個鸞字用的極為恰當，代表的正是鸞鳥（神鳥）的指示。

3 從甲骨卜辭看殷商巫術

從詛咒到求子，殷商巫術面面觀

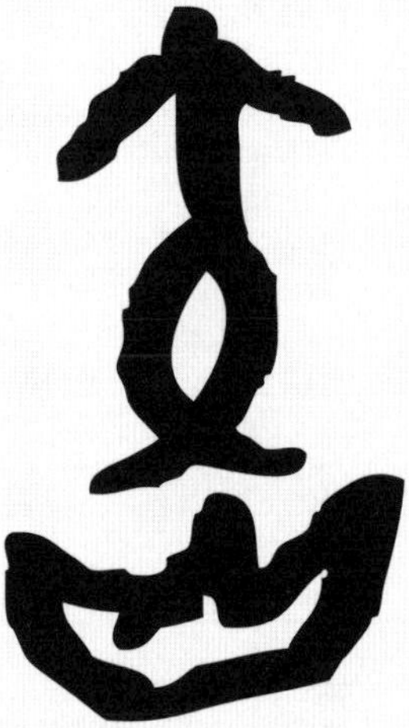

卜辭是指商朝巫師進行占卜活動而刻在牛胛骨、龜甲上的文字記載，其中不少甲骨字都是因事造字，往往一個甲骨字中就包含了諸多意思，與現代漢字相差甚遠，不易閱讀理解；甚至還有很多甲骨字，找不到可以相對應的漢字。因此，在本篇選錄的這些卜辭中，作者盡量根據場景來推演，還原某些甲骨字的最可能意涵。

——編者的話

一、祖靈祭

〈合一一二〉

【解說】

❶此甲骨字諸家未解。將花草束扎成十字亞形狀，獻於亡者宅中，以表追悼哀思。

❷此字意思是追悼亡者。

〈京七六五〉

直譯：貞 其 剛 父 乙

【解說】

❶此字在甲骨有另一種寫法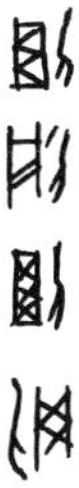，皆從刀形。形符號，許多學者都解為砍肉用的刀俎，但對照卜辭上下文，卻難合義。

❷其實，此字為取木板雕刻亡者畫像的意思。

❸雕完之後，還要經過「寧」祭法，即用顏料和血塗描，最後置於丂架板上供奉。在卜辭中尚有字，也是寧祭法的一種，碗中盛血，再將血塗抹於竹簡（冊）片上，然後瘞埋於地或飄浮水上。

〈存二、一八四〉

直譯：乙 卯 卜 㱿 貞  示 

【解說】

❶此為集合列祖列宗廟祀的大祭典，通常置於都邑的中央廣場上面，供案排成大圓環，祭後的牛羊珍饈可供千人取用。這種活動是配合開春之後，王城新年團拜的熱鬧節慶。

❷形，是借蜈蚣百足之形來描繪密麻、眾多之意。

❸字，甲骨文有等造型，取高大柏樹，然後華飾懸吊各種彩帛彩袋，再由巫官代神明賜予參拜信徒，此即後世「拜」的初文。

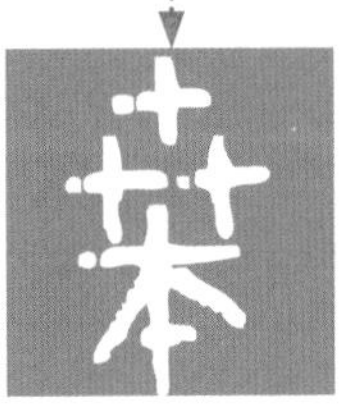

二、詛咒巫術

〈乙七六六〉

直譯：于宗北于𦎧承言

【解說】

❶于宗北，是指在宗廟的北方。

❷，學者解釋為「敦」，有攻伐之意，這個看法有分歧。這個符號是指類似宮殿模型的陶器，用途是什麼呢？就是將敵方的圖騰旗放在宮殿建築模型裡面施法，祈求祖靈消滅之。

❸字下方從（羊），並非指吉祥，那是春秋戰國以後才有的概念。羊在六畜之中，最好照料、最好畜養，生命力也強，烹羊獻之，有「養」之義，亦即祖靈常在，不會一來就走，意味詛咒之術可以延長許久。

❹承言，是請祖靈要承諾不變卦。

❺是指將祖靈人偶壓放在敵方的圖騰旗上面，此為上古模擬巫術的遺俗。

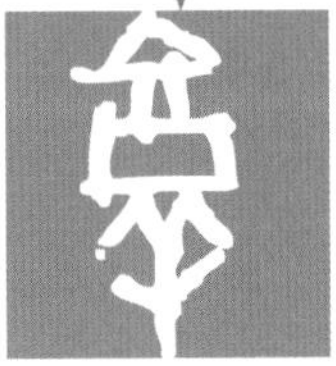

直譯：辛丑卜央貞曰呂方凡□于土……其𦎫□允其𦎫四月 〈續三、一〇、一〉

【解說】

❶這是武丁朝初期的卜辭，央（貞人名字）初接位，字體尚未成熟穩練。

❷□是指鬼方，□（凡）的意思是環旋，□是將敵方首領的人偶用竿撐立在土方上。

❸每念一輪詛咒，就往人偶的腦門上插一根絕命釘，日日環旋插之，這是一種古老的黑巫術。漢代巫蠱之禍，在太子床下搜出的物證亦類於此。

三、歃血盟約

直譯：鄭告盟其□ 〈前四、三三、二〉

【解說】

❶□□是甲骨文的「奠」字，是指將酒放在地上祭亡者。而鄭字□，是用雙手捧酒壺。

❷□，為盟字的簡化寫法。上古結盟立約，雙方將信物放進竹簍或陶缸後封住，故用皿形器表示其外形，中藏一小圓，即信物也。

❸，是腳印後面拖了一條鍊子或繩索，意思是「約束」。上古有些盟約、契約，因無文書，不打手印，而是用巫術性質的打「腳」印。腳拓印在泥塊板上面，泥塊板上繫一條經過女巫祝咒過的結繩，表示有約束力，此後絕不違反盟誓。

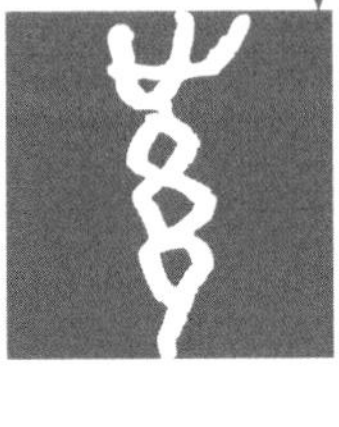

四、軍事巫術

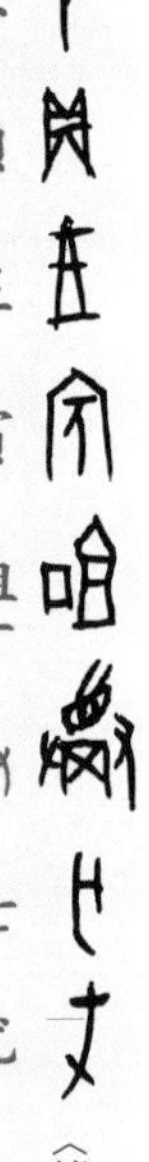

〈續三二、一〉

直譯：丁亥卜貞王賓祖丁亡尤

【解說】

❶賓，是到達祖丁宗廟的意思。

❷是將老戰馬的頭做成標本，供在高架上面，為戰馬明王圖騰。其目的有三：一求打仗時，我方戰馬能夠不發情、不亂咬、不亂踢；二求戰馬能夠勇敢跳躍坎溝障礙；三求戰馬不要被蠻族士兵胸前彩繪的野獸圖騰嚇到。

❸這類祭典中，通常女巫會將特殊乾燥後的黃麥草、野草束集成好幾堆，供在馬頭之前。念咒後在草堆上灑上水果酒，不停敲鼓高歌，等乾燥麥草得水酒之濕潤瞬間膨脹，變回了青綠色，女巫會大喊：「靈！」為現場的百夫長、多馬（騎兵官）增添了作戰必勝的強烈信心。

❹關於「尤」（）字原是指農夫耕田用的木質翻土工具，這樣的春耕活動後來還內化成宗教儀式的一部分。因為用於神聖的祭典，木質翻土器升級成長條形的玉圭板，用於農耕前象徵性的刺土起土儀式。此圭板上大下略小，大頭部分有內尖形或斜尖形，有時巫術表演

不熟練，慌了手腳，會不小心在刺土時將長條圭板弄裂了，這不是好兆頭，借此事形容倒楣，有災禍之意。那麼，為何又稱漂亮、但可能很有問題的女人為「尤物」呢？長條圭板的確珍貴，但可惜有裂紋、有瑕疵，就像尤物挑動男人色心一樣，都暗藏災禍啊！

〈甲三、六五二〉

直譯：亡卜 壴 祖丁 彤 日 𢔁 又正

【解說】

❶是唯，發語詞；（彤）是指鼓祭。

❷這一類的符號，是指鑄銅，像銅汁流動，乃坩鍋符號。為何是「壽」字的本體呢？因為銅鑄品比陶器更堅硬耐摔，形容長久永固，會意指事為「壽」。

❸，壽字加上行走符號，意指行軍途中很安全，此為根據巫術發展出來的衍生字。

❹又，通「佑」字；正，通「征」字。

〈甲三六九五〉

直譯：伐 人 方 上下于 示 受 余 又…于大邑商

【解說】

❶此為第四期晚商卜辭。伐人方，即征伐長江吳越之地。

❷是將整碗祭牲的鮮血淋在戈盾斧鉞器物上面，代表受到商王福佑。尚有的寫法，代表拿碗（碗中有血滴狀）以示之，為軍事用途的巫法。

直譯：戊寅卜出貞今日□血□

〈續三、三五、一〇〉

【解說】

❶□，這個甲骨文是片割魚。主要是為了取其血，然後將血摻和祭酒，分享而共飲。類似的造字還有：□是片割野豬，□是片割獸，□是片割兕牛。

❷摻血和酒時，巫官會用特殊的玉器來攪拌，並念咒賜福，此為軍事性巫法。上古認為喝了這種特殊酒，會得到某些動物特有的勇猛能量。

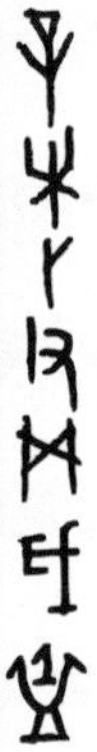

直譯：辛未卜尹羅歲□

〈人一三三九〉

【解說】

❶□，即尹（官吏執仗）之縮寫。

❷□，為網羅之縮寫，意為收集。

❸□中的□為短柄戈，平常懸於腰旁，為「必」的初文。□字甲骨文常見字形，還有：□□□□□。這個甲骨文是指將兵器放置在盛有祭牲鮮血的大皿中。

❹此段卜辭大意是說：尹官（約同市長）收集所有警衛的兵器，在歲暮的大祭典中，成束成堆地沾浸神聖的祭牲鮮血，以祈護衛有力。

五、變臉巫術

直譯：丙戌卜□舞……雨不雨？〈乙八五一八〉

【解說】

□舞是指什麼？我們可以從下面的幾個可能解釋，推論出比較接近的答案：

❶□舞是特殊的花式群體舞蹈？然而甲骨卜辭的用語極為濃縮精簡，舞字即可代表祭禮的重點形態，根本不需要再添不識或不常用的字體來徒增困惑。

❷□是「巫」字的變體？然而，□字已經通行卜辭上下多期，並無變體互存的現象。

❸□的特殊曲線符號，是描繪巫覡男女交媾以媚神的肢體糾纏之象？這點也存疑，殷商早期巫法的求雨儀式已夾雜類似的媚神活動，因此周後的巫字寫法為□。另根據南方楚地的巫覡媚神求雨，是一方當作神界代表，一方當作人間代表，在壇臺幕帳中進行宗教合歡儀式，只見其影，不見其形，故文獻屢稱楚風淫豔。不管其媚神種類或規模繁簡，其實都涵蓋在「巫」的範圍內，不需要再增添此奇怪符號。

❹甲骨文的「畫」字，是用□表示，這種交纏符號是伏羲女媧人身蛇尾的交纏圖騰，亦盛行於漢代，可是□與□只是類似，不代表相同。

❺□這種扭曲交纏符號，可以說是畫中之畫，也含有多種變化意涵，極可能是殷商期古老的「變臉」巫術。變臉現在已經淪為表演性質，早失去遠古的宗教神祕感。按「變臉」表演源於四川，乃東漢末年道教（即張道陵創立的五斗米教）占據巴蜀施政的愚民法術之一。

五斗米教的巫術活動是由古老的祝由科（藉符咒禁禳來治病的一種方法）系統變化出來的，而追本溯源，祝由科的始祖即殷商王朝派駐於蜀地的巫官史官，這是他們的拿手絕活。

六、開光點眼

〈前一、二〇、一〉

直譯：癸酉卜貞王賓祖甲亡尤

【解說】

❶，這個甲骨文是指上古時代開光點眼的儀式。

❷尚有其他同義寫法，如，此為倒吊於「示」（祭架）之象形，意思是把祭牲（雞、雉、鳥）倒吊於，取其血，滴落在祭器或特殊的玉器上面，祈求安寧吉順。

❸甲骨文中也有符號，用牲法皆相同。

❹甲骨文簡寫常作，因此可當作「釁」字來解釋。小篆：。

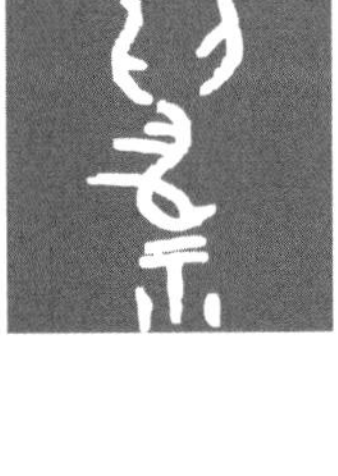

七、祈福及慶典巫術

〈前二、二六、二〉

直譯：乙亥卜行貞王其舟于河亡災

【解說】

❶，像雙手捧持的形狀，本應橫書作，但因鍥刻行款之便而改作豎書。按形與席墊類似，唯此處是指帛巾上繪有圖騰符號及文字，可以展開頌念咒祝。此字在甲骨文的演變為，亦可通摯，小篆：，亦通謝。

❷此段卜辭是說造好了一批新船（舟），現在要對河神（指黃河）祝禱祈福，希望以後能吉順無災。

〈卜六〇八〉

直譯：貞 令 舞

【解說】

❶形符號，類舞又不似舞，是指盛妝華服的眾女巫，足踏高底木鞋，扭身旋身，施施而行。旁邊的是大圓形遮扇，由僕役執之（）。

❷為濾酒的意思，過濾酒急不得，要慢慢等，因此這裡借為慢慢來之意。

❸最難解譯的是，既有重疊之火（），又有重疊之（冉），底下一個足形。這個甲骨文描寫的是都邑夜間迎祭時，沿途的大型高架火炬，隨著麗巫隊伍徐行而次第分段點燃，以為照明，這是人神同歡的慶典巫術。

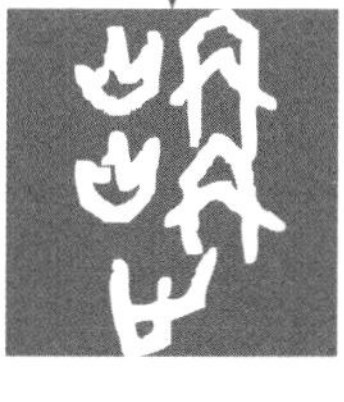

〈後下三三、七〉

直譯：癸 亥 卜 其 飲 蟹 于 河

【解說】

❶「于河」是祭黃河之神的通稱。

❷用酒配上蒸熟的新鮮螃蟹，是種美食享受，時間當在秋季。至於為什麼要吃螃蟹呢？固然為季節美食，但主要是巫官將牛羊沉之於河中，謝祭河神完成之後，就將前日撈取好的河蟹，以秫酒淋祝而立刻蒸食，讓君王大小臣屬分享，稱為「河賜」。

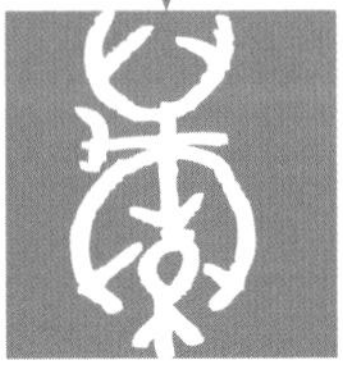

❸這些巫術兼美食的活動，皆由麗巫、美巫來主辦，輔以樂舞。君臣酣歌到通宵才散會，場景難免混亂，前有遺簪、後有墜珥，觚爵交錯，屐履橫散榻前。

〈掇一、四三〇〉

直譯：甲寅卜唯昱祄

【解說】

❶通唯，是個殷王專用的發音語助詞。

❷昱字，正寫是曰，是指太陽天帝會乘著有大翅膀的馬車在第二天從東方升起，故借此天文概念來形容第二天，即次日也。

❸，是的簡省體，從升斗的升，挹酒器也，旁從示。從祭壇旁邊的大缸中用升器取酒，淋之於剛處理過的祭牲體（不限種類），除了表示敬意之外，還可讓肉類烹調更美味，通「祀」意。

❹，上從類蛙非蛙之奇怪形狀，下從鬲形以蒸食之。經反覆對比他類卜辭，此字是指螃蟹，也有相似的其他寫法，如。

八、祈禳消災

〈粹一二〇九〉

直譯：庚甲卜行貞今夕亡占在師禁卜

【解說】

❶ 占，此字為占字，指骨卜。

❷ 禁字上面有兩堆火，下方為衣形，中間有散落點狀，這是指染上鮮血的衣服。由巫官執火炬（松脂樹枝）在戰士染血的衣服前後方繞行幾圈，代表神力加持、除掉厄運。此因作戰衝殺，衣服難免會沾上其他人的血跡，戰役結束後，要趕緊進行袚除邪穢的軍事巫法。

〈前三、二四、四〉

直譯：庚戌卜貞帝其降熯

【解說】

❶ 帝，此帝字指的是太陽神、萬神之主。

❷ 降熯，是指附靈於凶猛武裝扮相的「覡」身上，執火炬、兵器率隊驅逐搜索王城內不潔區域的邪魅，通常在仲春之後舉行。降熯，後世演變為「難」（讀音仍為羅），即儺祭。

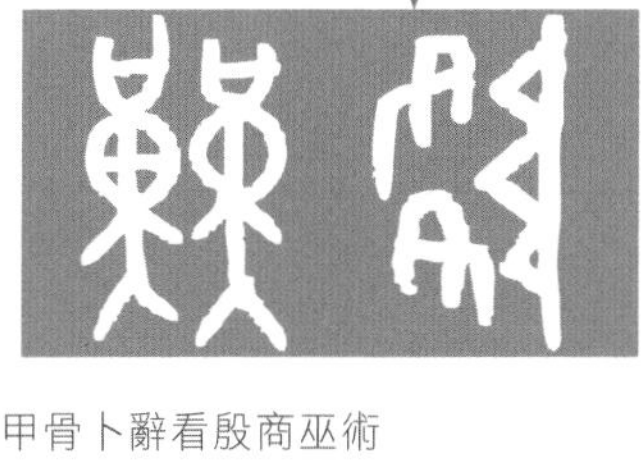

九、求雨巫術

〈甲六三七〉

直譯：于舟烄雨

【解說】

❶，是一種求雨巫術。在塗滿彩繪的舟船上放置各種雕刻人偶、獸形偶，或束草扎成人形偶，如。這些人偶都披上風神、雨神的相關衣飾，或飾有水族符號。然後點火焚之。

❷點火燃燒的目的有二：一是刺激上天司管雨水的神祇；二是將地方上不潔不淨的邪穢全部燒化，以免瘟疫傳染。東南沿海「祭王船」的習俗，是否可能源自於此？

〈乙一一三八〉

直譯：唯烄[illegible]右雨

〈佚一〇〇〇〉

直譯：貞烄[illegible]有雨

【解說】

❶，右字，通佑。，是指小地神。，是指畜牧小神祇。

❷再來談字，歷來學者常誤作焚人牲以祈雨的祭典，相信上古有焚人牲求雨之俗，類此觀點皆大謬也，論述於下。

- 上古時代的巫者往往是統治階級，到了殷商時期仍居領導地位，不可能發明有可能危害自己生命的巫術。這些居上位的巫者，當然懂得移轉矛盾的方法，那就是焚燒位階偏低的小神來示警於天上的大神：情況已嚴重不堪了，再不幫忙，凡間的人類就要造反了。而神祇乃屬無形界，用禾草束桿扎其像，再披彩飾彰顯其特徵，此之謂「神偶」。烄者，即神偶被焚燒的象形字。

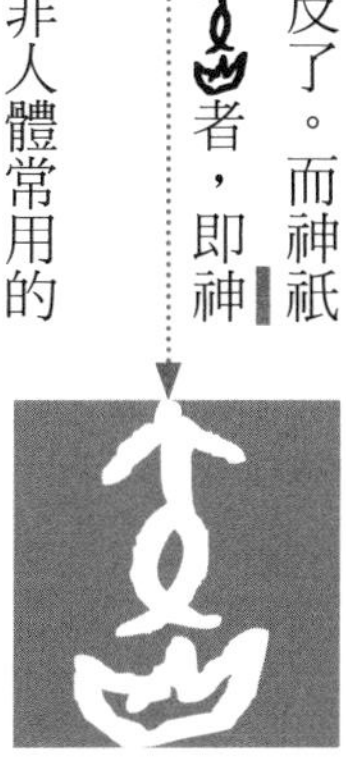

- 甲骨文的人形寫法，立、坐、跪、居都有固定模式，而「交」形是交束扎狀，非人體常用的姿態。若真要焚人，按創字精神與表現手法，也應該寫成□或□，不是比較合理嗎？不需再另創□形。
- 烄□（人三〇八一）要焚燒的對象，是花樹小神祇，並非人名。而烄□□□要焚燒者，則是畜牧小神祇。
- 即使到了春秋戰國的君不君、臣不臣、巫也不巫的那個時期，許多低劣的假巫仿冒品紛紛出籠，被一些思想家狠批痛詆，導致巫覡地位下降，甚至《左傳．僖公二十一年》還提到：「夏大旱，公欲焚巫尪。」但結果也沒有焚成，有關其他焚巫的儀式中，也沒有看到真正把巫覡活活燒死的記載。
- 《淮南子》：「湯時大旱七年，卜用人祀天。湯曰：『我本卜祭為民，宜乎自當之。』乃使人積薪、剪髮及爪，自潔居柴上，將自焚以祭天。火將燃，即降大雨。」細究其故，都只是開國君王的政治藝術表演，焚其髮爪衣飾代替，不會玩到讓自己送命的地步，所以烄字宜作另類解讀。

十、登刀梯

〈後上一三、二〉

【解說】此甲骨字，一般會誤以為是登陟之「陟」。但這個字是描寫：選擇山丘崖壁堆砌尖石或銳石塊成尖塔形狀，然後巫師裸身赤足念咒攀踏登頂，若全身無傷痕安然過關，就是靈巫。亦有寫成形，後世登刀梯的習俗乃源於此類巫術。

十一、求子及壯陽巫術

〈京二八四四〉

直譯：屌

【解說】此字是求子祭典的男根生殖崇拜，以圓頭長木附上毛羽花草添飾，用粗繩挽車拖行，為歡娛慶典的附帶活動。婦人爭觸之，祈求能夠順利懷孕。

〈甲二〇二五〉

直譯：羅于用王受左

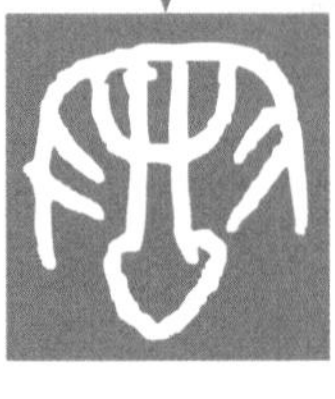

【解說】

❶ ，是貞字；而 是羅網的簡體字，不可混淆。

❷ 字從女，唯女非跪坐形，頭頂有Y形飾，表示其身分是神祇，那究竟是什麼神呢？細看女神後旁有小兒牽來 符號，此即後世所謂的送子娘娘，管生育的毓神。

❸ 另外，為何說「受左」，而不寫成 （右）呢？左在這裡是佐的意思，而不是左右的左。此段卜辭透露了商王懷疑自己性能力下降，因此蒐羅了各種生育女神，希望重新賜給他特殊的力量，得到佐助，在此是指佐以雄風。

❹ 至於毓神要如何祭呢？答案是殺鼈 ，用 （鈎子）將鼈首拉出，割頸放血於碗中，再摻合秫酒置於丂架上求祈神恩，祭完後再恭敬喝下。即使到了現代，這種補身巫術或醫術，在東南亞諸國依然盛行。

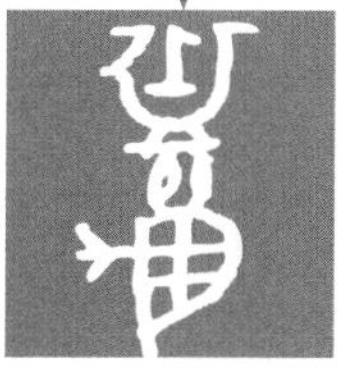

十二、祭河神

直譯：貞 尞 于 河 宰 沉 卯 三 牛

〈合四五三〉

【解說】

❶ （宰），獻祭潔羊。 （卯），即宰殺的意思。

❷ ，是指將潔聖羊隻 沉入水中獻祭，故從 符號。

❸ 此為獻祭河神的巫術。到春秋戰國時已經演變成購買童女，養到一定歲數再獻祭給河神。

《史記．滑稽列傳》曾記載河伯娶親的迷信歪風，不過河伯娶婦的習俗早已盛行六國，若無上古悠久傳統，焉能形成？

❹早期卜辭尚有：「丁丑卜，其尞于河，牢，沉嬖」及「辛丑卜，于河妾」兩則提到河伯娶親的卜辭。另外，在巴地近雲夢大澤周邊，常有巨蟒（大森蚺）出沒，若飼之則人畜平安無事，久之，即形成祭河神的習俗。

十三、其他

〈佚九三三〉

直譯：貞 其 

【解說】

❶，指的是殷商朝的花神祭典。

❷為盆栽之象形，上從小樹林符號，代表許多盆；中間的，係為花束縮寫，用（手）擺設固定。

❸殷商朝的園藝造景已十分發達，在「萬物皆有靈」的概念下也祭起了花神，以祈滿園花木欣欣向榮。這種祭典經由東北亞傳輸至東瀛，演變成日本儀式性的花道。

〈前一、三、五〉

直譯：乙丑卜貞王賓大乙濩亡尤

【解說】

❶濩字，亦有寫作，中從隹鳥形，兩旁形似大滴水，有學者因此認為與「沉」之河祭類似；也有認為是樂名，即大濩也。但這兩種解釋都存有疑義。

❷此字應為大雨滂沱的暴雨現象，雨勢大到連鳥都隱匿深藏，因此宜解作「霍」。

〈六元一九〉

直譯：……亥卜古貞肇于唐……

【解說】

❶（唐），即商湯。

❷肇字初文，甲骨多作，從戈，從瘦長形的日字（其實是，為國都大門的象徵）。

❸因此，之本義應為攻城作戰，即破國的開始。作為祭祀名稱，是指第一場祀典的開始。

〈京四三〇二〉

直譯：己亥卜戠婦井于曼……

【解說】

❶（戠），甲骨文作，從戈，旁邊是指極長的號角，與戈等長，從口吹奏，是一種特殊的軍樂兼巫術。成群女巫吹奏這種號角，用以召喚過去師旅陣亡的忠魂回來堅守邊鄙屯所。因此「戠」是招魂術，也通上古殯葬館。

❷井是指邢部族；曼是地名。

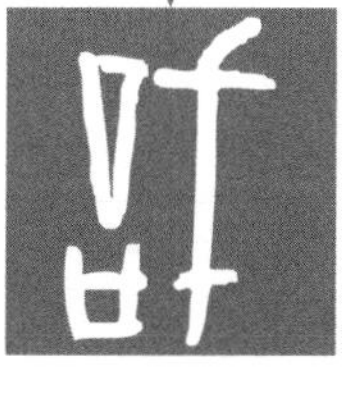

參 人與生活

1 殷人的疾病與喪葬

從殯葬文化看殷商人的生死觀

靈魂不滅與萬物有靈，是殷商人宗教思想的兩大主軸，歷來的出土文物也證實了這樣的看法。殷商人的祭祀對象包括天神、地祇與人鬼（祖靈），這種觀念建立在他們與環境的互動及族群的凝聚上面。從殯葬文化來看殷人的生死觀，是最直接也最容易瞭解的方式。

以下整理了幾個要點：⑴靈魂不滅；⑵祖靈的世界就是天堂；⑶大體要保留完整，才有面目見祖先；⑷肉體雖死，但可轉化為各種動物；⑸人鬼是半神靈半鬼魂的性質，要予以敬重。現在就跟著殷商人的腳步，瞧瞧他們在各時期因應生活方式所形成的殯葬文化與生死觀念。

——編者的話

一、雲夢大澤時期的喪葬

原始殷商族在雲夢大澤時期，四周都是原始叢林，生活方式為濱水文化，一般人死亡是用樹葬，這個樹葬並非埋在樹根之下，而是懸架於樹幹高處。甲骨文叔、弔二字本為一字，弔字為何繼續沿用至今，當然有長期的歷史緣由，也與樹葬有關。

弔

圖騰字： 甲骨文： 金文： 小篆：

甲骨文弔字，是由變化出來，金文弔字也保持類似筆劃，都是像一個人形被粗繩（藤）綑牢，往上懸掛。古代的大體都用厚衣包裹後再懸架，以避免狼獾啃噬。

船棺葬

圖騰字： 甲骨文：

一般人死後要弔高來保留大體完整，那如果死者是巫覡的身分呢？由於其地位尊貴，其喪是採用船棺葬，甲骨文有船棺葬的類似字，拿竹簡祭舟，舟中當然是有亡者或祭牲，不會是空船。

長江流域的水系中，船棺常懸於峭壁的石隙中，船首朝東方以迎日。早期船棺無蓋，僅以石塊填實，後期加棺蓋覆之，巫者胸前或置璇狀玉璧（造型仿旋轉的太陽光芒），此皆母系社會月神教的遺俗。

二、太湖南濱時期的喪葬

到了太湖南濱時期，船棺葬無懸崖峭壁可以懸之、停之，於是開始土葬。此時的土葬又分為蹲葬、立葬、臥葬，通常尊者為臥葬，有棺木，葬後置石塊堆成小塚植樹以誌。

三、遼東半島時期的喪葬

到了遼東半島時期，正式用棺槨。王族貴族的墓穴基本上是開挖成亞字形，有階梯可上下，階梯上陳列冥器。其中規模大者，亞字形墓穴已擴建成地下宮室，分為東南西北四室，有棺有槨有頂，層層封緊。身分尊貴者，落葬物品都有玉琮和玉璧等貴重之物，乃封墓之前禮敬天地的巫術活動所用的祭器。殷人喜歡玉器，但都置於棺內或身軀上，此時尚無漢代將玉器塞填於七竅內的做法。

葬

甲骨文： **小篆：**

甲骨文作等形，棺（）上或有數點散落表示泥土，此即葬字初文。到後期，以床架板置屍骨抬出埋葬，其象形作葬字，如，小篆反倒保留了原始形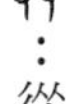：從二個形（代表墓），中間為屍體符號，這個符號是從一路演變下來；一長橫為棺板簡化，下方從抬手符號，代表抬棺的意思。甲骨文無墓字，墓為後起字，借莫字而添加意符。

死

甲骨文： 金文： 小篆：

人皆有死，死的甲骨文從跪祭人形、從骨骸（屍體），意味著他人對著遺體跪伏哀悼。金文與小篆寫法雷同。

冎

甲骨文：

骨之半，取牛肩胛骨的形狀。用於骨卜，原本占卜只用牛的肩胛骨。到後期省變為，也通骨，但讀作禍，表示裂紋不好而有災禍之意。還有一個學者未能解釋的甲骨字，這是指保留動物做成標本，甲骨有（京四〇一二）這個字，從爿（片）、從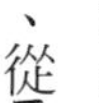（）、從（五），是製作五個動物標本的意思。

喪

甲骨文： 金文： 小篆：

甲骨文後期作，從桑枝及好幾個口。桑樹為商代農業經濟的特殊植物，平陽地種麥、稻，丘坡地就種桑養蠶。由於取材方便，加上殷人普遍認為太陽升起的地點為扶桑，且人死後將由祖靈接引，魂歸於此安息。故由巫覡雙手持桑枝，身軀左右旋轉，腳踏鳥舞碎步，口中呼喊亡者名諱，念咒語，進行巫法儀式。借此形此義謂之「喪」，讀音亦同桑。

四、關於疾病

人吃五穀雜糧，難免會生病，這道理古今皆同。至於古人的常見疾病，跟今日的我們大同小異。以下有關疾病的甲骨文字皆從疒部；有些則以疾病特徵或出現的症狀來造字，比如中暑、腹瀉、便祕等，以字觀形會意，十分有趣。

疾

甲骨文：  **金文：**  **小篆：** 

甲骨文初期作，原本意思是人行走似箭矢一樣快，為軍旅疾行疾走之意。後期甲骨文作，有中矢之人、鋸腿之人的創傷形，可知疾速之意漸亡，轉變為疾病之意。

疒

甲骨文： 

疒為病之部首，甲骨文從人形，旁有數點，像人有病痛而汗滴狀；片，則取床板形狀。

疛

甲骨文： 

殷商人生什麼病？從疒部談起

疒

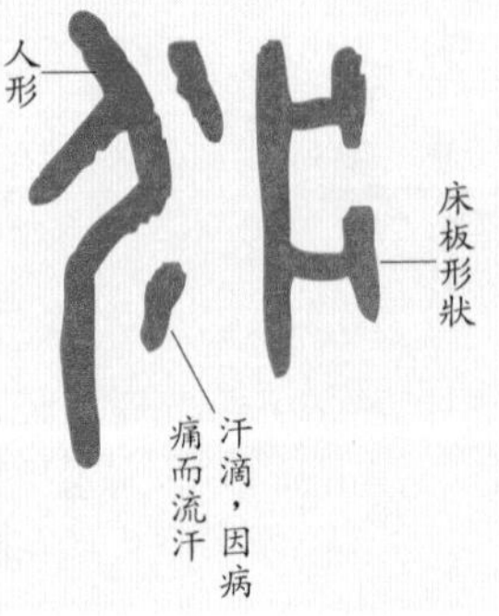

- 此部首為象形會意字，病人臥床時，因病痛而流汗。
- 仔細觀察一下，凡是跟病痛有關的字，組成元素幾乎都可見到床板（片）。

瘧疾

（瘧）

- 瘧疾俗稱打擺子，殷商人以為此病是得罪山中的老虎而遭殃。
- 後轉為虐待的「虐」字，因人受虐也會像打擺子一樣渾身抖動。

像用手撫摸小腹之形，為腹腸部位的毛病。

瘧

甲骨文：  **小篆：** 

瘧疾為叢林地區易得的熱病，一會冷一會熱，俗稱打擺子。殷人認為此病是得罪了山中之君（即虎神）而遭致懲罰，所以從虎形。另外，此字也轉化作虐待的「虐」，將人綑牢在長板上用刑，人犯痛苦不堪，渾身抖動，就像得了瘧疾一般悽慘，故通暴虐之虐。

癰

甲骨文：  **小篆：** 

讀若甬，甲骨文作，與雁字很像，唯意思不同。癰字的結構，主要從（雍）形，指大河中冒出來的沙洲或小島，加上了人體形，意味人體突然鼓出了一塊腫瘤若雍狀小島。

痿

甲骨文：  **小篆：** 

此字從疒從委，合而成痿。「委」的甲骨文作，最古原義是巫官求禾求豐收，那為何從女呢？這是因為上古巫官本為女性，後世任用一般官吏也稱委或任。不過，痿字最初不是從委，而是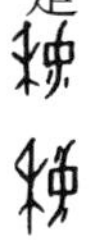，表

瘟疫（疫）

• 人大量死亡，屍體多到只能用繩索綑綁運送，表示發生瘟疫了。

腫瘤（癰）

• ，指大河中的沙洲或小島，只有鳥能飛至。

• 加上人形，用以表示身體上突出了一塊東西，也就是腫瘤。

示河水源頭被封住堵死了，秧稻得不到水源而枯萎，久之漸訛為女字形。所以，痿字與女色、女性絕無關聯，順為釐清。

疫

甲骨文：　小篆：

疫指瘟疫，甲骨文有（京五三三五）字，此為疫之初形。蓋瘟疫一來，整村整寨的人大量死亡，屍體多到要用繩索綑牢運送。另有字，取屍體堆疊之貌，表示死亡人數極多。

中暑

甲骨文：

卜辭中有此字（佚三九六及前六、九、六），一般皆未釋之。此乃中暑現象，從人見日，意指豔陽高溫，人見之（活動太久太長）而昏厥。

腹瀉

甲骨文：

甲骨文（鐵一六八、一），從雨從疒。學者皆未釋之，此乃腹瀉下痢之病，形容排泄不止，猶如雨下也。

中暑

•因為烈陽高照而昏厥臥床，即指中暑。

腹瀉

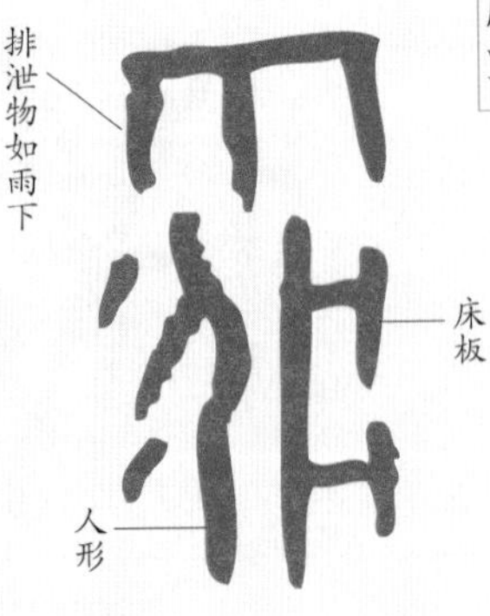

•生病了，症狀是下痢如雨，即指腹瀉。

便祕

甲骨文：

或（乙四八二二一）這個怪字，從爿（片）、從（字形是蝗蟲加火，不可誤讀成龜），這是什麼意思呢？此乃特殊的便祕之疾。考證許久，發現上古黃河水系並非平和正常，時逢大旱，草地蝗蟲變異，成群飛越天空，密密麻麻如成團黑雲，所過村莊，稼穡青禾無一倖免。蝗蟲過境成災，人無糧可覓，或飢或憤，於是撿拾蝗蟲屍體，用石片瓦片焙之，多食後腸胃滯結，十天難以排便，口唇乾燥如火。那麼，有沒有解方呢？當然有，而且隨手易得：巫醫取溝渠或山凹澗的伏地青苔煮湯化之。

寣

甲骨文： **籀文：** **小篆：**

卜辭：（寐有鬼魅交而驚覺），甲骨文作，像一人臥床而手舞足蹈的夢魘之狀。

便祕

- 蝗蟲過境，作物無一倖免而鬧飢荒。
- 飢民撿食蝗蟲屍體焙烤後食用，吃多了腸胃滯結。
- 火是指表現的症狀，多日不排便導致口舌乾燥如火。
- 三者組合成一字，指的就是便祕。

惡夢驚嚇（寣）

- 因為做惡夢，手腳顫動而驚醒。

蚑

殉葬有規矩，解讀甲骨字「蚑」的符碼

甲骨文：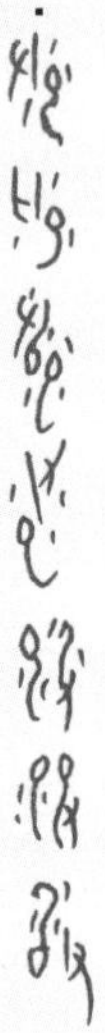 **小篆：**

蚑讀音刮，甲骨文從支、從（它，即長蛇），其旁數個小點表示血滴濺出。，金文作，到了小篆訛變為（也形），此字小篆就成了。舉與此字相關的卜辭：

直譯：甲子卜蚑二豕二[豕土]于下乙〈乙四五四四〉

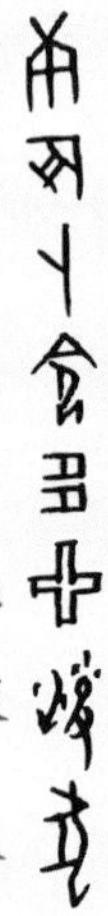

直譯：庚辰卜令多亞蚑犬〈寧二、一六〉

此字一般皆作以支擊蛇的「扑擊」之意，但此中大有疑問。甲骨文的動物字不少，要捕要獲要羅要逐，都有通用的獵捕字，不需再費周章多添此閒字；而古人也不是每天無事，就以打蛇為樂趣。此外，還有一疑。祭祀卜辭萬千條，牲祭通常以（牛羊）為主，第一條卜辭提到的豬是不上鼎鬲之器，更不能登大雅壇臺，何以獨獨在此用之？

再來看看第二條卜辭。「亞」，意為墓葬官吏。祭山神嶽神，本就有「磔」犬之俗。磔者以石斧將犬擊斃，順著斜坡坑，頭下腳上瘞埋之，古人認為山神地靈收獻祭牲物就如蛇吞噬，必從頭部開始吞噬（不會逆毛），故《山海經》提到瘞埋牲物時，屢屢說「不倒毛」，即此意。那麼為何傳統的磔犬方式不用，這裡要別出心裁搞出個攺犬呢？

接著，再來看看武丁時期的這條卜辭記載：

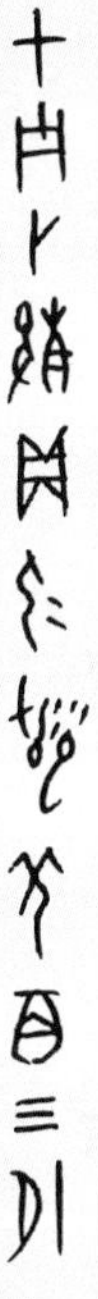
（鐵一七六、一）

直譯：甲子卜殻貞勿攺羌百十三月

意思是說，不要再進行這個「攺」羌的習俗，該停止了。

種種跡象都透露出一股不尋常的意味，絕非扑擊二字就可涵蓋一切，有些學者也覺扑擊不妥，改為割裂義，如《集韵》有「胣」字，訓為刳腸，為攺之後起字，但也說不清道不明，究竟何事要刳腸？

但如果以「巫」的觀點來看此字，就很清楚了。早期的女巫源於種種原因，身上有紋蛇刺青，蛇每隔一段時間會蛻皮再生，生後再蛻，繼續成長，在她們眼中看來這是一種神祕的生命活力，因此借交感式巫術，將神祕力量合於己身。

上古巫者，將蛇懸於架上，用石刃割其七寸，取血滴落玉石，歌詠舞踏以頌亡者，透過玉石之靈引動神祕的復生長生力量，最後將玉石置於墓主手中緊握，此為攺之初。

到了殷商王朝，墓葬規模因物質生活的富裕越來越擴增，因此有了殉葬風氣。殉葬是有講究的，不是一陣亂棒打殺，往墓坑一拋草草掩埋了事。通常殉牲或人牲被帶到墓坑現場，都會嚇得屎尿失禁，穢不可聞，嚴重破壞葬禮進行中的潔淨，是對墓主大不敬。

因此，殉牲是在墓坑前方事先刺喉放血，保持全屍全樣，接著割腹，取出內臟胃腸，隨即塞好事先準備好的草束，淋上秫酒，簡易縫合之後變成了半個標本，再用板架抬入墓坑角落放置。

如果是人牲，則是快速絞殺，保留全屍，但一樣開腹刳腸，清除內臟，大洗滌一番，即甲骨文（甲五九、甲七一二）。接著塞以米糠，淋上秫酒，簡易縫合後在其頭上綁特殊符號的巾布，身披指定款式的類制服（表示繼續為墓主在彼端世界服務），再經板架送入坑內，永生永世為奴。

人牲刳除後的內臟胃腸要如何處理呢？答案是：沿著墓前道路之側，挖上長條深溝，將內臟傾埋於內。深溝前後兩端各有封石，石上有巫者禁咒的塗抹符號，表示靈魂永遠被鎮守墓前，無由叛逃。據傳這種石塊具有鎮邪擋妖的威力，為後世建築「石敢當」的起源。不過，這樣就算完成了「蚑」的儀式了嗎？還缺少一樣就大功告成了：深溝上面最後會種植柏樹或當時盛行的花樹。

殷商武丁中興，版圖擴增了，對人力資源的運用和役使也有更實際的想法。因此就開始限制這種「蚑」的儀式，並縮小規模，後世雖有殉葬之概念，但漸漸以俑（人形偶）來取代了。

最後，再以《山海經．大荒西經》：「有神十人，名曰女媧之腸，化為

殷商版的木乃伊？

蚑

- 蛇會蛻皮再生，被視為一種神祕的生命活力。
- 上古巫者殺蛇取血滴在玉石上，歌之詠之，以玉石之靈來引動再生長生力量。此為蚑之原義。
- 到了殷商朝，殉葬興起，在殉葬之前都要刺喉放血、割腹掏清內臟，再填入草束、淋上秫酒後縫合。此為蚑之儀式。

神，處栗廣之野，橫道而處。」來印證。這段文字並不艱澀，也無錯訛，但意思很難懂，許多解釋一直朝著女媧之腸鑽牛角尖，甚至把女媧之腸鑽成模擬式的子宮通道，弄得愈來愈玄了。其實，這一段應該倒過來解釋：「在栗廣之野，橫著道路的地方，有神十位。在很遙遠的年代，女媧氏族曾經在這裡進行『世攴』之葬祭，祭後種了許多栗樹。後來這些樹木都長得十分高大，群鳥咸集，其中有十株神樹歲久通靈，有拜更靈，變成了地方上的樹神兼社神，巫者曾經問過是什麼名稱的神？回答是：我本女媧之腸。」

2 殷人的社會組織結構

齊家治國平天下，一個階級分明的成熟社會

從出土的墓葬器物與甲骨文龜甲片，可以看出殷商時期已有成熟的社會結構，以及嚴密而複雜的組織層級。隨著版圖的擴大、政權的穩定，社會組織結構日益森嚴，小至家庭的組成份子、王室的規格，以至整個殷商社會，都有一套可長可久的階級區分。透過甲骨文字的分析，我們可以深入認識數千年前殷人社會生活的種種面貌。

——編者的話

先從家族重要成員談起

父

甲骨文： 金文： 小篆：

卜辭中，父甲、父乙等等的「父」字極多，皆作形。字從形再加一斜撇，其所持者究竟是什麼呢？

按金文「父」作，有具體的象形描繪，這是指石斧。所以，父就是手持石斧的人，代表掌權。石斧也可以是質料很好的玉器，也可當作階級地位的表徵。到了小篆作，再延伸變化為父母的父。

叔

甲骨文： 金文： 小篆：

這些甲骨文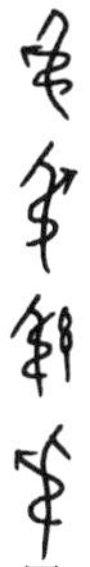是一個站立的人形全身被繩索綑牢，為防其逃逸，往樹上吊之，故通「弔」字，但在卜辭中卻讀作「叔」字，為何如此呢？

女巫群造字，有其脈絡可循，比如父執斧代表威權；叔執索，專管人犯，主刑；兄代表平輩祈禱，通巫祝祭祀（頭上有盤帽，代表祈祝之能也）；弟持柲（短戈），備索執勤服差役。叔字到金文稍微變了樣，成了。左邊的形代表鞭子，是橫臥的長木板架，類似板凳，可將人犯綑綁施以鞭刑，散落數點則表示用刑後的血跡點痕，加了個符號則是執行的意思。

兄

甲骨文： 金文：

不論甲骨文或金文，「兄」字的字形皆像頭頂有帽，採站姿。頭上有盤帽，代表祈祝之能，意味祈禱，通巫祝祭祀。甲骨文另有一字，此為跪姿，卜辭讀作「祝」，兩者不可混為一談。

弟

甲骨文： 金文： 小篆：

「弟」的甲骨文從短戈形、從繩索形，代表執短戈服役，配上繩索，追捕逃逸犯人或奴僕。

伯

甲骨文： 小篆：

伯通「白」，卜辭中的（白），歷來學家解釋為：❶「貌」的初文，像人面及束髮；❷像人頭；❸像拇指之形，拇指在手足俱居首位，故引申為伯仲之伯。其用為白色字者，乃假借也。但，真相是如此嗎？

中國上古社會的演化過程是從舊石器時代到新石器時代，再到鐵器時代，中間獨獨漏掉了一個關鍵時代，那就是「玉器時代」。大約在七千年前到四千年前，正是玉器文化的輝煌歲月。

所謂的「巫」，必須借各種玉器以事神、媚神、通神；而「白」字，就是指大塊玉石剖開後的情形（象形兼會意），玉石剖開後，見到石心石膽，也就是玉的精髓所在，高等者為「白」色，次等者為黃色雜色，故借為顏色之「白」。此外，精美玉石剖開，得出祭禮中要使用的美玉，此乃伯叔長輩才有資格獲取，亦為權力象徵。因此人際六親中的叔「伯」，也是借此「白」字而衍生出來的。

「白」字，同時也代表尊貴的品秩，在周朝貴族分封時仍按公侯伯子男等級排列。還有，玉石剖開時一共有好幾塊，每塊都各具特色，到底要選哪一塊當作祭器比較適合呢？看來看去都很好，都相差無幾，故曰：伯仲之間。此外，數目字千百的「百」，甲骨文鍥刻為，係指大塊原石切開後，可以得出大大小小的好料，製作出許多件小飾物，故象形指事會意成「百」。

「白」字，在上古的讀音就是石塊裂開的聲音（念背聲），甲骨文用龜版卜兆的「卜」字（念博聲）亦為如此，都是因事取聲。

殷商時期，社會習俗崇尚「白」色，所以高檔布料稱作「帛」布；而小方國貴族之間的疆界封賞也以植「柏」樹為憑記，順此敘述之。

妻

甲骨文： **金文：** **小篆：**

「妻」的甲骨文像一個女人披頭散髮（）的無奈情狀，旁邊從又（），表示被抓住或者被雙手抱住（）等形。上古本來就有擄掠婦女以為配偶之俗，反正你既抓我族，我就抓他族，一筆糊塗帳，誰也搞不清。甲骨文「妻」字，保留了上古掠婚制的遺痕。

妹

甲骨文： 

金文： 

小篆： 

此字借用樹枝末梢或嫩芽新出，比喻年少年輕之妹。

母

甲骨文： 

金文： 

小篆： 

「母」的甲骨文諸形皆像屈膝跽坐，雙手交叉於胸前。此為殷人居處時常見的姿態，故取用來做為女性特徵，以別於力田之為男性特徵。胸前增添二點代表乳房，或於其頭頂加一短橫代表其頭飾，凸顯為人妻為人母的特徵，與「女」字不同。甲骨文的「母」字，原指先王之配偶。

「母」字，亦指不可以也，通「毋」。卜辭中，母字也通「每」（讀若悔）字，亦即後悔的悔。

女人的各種不同身分，從女字談起

這是「女」字。取女子面朝左、雙手交叉於胸前、屈膝跪坐的姿勢。

妹

- 借用樹木末梢或嫩芽來比喻年少。
- 加上女字的偏旁，就成了妹字。

妻

- 用手拽著一個女人的頭髮，就是「妻」字的甲骨文。
- 圖中的女人披頭散髮，描寫的是一個飽受驚嚇、倉皇要逃跑的女人。
- 「搶娘們」：上古漁獵社會有擄掠婦女為妻的習俗，即所謂的「掠奪婚制」。

母

- 在原有的女字上，凸顯乳房（胸前兩點）來代表為人母的特徵。
- 有時會於頭頂再添一橫槓代表頭飾，原先指的是先王配偶。

兒

甲骨文： 金文： 小篆：

孺子、孩童也，甲骨文從儿（）之形。這是小孩頭蓋骨還沒長硬封住天靈蓋的情形。

王室核心成員及外圍

王

甲骨文： 金文： 小篆：

不論甲骨文或金文，皆像斧鉞朝下之形，代表王者權威。此字並非三橫加一直，如果是三橫等距離平均寫稱作「玉」，也不是執干戈插在地上就能稱王。經考證殷商王朝代表王權的斧鉞極長極重，不適合真正戰鬥使用，純粹做為朝廷禮器，有個厚重托架，置於君王之側。

后

甲骨文前期： 甲骨文後期： 金文： 小篆：

「毓」字是后字的前身，此字的甲骨文原始字形，像女性產子的形狀，初生兒皆呈頭下腳上的倒形，因為生產是頭部先出來，故用形狀表示，旁有數點狀代表羊水。

毓乃母系氏族的酋長（巫），也是氏族的始祖母，以其繁育子孫居功厥偉，故以「毓」號尊稱之。卜辭中也拿來用作先公先王的集合泛稱。此字是母系社會遺留的文字，走到父權時代就漸漸分為兩途，轉化成生育的「育」，甲骨文後期也將「毓」的象形簡化了，女形變人形，而倒子形（）約化成古字形（），如。到了金文樣子又變了些，立人形被誤文當成「司」字形的上半（如），古字形也變成，即為目前通用的「后」字。難怪歷代儒生會誤解「后」為「司」字反過來看了。

「后」字，因原始甲骨文有倒子形，位於人之後，故引申出先後的「後」，因此「后」也通「後」。

婦

甲骨文： **金文：**

小篆：

此字甲骨文從女從（帚），卜辭中多假借「帚」為婦。帚的甲骨文為，到了小篆，將長毫形的尾飾誤為（手形），又將下方的架子誤成巾形，即變（由）。金文的「婦」字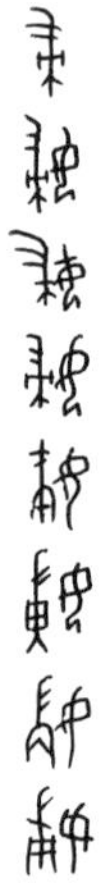，尚見羽毫之痕，到了小篆就完全消失了。

由變成相當離譜，小篆作，是為了要湊出掃帚這個字而循上古文字類似掃帚的象形文藍本，弄出個新型的「帚」字。

毓

母系社會女酋長的尊稱

●毓是「后」字的前身，甲骨文描繪的是女人產子的情形。

●毓是母系氏族的酋長，也是氏族的始祖母，以其繁育子孫居功厥偉，而以「毓」號尊稱。

●此字是母系社會遺留的文字，後來一再簡化，就成了「后」字。

《說文》：「婦字，以帚從又持巾。」大意是說，婦女就是要拿掃把清掃環境，拿毛巾抹乾淨各種生活器用，昔日儒生不知千年之咎誤，尚振振有詞，自認為這是婦德的基本表現。許多人也信以為真，一個積非成是的「帚」字，無形中竟矮化了女性的職能專長幾達三千年之久，必須重作修正。

破題來講「帚」，原始的象形是，乃鳥羽做成的盔上戰飾或頭頂戴飾（大祭典用），男用鷹之羽，而女用雉之長尾。以凱旋歸來的「歸」字為例，從師、從止、從，試想一下，得勝歸來，沒帶戰利品也就罷了，怎麼還會扛掃把呢？大丈夫豈不顏面「掃」地？再說殷商王朝，多數婦女的工作重心是在紡織業，這是涉及到專業技術與美感藝術的工作；更為傑出的婦女，則往往從事商貿活動，要精準的統計管理，或涉及大量的文書紀錄，這都不是純靠臂力的粗活所能擔任的。筆者不是說商朝的女性都不做家務事，這裡所要點出的是當時女子的職能專長，並非局限於掃地擦桌如此簡單而已。

再者，殷商社會普遍有養奴、畜奴、捕奴的習俗，並且加以制度化。打仗征伐時，一定會抓年幼或貌美的俘虜，南邊抓來的運送至北方，北方擄來的運送至南方，過江過河坐大船，人人額上有黥記，以防串連逃逸。持巾從帚，乃「奴」之低層次工作，並非商朝婦女的主要表現。綜上所述，《說文》謂：「婦，服也，從女持帚，灑掃也。」其論點不正確。

婦

一個字矮化了女人三千年

- 一般都以為「婦」是從女從帚，但考證甲骨文的「帚」字作，描繪的是鳥羽做成的盔飾（男人用鷹羽，女人用雉尾）。凱旋歸來的「歸」字也從帚，意思相同。
- 卜辭中的「婦」都是指王妃，不是一般做家務的尋常女人。
- 因此「婦」字原義是頭戴長雉尾參與大祭典的女人，指的當然是有身分地位的女人。

最後再舉卜辭印證，卜辭中有帚（麾）神祭，是指戰神之麾（軍武之祭），舉行地點是在王城的中央大道，例如：

〈甲二一二二〉

直譯：貞 于 帚 御 卓 三 月

譯文：鄭重占兆，有關戰神武祭在中央大道上舉辦，並調花車來伴行，時間定在三月，請問妥當嗎？

另外，甲骨文也借帚（神麾）作婦，卜辭所稱的「婦」都是指王妃，下方再加上姓氏，例如商王武丁之妻婦好、婦井、婦巧等，比貴婦（有官職的婦人）、命婦（貴族夫人）的層級還高一層，不是一般的家庭主婦。

最後還要提一個：甲骨文也借「帚」字當作歸來的歸字。歸在此指凱旋歸來的意思，同樣因為戰士頭上的長麾形尾飾之故。

臣

甲骨文： **金文**： **小篆**：

此字的甲骨文及金文，基本上像個豎目形狀，若以一目代表一人，當人俯首朝叩君王時，一般的橫目就會變成豎目形，故以豎之目來表達屈服之臣僕。卜辭中常稱呼的小臣，其實官職不算小，是指有王室聯姻關係的寵臣。

尹

甲骨文： **金文**： **小篆**：

此字甲骨文從手，手執杖，表示手握權力以任事，在殷商時為大臣職官。

宰

甲骨文： 金文： 小篆：

此字甲骨文從（房屋符號）、從（辛）符號，金文更具體描繪出人頭頂上有特殊角冠，代表刑名職官。

役

甲骨文： 小篆：

由字形看來是驅趕人去服勞役工作，乃一般的風塵俗吏，用今天的話來說，就是低層公務員。

僕

甲骨文： 小篆：

卜辭中的僕字都是有尾形，尾的甲骨文作，從人體後腰的裝飾尾之象形，古鉨（璽）字，小篆。此類型的字，乃西王母國度老虎圖騰崇拜的遺俗。

歷來學者對尾字皆持鄙視態度，殊不知在古義中，「尾」並非西南夷落後民族的裝飾，卜辭中有「幸有尾」之卜句，這是什麼意思呢？意思是說有沒有身分資格穿上虎豹皮（連尾巴全形）的巫祝衣飾。

至於「僕」字，就更堪玩味了。許多學者認為頭上從（辛），乃黥刑受苦之人；手持（箕），其上有糞，因而認為「僕」字是罪人端著畚箕，身操賤役，且身後有尾，意思就是指夷人了。

但，真相是如此嗎？

既然是身操賤役、身分低下的夷人之流，甲骨文為什麼要大費周章去精細鍥刻呢？按甲骨文習慣，凡與巫祝神祇有關的文字才會刻意描繪細節（有尊敬之意），現在我們就來重新檢驗這個僕字：

❶頭上的是神冠而非辛器，如（龍）頭上有冠，如（鳳）頭上有冠，皆象徵其高貴之意。

❷人頭有是兄長型符號，是個大頭，不是隨便一筆帶過。

❸雙手持箕，箕是朝上而非朝下，箕上有滿溢之點是代表穀粒盈滿，有豐收含意。

❹尾部有長飾，乃連著腰身的虎尾之飾，賤役之人何能穿著如此貴重衣物前來服役？

❺在卜辭中，其語句用的是僕卜……，試問身分低下之人焉能代替君王在廟堂上占卜？

在殷商之前，虎圖騰崇拜的文化逐漸由西入東滲入中原，因此巫祝以西王母國度神話遺俗，做虎圖騰的貴族穿著裝扮實屬正常，絕非低賤。唯「僕」之義，初期是巫祝在天帝神祇面前的「自謙語」，後世尺牘書信仍保留此自謙語。

回過頭來說「尾」字，像人從（此為狐尾），獵大型野狐取其下半截帶尾皮毛，可為女子做低腰之褲，是位階較低的年輕巫女所穿著，

身著虎尾飾的神巫

僕

- 僕，一般解為受黥刑、身操賤役的人。但卜辭原指身著虎尾飾、祈祝或慶祝豐收的神巫。
- 頭上的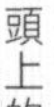不是黥刑用的辛器，而是神冠，代表尊貴的身分。
- 雙手拿的盛器不是裝穢物而是穀粒，上面的點點代表滿溢出來了。
- 尾形飾是帶尾的連身虎皮，是西王母國度虎圖騰崇拜的遺風，乃貴重衣物。
- 卜辭中有「僕卜」一語，可知正確身分為巫祝。

其妖嬈狐媚常啟其他婦女詆毀之念，以其尾飾讖為九尾妖狐。

娥

甲骨文：  **小篆：** 

歷來學家皆忽略此字，僅定義為施脂粉的宮女之屬。

殷商王朝開創之前，女巫群即有指派經營兵站、糧站、貿易站（三者往往合一）的巫官。娥就是具有教長及軍事指揮權的小統領，故此字從戚（）、從旌旗（）或從戈（）。殷商朝在邊邑地區仍然保留此制度，可見當時母系社會的影響力依舊存在。

到了西周，改朝換代後當然會廢此政教合一的指揮制度，故金文從缺。這類推展制度、管理軍政的女巫官，死後有追封追謚的榮典，按神格祭祀。君王有時得了疾病，還會懷疑是否沒尊重娥官祀典或平日輕忽，導致英靈不悅而來干擾作祟。比如卜辭中記載：

〈乙五三一三〉

直譯：貞 娥 弗 蚩 王

譯文：占卜求測，娥官亡靈不要再來干擾作祟君王。

〈佚八九〇〉

直譯：貞 于 娥 告

〈續一二、四八、三〉

直譯：癸未卜穀貞……漁佑御于娥

侯

甲骨文： 小篆：

此字甲骨文從（矢），從（張布射靶）。上古稱擅長開弓射箭的能人勇士為侯，亦即殷商朝的武官大將，也稱方伯。

妾

甲骨文： 金文： 小篆：

卜辭中作為殷王的次級配偶（非后）。女字頭上戴冠，也代表極為豔麗的女子。

居於社會底層的奴隸

奚

甲骨文： 金文： 小篆：

以手牽扯罪隸髮辮的象形字。奴隸一詞乃後世文字，殷人稱社會底層的奴隸為「奚」，勞役刑期還沒滿的奴隸也稱為奚。

戰勝為王，戰敗為奴

奚

- 這個象形字，描寫的是用手拉著髮辮或繩索，表示戰犯或奴隸。
- 奚就是現在通稱的奴隸，為殷商社會的底層階級。

羌

- 羌為西戎游牧民族，以擄掠為能事，是殷人的世仇。
- 羌族戰俘被視為重刑勞動犯人，雙手被反縛，還要上腳鐐及頸套繩索，有時還要充當血祭的人牲。

羌

甲骨文：

金文：　小篆：

羌為西戎游牧民族，竄遊於陝甘寧區域，屢屢進犯河套地區，專以擄掠為能事，時時打劫殷人的商貿補給路線，與殷人結下數百年世仇，彼此殺紅了眼。從甲骨文中象形，可以看到羌人不但被雙手反縛，有時還要上腳鐐，脖子上有粗繩索套住，以防止暴動或逃逸。亦有從（火燄）的象形字，這表示拿來獻祭因伐羌戰役而犧牲的亡魂。在各式各樣的巫術活動中，隨時要做人牲。

羌人在殷商社會中為當然奴隸，等同於重刑勞動犯，地位猶不如「奚」，奚還可以有期滿或贖身恢復平民自由之身的機會。

嬖

甲骨文：　小篆：

甲骨文作，像一個跽跪的人（）正伺候貴婦。小篆，從女從辟，這是一種選出來的年輕貌美女奴，接受過宮廷美儀訓練，專門伺候貴婦穿著妝扮，與婢待遇不同。故此字亦延伸出寵溺的含意。

•奚有可能期滿獲釋，但羌終生為奴不得自由。

兩個女人，身分大不同

嬖

•這個象形甲骨文字，描寫的是兩個階級地位大不同的女人。

•這個甲骨文的右邊是一個跪著伺候的婢女，左邊是頂著髮飾的貴婦。

•這種婦女多為年輕貌美、受過宮廷訓練的女奴，與一般奴婢待遇不同，因此延伸為寵愛或寵溺之意。

婢

甲骨文：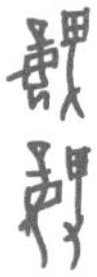 小篆：

甲骨文從（妾）、從（卑）。這是指奴隸身分的童稚幼女，她們在接受數年生活訓練後，分發到宮廷或屯所從事雜役。

其他

任

甲骨文： 金文： 小篆：

意思同「男」，為殷商朝四服（指侯、甸、男、衛，殷人將所征服的地區劃分為四服，分封給有血緣關係的諸侯）之一，從人、從大柱子，像力扛重任。如卜辭：

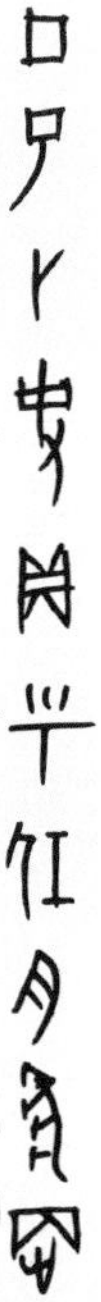（後上六、八）

直譯：丁巳卜史貞呼任肉虎（內止，代表老虎巢穴）

譯文：丁巳日這一天，占卜史官求測，傳諭通知上任的官職吏人（勇士之長）肉（生擒）老虎，卜問此事能否成功。

賓

甲骨文： 金文： 小篆：

賓本為殷商早期的宮廷儀典官吏（多半由女性擔任），迎接遠地侯服盟邦，故初期字從屋宇「介」形、從女、從彎腰恭迎的人形（）、從足（）。到後期漸漸為男性取代，就省略了女旁，只留些許鞠躬人形及腳跡。

到了西周，此字躬腰的人形還在，但足跡不見了，改成從（貝），為什麼會從貝呢？因為賓見周天子必須納貢或獻貝，以為輸誠禮敬，所以賓字依當時規矩做了修正，改成從貝。

官

甲骨文： **金文：** **小篆：**

此字從從，是指館舍、客舍，並非官僚的官。甲骨也無「宦」字，宦為西周後起字。

使

甲骨文： **金文：** **小篆：**

甲骨文史、使本為一字，從又持（中字，代表旗幟）。甲骨文除了當差使的使（動詞），也當神的使者（名詞），如百神之帝的太陽神，其使者為五鳳。

屈身恭敬迎嘉賓

賓

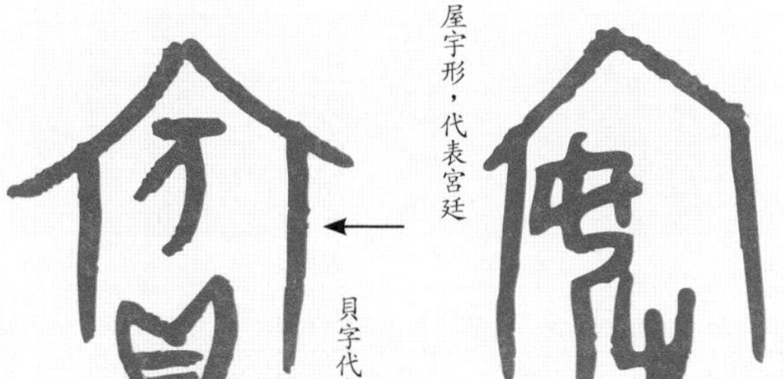
足跡代表長途跋涉，遠地而來
貝字代表納貢

- 商朝宮廷中迎接招待嘉賓的多為女史。
- 後期改由男性擔任，所以金文的賓字少了女字。
- 原本的足跡也改成了貝字，貝為古錢幣，代表納貢的意思。

史

甲骨文： 金文： 小篆：

「史」字在甲骨文中一指事業（代替「事」字），如協助王事；二指文官；三指派駐遠地的巫官。原始殷商族時期，巫官身兼史官，因為重要文字史料及各種珍貴紀錄大都掌握在女巫群手中。

到了夏朝末年，吏治不修，民生凋敝，居於遼河上游子國的女巫群為了協助同為子姓血統的商湯建國，曾經走漠南線，穿插到山西五台山北端，一邊營商，一邊建立根據地，並且積極運作西北邊區各氏族的修好結盟。所以商湯聯軍從山東打到山西，夏后氏王朝腹背受敵，後院突然倒戈，夏桀束手無策，只好獻出金銀而投降。

因此，在商朝初期，巫官（女性）不但兼文書性質的史官，有時還會派駐到遠方新拓的屯堡，是一種身分特殊的「史」，一方面要啟迪教化，二方面要協助王事，三方面要經營商貿管理，四方面要兼任作戰指揮。

商王很清楚整個王朝的繁榮興盛，全靠「商」字起家，而商要活絡，就必須借重女巫群的系統力量來管理運作；再加上殷商王朝是政教合一的結構形態，更需要傳教士（即巫官）遠赴各地懷柔宣諭。即便到父系社會過渡完成，殷商王朝在邊界，如遼東北端或大西南蜀地，依舊保持這個派駐女「史」的制度。

那麼這些優秀傑出的女「史」，又是在什麼地方專訓培養的呢？答案是山西五台山附近的「媚」，如這兩則卜辭所言：

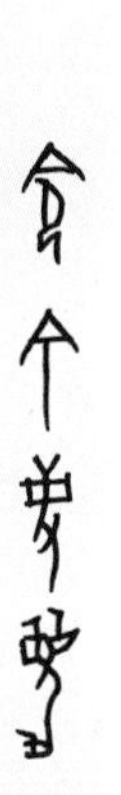

〈存二、八四七〉

直譯：令亭史媚

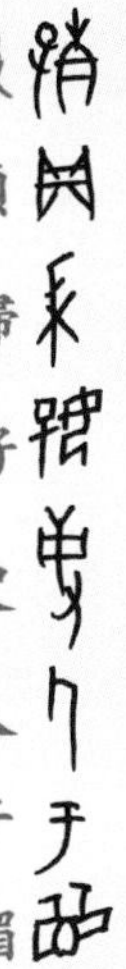

〈續四、二九、一〉

直譯：𢦏貞婦好史人于媚

說明：𢦏是負責占卜的貞人名字；而眉（媚）原來就是大禹帝王的後宮所在（宓宮），亦稱青要之山。夏朝亡了，宮室猶在，地點隱蔽，各項設備齊全，環境宛若仙境，就是最好的女「史」修行之所。

再來看史字的結構，從一根旗桿，這大家都懂，但下面有個符號如口如口，插在旗桿上就變成，此為何物？又代表何義？此為圖像式的教育教材，可以稱之為原始的唐卡（與西藏現有的唐卡類似，但圖繪故事內容不同），由女史向後人或周邊氏族介紹文明起源及巫法世界中的傳奇故事。

圖徽兼彩繪唐卡，上面有各種神祕文字解說，一方面代表身分，一方面代表傳教。

幸虧殷商王朝在邊邑還保留了這個女史的傳教士制度，否則殷朝亡國之後，老臣箕子僅率數十名隨員夜奔至鴨綠江畔，喘息有餘，不可能再度建國，其所憑藉者，乃半獨立狀態的貿易屯堡與女史。

除了這種身分特殊的女史，殷商王朝仍用了不少女性官吏，比如（暫釋作婎），就是專管王朝獸園的女醫官，負責照料有關祭牲的健康成長；（暫釋作娩），是司火之巫官，也管火葬事宜，例如卜辭：

……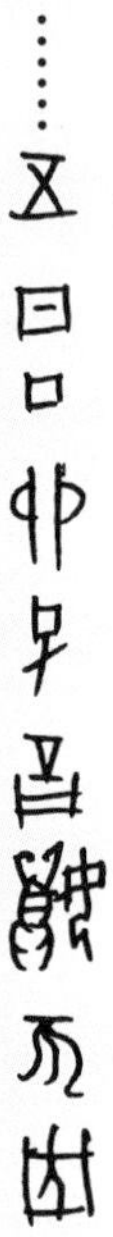〈菁四〉

直譯：……五 日 丁 卯 子 吉 [illegible] 不 葬

譯文：五日丁卯子姓血統的王室成員「子吉」改用火葬，不用土葬。

還有像（暫釋為婃），意即持玉琮玉璧進行祭典活動的專任巫官。如卜辭：

〈乙八八九六〉

直譯：亡 何 婃（官職）？

譯文：意思是：難道都找不到稱職的婃官嗎？

首

甲骨文： 金文： 小篆：

甲骨文「首」字是用猴頭來表示，後來在偏旁中漸與目形相似。現在問題來了，為什麼要以猴子的頭作「首」字的特殊象形符號呢？其他動物就不行嗎？這要與「夒」字一起來說明。

夒

甲骨文： 小篆：

夒字大體是個獮猴形，一類為描繪整體造型，一類為強調足部，一類為強調首部，漸漸類成「頁」形。

「夒」除了像是獮猴以外，為什麼在卜辭中常常書寫到呢？還有其他的用詞、用意、用語嗎？歷來諸家學者並沒有給予進一步的答案，筆者大膽蠡測於後：

根據《史記．殷本紀》及《禮記》所載，高辛氏帝嚳，就是「夔」。帝嚳本身就是大巫大祭司，是商朝的祖先，所以在卜辭中稱作高祖夔。不是稱為帝嚳嗎？為何又多一個稱謂「夔」呢？而且還是獼猴、猿猴的稱呼！三皇五帝之尊，怎麼會有如此不雅的別名呢？

原來帝嚳除了精通巫法，還善於養猴、用猴、役猴，當時大西南的江淮荊楚之地是瘴癘深重的蠻荒之地，還沒進步到精緻農業的發展階段，在刀耕火種的粗耕狀態下，地利耗盡之後，隨谷而遷，隨嶺而越，帝嚳教他們養猴用猴之法，可以幫助採集特殊植物果實（所以在金文中，夔字是當作珍饈的饈來解讀的）。

帝嚳除了用猴以外，尚可役猴作遊戲雜耍，搞出各類藝工娛樂活動（金文中，夔字亦通猱、柔二字），故有帝舜要他振興典樂的流傳文獻（夔為樂正鳥獸服）。還有巫祝也要用到猴，那就是殺猴，蓋上古時期，獸多人少，山區郊野林地開闢後，稼穡豐碩時常招引野生猴群肆虐，苦不堪言，所以帝嚳借用血淋淋的猴首立於竿頭施行祝由魔術，使周遭野生動物望而畏懼，聞而退卻。「夔」將獵人頭的習俗改成獵猴頭，一樣產生五穀豐登、六畜平安的神奇效果。

所以，甲骨文的「首」字才會用猴腦袋來表示，這是上古巫祝之術的普遍行為。借此習俗，借此猴頭造出「首」字的其他衍生字，例如道路的

殷商的老祖先是猿猴精？

夔

- 商朝的老祖宗帝嚳，在卜辭中稱作高祖夔。
- 夔這個象形字描寫的是人面猴身、頭上有角的人。
- 據傳高祖夔除了精通巫法，也是個善於養猴、役猴、耍猴的高手，可用之於農事或娛樂活動。
- 頭上有角意指修煉成精了，引喻帝嚳是猿猴之神。

「道」，這個首絕非血淋淋的人頭每天掛在城門口，而是指經過巫法祝術後的地方，人有人的道路，獸有獸的地盤，彼此互不干擾。

「夒」在甲骨文中，係作，人面猴身，像似有角、手之形，是個獨體的象形文字，只不過頭上長了二個角，成了猿猴精，後世之人感念其德，逕以「夒」——（猿猴之神）而敬稱。

宋代在閩南、嶺南等地區，有許多農戶會在養豬的圈欄旁邊拴隻獮猴來養，據風俗誌所說，猴可以避免豬隻得瘟病，或許是上古夒神的遺俗。

此外，夒也通憂，不過這個「憂」字，可不是憂心或憂煩的憂，反而是「優」人的初文。所謂「優人」就是指表演藝術工作者，日人迄今尚沿用之。

朕

甲骨文： **金文：** **小篆：**

甲骨文作，釋字為「朕」。古代皇帝自稱為朕，聖旨上寫到「朕」字，還要換一行抬頭書寫。君王自稱為孤家、寡人，那「朕」到底是指何物何事何意呢？為什麼又用來當作皇帝的第一人稱呢？歷來書家大概解釋為：

❶舟船有縫隙，縫彌其縫，稱為朕。

朕，天下第一人

朕

●這個朕字原指造船時不可或缺的龍骨。

●沒有龍骨就造不成舟船，龍骨要選用上等材質，對船的穩定有重要作用；同理，「朕」是天下第一人，有安定民心的作用。

❷凡言朕兆者，謂其跡甚微，如舟之縫、如龜之坼，奉器治舟蓋以彌其縫，故稱細微亦曰朕。

以上解釋大概是看到此字從「舟」，加上旁邊一條直線就當成是縫隙去思考。格物沒格到重點，自然會有含糊不清的解釋。

此字既然是從「舟」形開始，那我們就來談談舟好了。最古老的造舟法是獨木舟，取一截老樹幹剖其半，中間部分想辦法挖空，下水漂浮能坐人，就算是舟了。而當工藝發展到一定的階段以後，獨木舟就進步到一葉扁舟，一葉扁舟再變成方舟，而方舟的製造方法必須要一根特長特直特好的大木料當整條船的龍骨，而後再配上烤彎成弧形的肋骨木料若干根，組合成船骨架子。有了船骨架子，再安上船舷板子，最後糊上油膏層層凝固之。

參看甲骨文，朕字是從「舟」字，而此舟以象形來說是指方舟，製造方舟就必須要用上等直材、長材當龍骨，此字的垂直或斜形長劃，就是描繪龍骨木料，下承左右雙手形狀則是指選材施工。所以，「朕」字的原意，是「慎選特長的好木料當作方舟龍骨」，一條方舟要用到大小長短不等的木料甚多，但最重要的還是龍骨木料，沒有龍骨木料，方舟就造不出來。皇帝是人中之龍，以船的龍骨來比喻自身的尊貴，非常貼切合理，同時也暗喻天下人民再多，還是要靠龍骨，「朕」為天下第一人。所以「朕」字從殷王朝一直延用到大清帝國，整整三千七百年。

3 趣說殷商人的飲食與器具

看殷商人吃什麼？怎麼吃？

民以食為天，中國人愛吃也會吃，這種天性咱們的老祖宗已經表露無遺了。你可知道，殷商人也吃火鍋，也吃紅燒肉，甚至還有鐵板燒，烤具還比現代人講究，用的是質地極佳的上好玉器呢。以下就透過甲骨文字，帶我們造訪三千多年前的殷商社會生活現場。

——編者的話

一、雲夢大澤時期的飲食與器具

八千年前，原始殷商族已經遷徙到雲夢大澤荊楚之域，該地氣候溫熱，叢林密布，「荊」就是指荊棘叢生，「楚」為大林木在上、足印在下，象徵原始森林的蠻荒景象。

原始森林中包夾了一大片湖泊沼澤，約為今日洞庭湖的十倍大，殷人以上百個船屋組成村寨形態的聚落群，錯落在長江沿岸湖濱周邊。所謂靠山吃山，靠水吃水，由候鳥帶來的野生水稻一年兩熟供應無虞，各種蔬果沿岸生長，奇異藥材隱於丘壑，加上河鮮魚蝦就便撈捕，可說是衣食充裕，飲食文化也自然領先。

原始殷人是黎明即起，離村前一頓早飯，中午採集瓜果墊個底，傍晚回村享用豐盛晚食，這個習慣延續了數千年，到殷商王朝依舊如此。

吃飯地點是在村寨的公社大棚架內，以大樹對半剖開成橫長桌面，沒有椅子，就落坐在橫置木根或矮石之上。每個村寨都有兩口大缸，終年不熄火，一口大缸是專管熱水，一口大缸是熬煮粥羹（含碎肉菜果等），為什麼要熬煮粥羹呢？這是顧慮到孩童齒牙尚未堅固，而老人齒牙已經鬆脫，無法咬嚼硬肉，這是母系社會公社中集體生產採收、集體用餐分配的場景之一。透過下面幾個甲骨字，來說明這個時期的飲食景象。

公

圖騰字： **甲骨文：** **金文：** **小篆：**

「公」的原始圖騰字，原本是指大缸煮羹騰騰的冒煙形象，甲骨文簡約成符號，金

文寫作，代表大家都用一缸分配的意思，意喻為「公」字，也因此「公」字的古音念缸。

司

圖騰字： **甲骨文：** **金文：**

「司」是管吃飯分配伙食的人，原本是掌廚撈肉的象形字，將熬爛的肋條肉用長木叉子撈取後，放於木板上面再細切分割，所以「司」字從、從口，甲骨文作，金文作。管火的地位很高（古書稱為火正），通常由烹調經驗豐富的祖母級女巫擔任，叉肉的權力很大，要分給誰多一點少一些，全憑自由心證，故「司」字演變到後世，就成為官職之稱謂。

鬲

甲骨文： **金文：** **小篆：**

「鬲」字就是有三條腿的陶盆，可以直接擺放在火堆上，用來煮乾飯或煮肉塊，為重型勞動人口的加強伙食。

炙

金文： **小篆：**

這個「炙」字，就是在薄石板上面煎魚或焙肉乾，可以說是遠古時代的

夕陽西沉，一起來吃大鍋飯

公

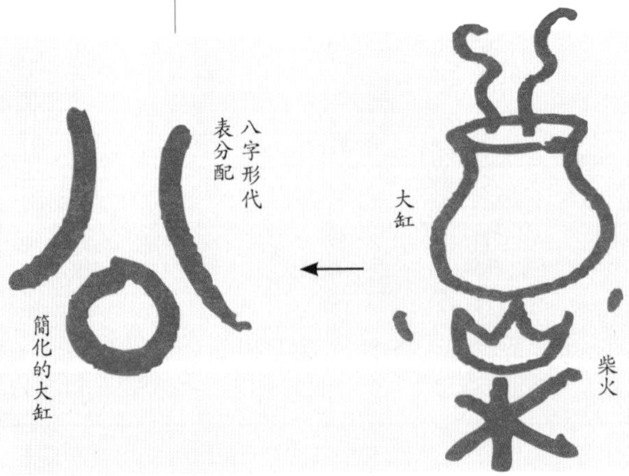

•原形是一大鍋正冒著熱氣的羹湯。
•寓意大家一起共食分配。

鐵板燒或燒烤肉。

泉

甲骨文：  **小篆：** 

「酒」是一定要有的，原始氏族都會研發釀造，但是女巫群釀的酒確實不一樣。她們很重視水質的取用，慎重選取山林神水，甲骨文「泉」字如 ，都有個「示」形，代表祭祀山林諸神後方才取用的水。

酉

甲骨文：  **金文：**  **小篆：** 

酉是上古的陶器製酒瓶，在甲骨文中多半刻成 ，每多假以為「酒」；但卜辭中也有正式的酒字，寫成 。這些酒瓶的設計非常微妙，看形狀居然都是尖錐底，而不是平面底，為什麼與我們熟悉的概念不一樣呢？原來是有個故事來由的。

相傳有位年輕的女巫，跟著巫咸學習百花百草的運用知識，有天在野溪旁邊揹著簍筐採藥，中午累了，就在一株高大的桂花樹下休息，正巧遇到鄰村經過的一位獵人。在不期而遇的邂逅中，雙方產生了好感，兩人談起一段浪漫的愛情，也生了小孩。事後，男女雙方很感謝山林神祇所賜予的桂花樹奇緣，便帶了兩小罈精心釀造過濾好的酒，來到那株

司

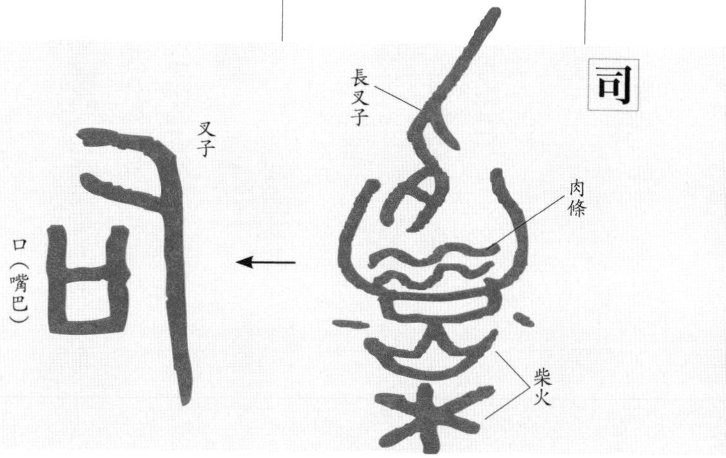

●原形取掌廚撈肉的象形，再分切給大家一起吃。
●管火掌廚的是祖母級女巫，全權負責分配肉，因此「司」字演變到後來就成為官職稱謂。

桂花樹下感恩祭拜，把那兩罈酒給埋在樹下，獻給桂花娘娘享用。

日子一晃就二十年，兩人也沒刻意去記這件事。某日女巫在夢中，見到一位全身著白衣白髮的慈祥老婦人，施施然進屋，後面跟著兩個小女孩，一人抱著一小罈酒，輕輕地放在床榻下面，笑著離開。連續三日夢境皆如此，女巫就問了專業占卜的老巫師，這個奇怪的夢境是吉凶福禍的哪一種？有什麼特殊的意義顯現嗎？正準備點火占卜時，林寨中突然一片大亂，人聲鼎沸，原來有一隻發情的公象，不聽象女使喚，將拖來的大樹幹隨便一甩就去找母象了。大樹幹這一壓，壓跨了擺在公社的酒罈，老巫師眼一瞧，就連說不用占了，女巫急問為什麼？

老巫師瞇著眼指著酒罈方向，說：「還不趕快去找酒，看看什麼地方還有藏酒，趕快找出來呀。」正是一語驚醒夢中人，女巫想起了二十年前的往事，就帶了兒子一塊到那株老桂花樹下，撥開野草碎石，端詳一陣子，確定位置後，就將兩罈陳酒重新挖掘出來，在公社輪值舉辦大慶典時，這兩罈酒也就派上了用場。當天許多鄰村的巫長、族長都來齊了，在夕陽餘暉照耀下，當酒罈倒出琥珀色般的神奇金黃液體時，大家一陣驚訝，試飲之後兩眼登時發亮，紛紛問起如此醇厚甘香的絕品佳釀是怎麼來的？有沒有祕訣，可否傳授一下？

原來好山好水封埋在老樹根底下，得地靈之氣，裡面蘊含了許多酵母菌、益生菌，哪怕是尋常酒罈，二十年後一開，立刻香飄戶外。從此殷人懂得借重水神（靈泉）、地神、樹神的功效，釀出了遠近馳名的好酒，難怪陶器酒罈子都是做成尖錐底，好插於土中，接受花樹之靈氣。

除了當成「酒」字之外，「酉」還有以下兩種含意：

❶農曆八月，五穀皆熟，除了收割入倉，豐盈的稻粱可以釀酒，所以用酉字代表八月。

❷在甲骨文中，許多字形，並非指酒而是指酉祭，時間是在彭祭（鼓之祭）的第二天，這個酉祭也就是將酒潑灑在地上，以祭山川神祇也。

有了酒，自然就有醋，古人稱作「酢」，雲夢大澤的水產極多，大魚通常剖開先用醋洗過，再用粗鹽裡外抹過，以竹片撐開後掛在架上風乾，外出旅行時就做為乾糧之一。一般手掌大的魚就用醋浸泡，使其骨刺軟化，再煎或烤，至於魚簍中剩下的小蝦小魚苗就集中放在缸甕裡，一層粗鹽、一層魚蝦，層層用石塊壓實，曬太陽等待自然發酵，發酵過後的鹵水瀝出，就是調味料（現代人稱為魚露）。有了好酒，剩下的酒糟用來醃魚，醃完魚的殘渣混合野菜，還可以飼養小豬，豬隻長得快，肉帶肥膘。

二、太湖南濱時期的飲食與器具

六千年前，原始殷商族擴大貿易遷徙到太湖南濱和會稽一帶。得地利之便，水稻精耕文化得以展開，小邦邑開始成氣候了，飲食習慣當然也跟著進階升級，祭祀儀禮也格外講究，就以食器的陳設來說：

豆

甲骨文： **金文：** **小篆：**

這個豆可不是用來裝紅豆、綠豆的容器，最原始的「豆」就是兩個碗扣起來的象形，如，以防蒼蠅蚊蟲。由於殷人以商貿為習性，經常遷徙，食具全部用陶器，不但笨重又容易摔壞打碎，

聰明的女巫群就用竹篾片或破麻布蒙在陶碗上，先做個粗胚，再層層刷上生漆晾乾，就變成輕便好用的漆器食具（碗）。這類用具不但在太湖南濱使用，日後還將此技術推廣至東北、朝鮮。「豆」是用來裝冷盤食物，不能受火，因此較矮的「豆」裝的以醃菜、漬物、蜜餞為主，而較高大的豆則裝瓜果為主；至於矮胖形的「豆」就用來裝飯。

般

甲骨文： **金文：** **小篆：**

般是「盤」的初文，從「凡」、從工作動態的手形；「凡」是指依圓形的陶器旋轉施工法。殷人的般（盤）分為兩種，一種是盛食物的圓盤（漆器），一種是用來洗手的般（陶器）。另外還有一種「槃」，是從「舟」形，大約用三片長尖弧形的木料組成一個獨木舟造型，裡面墊上竹葉、桃葉，盛裝長條肋肉；也有一種陶器燒裂的瘦長形「槃」，是用來盛魚或煎烤魚。般常與陶甕「匜」器一起搭配使用。

匜

圖騰字： **金文：**

讀音移，即有突出流嘴口的陶甕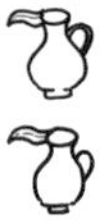，可以傾倒淨水來洗滌沾滿油膩食物之手。講究的，淨水中還會加香料，在用手吃燒烤肉類或大塊肉食時用來洗手去腥。

曾

圖騰字： **甲骨文：** **金文：** **小篆：**

曾是「甑」之初文。這是最原始的蒸籠，原始圖騰是，後變成或等形。甲骨文作等符號形狀，其實這是甲骨鍥刻走方直筆的習慣。周代金文「曾」字多見，小篆作，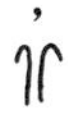者，表示水蒸氣冒出的意符；類似田字形狀者，表示蒸籠，下方等形則代表底座盛水而蒸。由於古人普遍牙齒不好，蒸煮的飲食是主流。

盆

金文： **小篆：**

陶「盆」其實是陶「鼎」的前身。金文盆寫作，小篆誤將長竹叉的匕形約化成刀形。其原始狀態，是指大陶盆煮大塊腿部肉，筷子當然撈不起來，必須用長竹叉（）撈起，再放在木几板上用玉石刀割成片。那有沒有長方形的盆子呢？當然有，那是用來煮長條狀的肋肉（俗稱五花肉）。所以到了青銅時代，所鑄成的鼎器有方有圓，仍是沿襲陶器之形制。

這裡要補充說明：甲骨文僅是殷商王室專用的占卜文字，與一般日常竹簡書寫的傳達文字有所區別，前者傾向簡體，後者多為正體，並不代表沒那個甲骨文就沒那件事，不見得金文就比甲骨文晚。

魯

甲骨文： **金文：** **小篆：**

六千年前左右，殷人在太湖南濱的根據地屢受淮夷、三苗九黎侵擾，加上人口孳生，不得不奪海而出，尋找生路，靠著近海航行的舟船技術，逐漸移轉到山東群島（黃土高原的細砂土，尚未沖積完成，還不能稱作半島），與鳥圖騰崇拜的東夷族通航、通商、通婚，融合成一個新興族群。

山東古稱「魯」，甲骨文作，從魚、從。像低坎澤地，將澤中的水放乾，水竭之後，大魚小魚都露於坎內，可見當時山東群島是戶戶有池，村村養魚，淡水、海水皆有。

按「魯」字，上古也通裸露身體之義，故稱不修邊幅的野蠻男人為魯男子；此外，魯也通陳列之義，稱作「旅祭」。旅祭不同於慎重其事的社祭，由於旅行在外，只能因陋就簡地將供品鋪陳在地上，故以「魯」稱之。

三、遼東半島拓殖期的飲食與器具

殷人雖在山東群島立下根基，並得豐厚的漁鹽之利，可惜好景不常，東南方的蚩尤集團日漸坐大，裹脅苗越九黎屢犯中原，殷人無法再往內陸挺進，只好將大量魚乾、醃肉、海鹽，束集於舟船北上，分梯次登陸遼東半島，發展新天地。

此時分為兩路，右路溯鴨綠江畔深入，左路往遼西靠內蒙牧場（即紅山文化區），與西北游牧民族的黃帝集團慢慢取得聯繫合作。殷人從濱海帶來的漁鹽，正是內陸所缺乏的民生物資，當然大受歡迎，約在五千年前，殷人已經建立了「子」姓的小邦國，依附於黃帝集團，日後還演變成黃帝集團的後勤商隊。

從魚米之鄉的南國轉到雨雪紛飛的北疆，飲食文化當然做了大調整，比如魚鱉蝦蟹就改成牛羊豬犬，五穀雜糧、小米、稷、黍、麥都混合食用。不過，女巫群有一點很堅持，她們在遼寧地區避風的小山谷中仍然播種水稻，每年的禾魂祭、歲祭及福祭還是磨米漿做糕點，供奉祖靈神祇。

爐

甲骨文： **金文：** **小篆：**

盧是「爐」的本字，是在遼東半島拓殖期新增的一種大型食器。

在遼東北疆，採集食物或獵取獸類的活動，一到寒冬就必須停工三個月，不像江南水鄉，隨取隨有那麼便捷。因此母系社會的公社組織又變成半復活狀態，為什麼呢？

每一個移民的小屯（即小土圩、小土堡）約有五十戶人家，大屯則上百家，每個「屯」都有女巫師群指派的駐屯巫師（類似西方傳教士）。女巫除了宗教事務的活動之外，另外又肩負母系社會管吃飯伙食的「司」這個職務。

具體來講，每個屯至少都有一口水井在廣場中央，上面有棚架遮蓋保護，旁邊就是公社議事棚屋兼大伙房，解決了小家庭寒冬自個兒開伙的困境。大伙房中間挖了個坎，用黃泥土磚層層疊起一座巨缸式的「爐」，原盧字上面從老虎開口符號，老虎張大口用以比喻巨型的爐。

此外，在上古巫師對大自然的概念中，認為雲是隨「龍」舒捲雲集，而風是聽「虎」神發號施令，風從虎，而爐灶要有進氣的風口，火頭才能旺得起來，所以在風口處都添繪增飾老虎圖騰，以求吉順。

小篆的盧字，中間依稀保留了（缸）簡體形的指事符號，但下方的「皿」形（）是將老虎開口的吞噬動作（）誤成形了。現今北地俗語，稱大爐子為老虎灶，仍保留了上古習慣稱呼。

這個爐的功能很多，冬季靠保存的醃肉作食物，這些醃肉臘肉就要用大爐缸來燻焙製作。小麥磨成的麵粉，做成大批的烙餅、烤餅，也要使用大爐子。議事棚屋有了大火爐，聚會才留得住人。

前

甲骨文： 金文： 小篆：

這段時期還增添了一種大型的食器「前」，也通作煎。本來「前」字在甲骨文是鍥刻成符形，基本上有個腳趾，有個盆形槽船，再加上行字意符（）的邊框，組合成「前」。按上古時期，商旅在路途遙遠中，雙腳必然沾上塵垢泥濘，若是還想要「前」行的話，就要洗腳擦乾淨，故用符號示意。那用什麼器具來洗腳呢？答案是用一種像浴缸式樣的舟形凹槽（陶製）來盛水，人先洗完，再給牲口（馬騾或牛隻等）飲用，人畜整補完畢，扛貨上車，再「前」進出發，此為「前」字的象形兼會意。

此字到了金文，反而簡便，水滴去掉了，行字的邊框也減掉，略像舟形的長槽保留，變成（止舟），小篆多添一彎劃以平衡美飾，到了隸書就誤添成刀形（），舟形又約化成月形，即今世楷書的依據。

說了「前」字的來龍去脈，目的是要間接交代煎之形器。煎，其實乃陶製的長「盤」，幾乎就像一個長形大浴缸，底下也有四條肥胖短足，下面可以堆炭火，這種食具做什麼用途呢？

主要是用來煮肥碩的大豬。將豬放血剖開取出部分大小腸內臟，滾水燙身，刮毛除淨後，由巫師頌咒，灑過黍稷酒，整隻連頭帶尾放在陶製的煎形器（大長盤）中，上覆竹篾片罩蓋，插上一根長竹筷，用白水慢慢煨煮，小屯每隔三五天煨煮一次，大屯則每日一條全豬。屯在則「煎」在，上百年不熄火乃尋常事。

經過一天一夜的工夫，翌日早晨，大家就來排隊，指哪個部位就用長竹叉勾那個部位，再用玉石刀割劃那香熟透爛的精華豬肉，原汁原味就已經很鮮美了，略加點食鹽與花椒的磨粉來調味，堪稱人間美味，何遜於現代餐館？

皀

甲骨文：  **小篆：** 

這不是肥皀的皀，而是古代用來盛米飯的鼓形桶器（上古讀若香）。小篆字形一目了然：上面是一個桶狀，下附飯匙。最原始的「皀」，就是找一個中間有空洞的樹幹，裁切下來做成米飯桶或小型的樁米臼，也可以當作皀。

即

甲骨文： 

金文：  **小篆：** 

由皀這個基本的字根，還演變出即刻

的「即」。不論是甲骨文或金文，都像人跪坐在米飯桶（皀）前等待開飯，意思就是將要、即刻也。

既

甲骨文： 金文： 小篆：

既然的「既」，從皀從旡（），像一個人食畢後掉頭要離去的形狀，引申為「盡也、畢也」的意思。

食

甲骨文： 金文： 小篆：

食的甲骨文加上個罩蓋形，如。其實那個罩蓋形，在上古是指長片竹葉或桃葉，曲捲成一個尖漏斗狀（），像包粽子一樣，手抓米飯置之於葉片內食用。

饗

甲骨文： 金文： 小篆：

饗宴的「饗」，甲骨文和金文皆像一堆人聚於米飯器之前，而小篆添加了一個食部，再強調一次。古字鄉、卿、饗通用。

餗

甲骨文： 小篆： 楷書：

這個「餗」字常被忽略曲解，餗的甲骨文原來是非常象形的，如，從（皀），

從類似索狀的。這字是什麼意思呢？簡單說就是風乾的零嘴。

上古在節慶時，把草稈或麥稈圈束於長竹竿上，變成狀，而後將桃、李、野果串上竹籤，沾上麥芽汁烘乾，即等形，用來斜插在竹竿束圈上，如。竹竿上頭的（叉形），是用長葉片捲成一個小風車（），風吹即自然轉動，用來招引孩童。所以「餗」的原意是指乾果零嘴，甲骨文也不見得全部從皀，也有刻成，從酒瓶，意為下酒用的零碎小點心。

小篆增繁作，楷書作，不但筆劃複雜且原意盡失。不如恢復成「餗」來得簡潔扼要，河洛話念零嘴為「細修」，尚保留原始古意。

合

甲骨文：　金文：

「合」字的甲骨文，學者謂為器蓋相合之形，當為「盒」之初文。此字上半與「食」字上增加的蓋子（斗笠形狀）相同，但也衍生出問題，若是器蓋上下相合為盒，甲骨文應作或或，方才合理，怎麼會弄出個符號（似屋頂又似斗笠形），下方從口（嘴巴）呢？

符號原來是大葉片捲成一個斗笠漏斗形，將米飯包在裡面（類似日本料理的手卷），就口而食用，會意成合。弄清楚符號，「合」字的意思就很清楚了，此為上古吃飯方法之一，可以稱之為古代的手卷。

嘴饞，來點零嘴吧！

餗

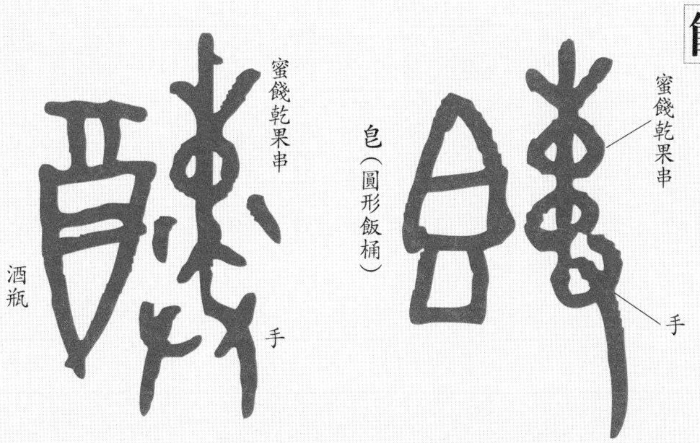

- 將蜜餞乾果串插在草稈上，類似現在的糖葫蘆。
- 上面有風車，用來招徠小孩光顧。
- 如果把左邊的偏旁換成酒瓶，就是用來下酒的零嘴。

會

金文： 小篆：

「會」字金文作，也是用竹葉片捲起，中間包米飯團夾雜肉塊，竹葉兩片一會，用蒲草細索包紮，就是一個粽子的模樣。小篆仍保留了那個飯團符號，米、肉結合成飯團，象形引喻成相會的「會」。所以粽子早在屈原之前就已經存在了，南方楚人感懷悼念屈原誠有其事，而投粽於江則是上古祭河神、河伯的巫術遺俗。

四、殷商王朝肇建後的酒器

商湯伐夏入主中原，諸侯臣服，外族結盟，商貿路線暢通無阻，拓殖屯站逐日增添，物質的富有甲於天下。從卜辭中常可看到王室每隔三五天就來一次盛大祀典，動輒宰殺二三十頭牛隻，舉行人神同歡的饗宴，足以供應三千人同天同時段饌餐，光是擺設食具的廣場與棚屋，就需要十個足球場大的空間，試問若無源源不絕的商貿物流供應，怎麼能支撐如此耗費龐大的需求呢？

在此時空背景之下，不但衣食足乃知榮辱，而且極盡完美享受之追求。女巫群（含眾多女官）掌握的各類技藝匠人皆數代長期傳承，首先在酒的文化，就是大悅賓客，懷柔遠人。

現在要介紹的是殷商人常用的酒器。當然傳世的精美青銅器多半在商朝中期鑄造，那是高規格的藝術化禮器，但何嘗不是源自於早期生活中的陶器而逐步演化出來的呢？

卣

大致為，有大提環，有托盤，可以放熱水保溫，燙酒來飲用，裝的是窖藏黃酒系列（即純糯米酒）。

古父己卣

商卣

壺

大致為，無提環，無提耳，不拿來溫酒用，裝的是果汁，可以調出各類水果酒。

心几寸壺

盉

大致為形，有三足，可以置於炭火上焙溫，有嘴管可以流注於小杯中。此為調酒器，故以禾（和）稱名，即用小米、黍、稷、雜糧類釀造的酒互相調和。

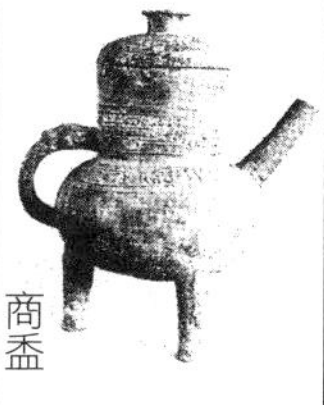

商盉

尊

大致為，是無蓋子的矮胖形大酒杯，裝的是過濾後的香檳酒，供祭祀神祇或祖靈使用。

商尊

婦好方尊

斝

大致為形，有三足，可置於炭火上預熱。有形箍頭，上面可綁皮革繩索，沿途左右搖晃灑酒，乃祭地方神祇用，裝稷類酒居多。

商斝

商斝

罍

大致為形，小圓侈口、肚腹肥壯、有左右雙環當把手的小壺，多半裝高濃度白酒系列（有蒸餾過）。

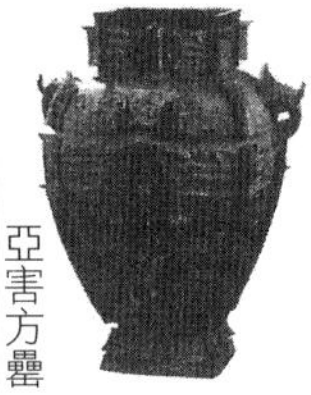

亞害方罍

觚

大致為形，好像一個特別瘦腰的花瓶，是依據女體曲線設計，方便中間段用手掌來握接。大喇叭式的開口，不是給人飲用，那是在大神祭禮使用，好讓女巫用纖手將聖酒彈灑在壇臺周邊（淨壇巫法）。

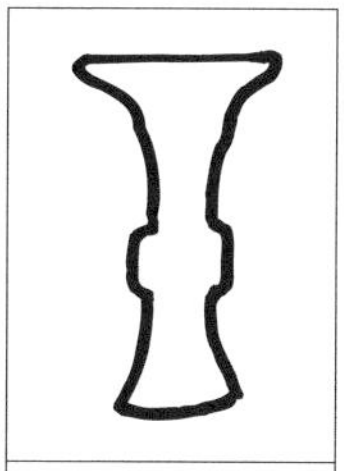
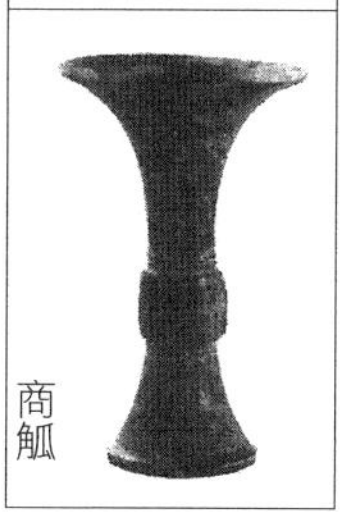
商觚

爵

大致為形，有瘦高三足腳，有引流長嘴及提把，用來賜酒。大巫師以神格身分個別將酒浥注於小杯皿中，供王室貴族飲用，表示受到福佑。在正式的祭壇上，有觚就有爵，一左一右分別擺設，是配套的重要禮器。

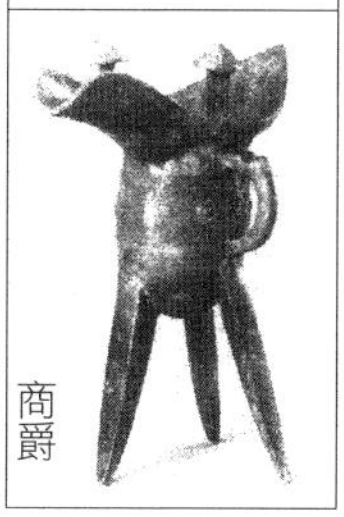
商爵

觶

樣子很像卣，大致為形，無大提環，不配托盤，裝特殊的梅、李等水果酒。夏天放在冰塊渣上面冷凍。

酒神祭，從甲骨文看儀軌

經書說：「古者儀狄作酒醪，禹嘗之為美，遂疏儀狄。」此事頗有疑點，可能儀狄做的酒無法達到真正水準，而又耗費大量資財，故大禹厭之；又或者儀狄進貢了一些美酒，但又不肯傳授祕方，後頭跟著一些需索要求，導致大禹不悅，故遠之。

原始殷商族的酒神，本為「巫即」類的女祖，後來逐漸轉型到父系社會，酒神自然跟著轉彎改變，就像專管男女媒禮的月娘變月姥，再由月姥變成月下老人一樣。所以，女熹也就變成男盪（管酒之臣）了。

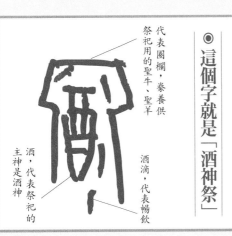

在甲骨文中，酒神祭有個專門的字做代表，即。甲骨文中凡是有形的表意符號，是指專門供養祭祀天帝祖靈用的聖牛、聖羊。圈欄加上牛（），即是牢（）字，乃聖牛聖羊被供養在專人照料的獸圈中。

字還描繪酒點狀灑出來，表示暢飲，亦即聖酒祭、酒神祭也。依據卜辭來看，規模還不小，必須用三牢簸一牛（將整頭牛放在木製囚籠中獻祭），可知酒神的位階高於一般地方神、河神或山神。

◎這個字就是「酒神祭」

代表圈欄，豢養供祭祀用的聖牛、聖羊
酒滴，代表暢飲
酒，代表祭祀的主神是酒神

觵

甲骨文： 小篆：

後世稱之為觥，這種裝酒容器（有附蓋），游牧民族習慣插在腰間，上馬隨時可飲用，殷商人也算半個游牧民族，在遼東曾經營畜牧，故有此習俗傳承。觵原本是裝奶酪之酒，後世僅取其造型，未必裝塞外烈酒。

勺

甲骨文： 金文： 小篆：

就是從酒缸中挹取水酒的工具，有長柄可握，前端附有小方斗（亦當量器）。

祼

讀音若灌，窖藏特級佳釀開封時要使用「祼」，何謂祼？用玉圭形狀的長條玉器做持柄，前端附有銅器飾紋的小圓斗，大致如形，祼之祭通常用於祖靈祭告。

窖

甲骨文： 小篆：

殷商王朝在都邑當然有酒窖，多半從山東煙台、曲阜或浙江紹興、會稽，甚至西蜀成都，精挑細選數十年以上的陳罈佳釀運送到亳京（鄭州）王室儲存。商王偶爾會來察看庫房是否充盈，卜辭寫作：（王其窖）。

鬯

上面是窰洞「內」字形符號，中間是口（供應眾人），下面是酒，有點狀灑出且特別放大凸顯，酒窖表象意涵非常明確。

甲骨文：

金文：

小篆：

其中的形，為香茅草編織的多層濾酒網，其下方是漏斗（並非足器），上古祭祀指定使用的香料酒，必須用此法濾過酒糟，添加濃郁香氣。

尊

甲骨文：

金文：

小篆：

從形、從，象徵雙手持酉奉敬，金文大都寫成，與甲骨文略同。酉字本義為酒罇，因為用作地支名稱，遂改以尊為器名。

鄭

甲骨文：

小篆：

原為高山頂峰上的盛大祭典（封禪），所以都用山峰形狀的指事符號（側面山峰）來會意表示。上古之祭，於山頂高臺祭祀時，需將酒瓶或酒罈拋擲於山谷，以饗眾神之飲，所以造字時就取用雙手舉酒罈的形狀；後來增添手部，就變成了擲字。

祀神用的香料酒

鬯

- 祀神用的酒當然要講究純淨，所以要先濾過。
- 不僅要過濾，還得要用香茅編網來過濾。
- 濾過的酒帶有一股香茅的清香氣味，自然就能討得神明歡心。

飲

甲骨文： 小篆：

本來不從食部旁，甲骨鍥文作，原意是指開酒缸用竹葦吸管吸吮發酵過的酒漿，最後一筆是人形的簡刻。

福

甲骨文： 金文： 小篆：

此字甲骨文並非從一口田，上古係從酉，本為歲暮年終時，持酒器祀先人先祖之儀禳。

醉

甲骨文： 小篆：

在甲骨文最早係以表示，意為用（手）持（戈）等兵器亂敲酒缸，會意成酒醉。卜辭中有（歲醉）之敕語，意為歲暮祭典時喝醉酒可以不懲罰，可得敕免。後來的醉字，又改成衣形、卒形，表示飲酒已至衣裳敞開不整齊狀，象形兼會意也。

醒

小篆：

醒字並非從星，星的甲骨文為。醒字古文從日、從告，指在告柱（祖先圖騰柱旁）飲酣宿醉，到第二天太陽高照才復活轉醒過來，象形兼指事。

五、中興鼎盛期的飲食與器具

商朝的中晚期，已經由玉器時代正式邁進了青銅器時代，不但進行大規模的採礦冶銅，而且有極高水準的工藝呈現，傳世彝器，神鬼動容。至於烹飪庖廚的工具、刀具也紛紛改良提升，對於肉品類食用方式愈來愈多元、也日趨精緻。

炸

甲骨文：

此時期有導熱性極佳的銅器鍋具，就可以做「炸」物了。甲骨文，即「炸」之初文。

涮

甲骨文：

有了銅鬲和鋒利的青銅刀刃，就可以好整以暇地享用火鍋。甲骨文有字，像用手拿筷子（箸）涮牛羊肉片以食，唯知其事，惜不能解其字。

借用各種銅刀的方便，精肉可以分割分類，肉品可以再加工成肉絲、肉末、肉燥、肉丸等等，搭配其他鮮蔬，或烹或煎或煮或炸或蒸，就構成一個基本的神之饗宴食譜。

甗

甲骨文：

「甗」字（讀為演），大致如形，甲骨文作，與「獻」字通用。下面是鬲可以裝水，上

多種吃法，吃得講究

手卷（合）

•用大葉片包裹米飯，就口而食。

粽子（會）

•用竹葉包裹米飯，再用蒲草當繩子綑縛。
•所以，早在屈原之前就有粽子了。

大型火鍋

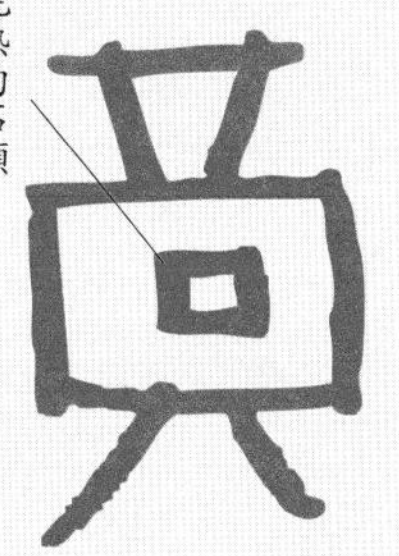

•將燒熱的石頭放進高腳銅鍋中，加水酒、調味料後封蓋燜熟食材。
•石頭是取用有「精衛石」之稱、具有特殊能量的黑色石膽，這是古人特殊的食補做法。

油炸

•銅器鍋子導熱性佳，最適合用來油炸。

醬燒（熹）

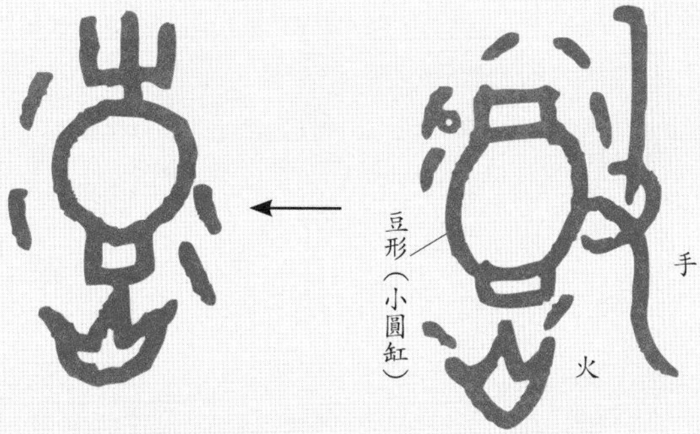

•原本字形像煮熟大豆加鹽發酵。
•卜辭中提到的「熹用」，是指醬燒的烹調方式。

涮肉片

•手拿筷子涮肉片食用。

白水煮全豬（益）

•按字形來看是水從鍋中滿出來了，通「溢」字。
•卜辭中用作烹調方法解釋，指的是白水煮全豬。

面是鍋狀盆狀，可以置物而蒸之。最主要的功能是用來蒸熟米飯（精米要事先泡水半個時辰），此為神饗中專門要求的晶亮飽滿米飯。

獻

甲骨文： **小篆：**

奉獻的「獻」，基本上從甗形，只不過器物左右邊附有把手式的動物獸形，可能是神獸或虎、牛、羊之類，未必是犬，由祭神的禮器引申出「獻」之義。因為把手神獸的形狀太像（犬形）符號，故小篆約化成犬字邊，漢代《說文》謂「犬肥則獻之」，是不正確的。

甲骨文：

甲骨文有個字，只知用於輪禮先王的祭儀，歷來學者不解其意。其實這是一種大型火鍋，不直接用火，並且還牽涉到上古「精衛填海」的故事。

《山海經》說：「……有鳥焉，文首白喙，赤足，名曰『精衛』……是炎帝之少女，名曰女娃。女娃游於東海，溺而不返，故為精衛，常銜西山之木石，以堙於東海……。」此為渤海灣附近的上古女巫所流傳的神話，當地海濱有一種火山黑岩石，經過萬年海潮沖刷，最後剩下最堅硬渾圓的黑亮石膽，女巫群稱之為「精衛石」，認為此乃天上神女所賜，具有特殊質能，用火炙燙過可以釋放出奇異能量，為巫術治病的方法之一。

後來移轉到食補用途，將石膽堆在火焰四周（）加熱至極燙，再用長竹夾迅速將熱燙的黑石

放在銅鑄的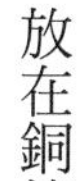（豆形容器）中，趁熱把各種時鮮果菜肉片置入鍋中，淋點水酒，加些調味料後就封蓋燜鍋，利用黑石熱能燜燙食物變熟。故甲骨文有象形表示，無以名之，姑且稱為「精衛鍋」。

熹

圖騰字：　**甲骨文：**

熹這個字跟調味料有關，也跟醬燒的烹調法有關。

殷人的調味料，除了海鹽、礦鹽之外，當時已有薑、蒜、蔥、山椒、桂皮、八角、甘草等等香料，但沒有辣椒（那是南美洲的產物）。不過，女巫群在遼東地區無意中研發出最原始的醬油，古稱豉油。遼東盛產大豆，堆積如山，多到無法短期吃完，女巫群覺得棄之可惜，就以釀酒概念試做，最後發現蒸熱的大豆用鹽巴來發酵，日曬後會有黏稠的黑色濃汁產生，經過瀝取後，就是原始的醬油，殷人稱為「熹油」。

熹字最初是形，即煮熟大豆加鹽發酵，甲骨文省簡為。在卜辭中，常有連續性的用語，如「熹用」，意指特別醬燒的意思。

文字中有些基本的字根容易被混用，例如禮器的「豆」形與樂器的鼓、彭很接近，但不可混為一談。又如喜事的「喜」與「熹」字類似，但前者基本上從小鼓、從口，表示彈小鼓又唱歌，義喻歡樂喜事；而「熹」字是從豆形（小圓缸），從火來煮，是跟飲食有關的。所以，後世的「豉」油（仍念熹音）特別將豆形斜挑上去以為區分，不能誤讀為打「鼓」之油。

鼎

甲骨文： **金文：**

甲骨文後來縮省為，一為卜問，讀音貞；一為動詞，乃烹煮食物。鼎是殷商朝祭禮中最高規格的重器，長方形的是正鼎，擺置在祭壇上階；圓形的是陪鼎，擺在中階。正鼎放的食物是牛肉最精華部位，取水果酒和熹油用炭火慢慢煨熟收汁，拿一枝長形圭板，將大塊肉叉起撈出，放置於厚几板上，切成薄片供食。

陪鼎（即圓鼎）用的是其他切成小塊的腩肉，加上蔬果直接煨煮熬湯，為什麼不用豬肉呢？因為祭禮有分等級，即「君王牛、諸侯羊、小臣豚、庶民犬」，不能逾越分寸。簡而言之，祭祀直系祖靈與天帝時，才會啟用國之鼎器。

[將鼎]

甲骨文： **金文：**

古文有個「[將鼎]」字（讀音將），甲骨文及金文的字形都是描繪在正鼎中叉肉置於几上，再用銅刀細細切的象形。負責切肉的輪值武官位階極高（既有體力又身分尊貴），故後世以武職尊貴者稱作「將」。

彝

甲骨文： **金文：** **小篆：**

這些重量級寶鼎和酒尊、觚、爵等，在啟用之前，還有一道慎重的儀軌程序，那就是「彝」。

彝是一種交感巫術，以專門飼養的鳥（白雞）為犧來祀神，反剪雙翼綑綁後用手抓其足，取雞血滴入器皿中。此外，「彝」在卜辭中也是指方位神的名稱，例如：

〈合集一四二九四〉

直譯：西方曰彝風曰彝

簋

甲骨文： 金文： 小篆：

祭典中除了有豐盛的肉品和酒，也要配上主食——米飯。米飯用什麼盛裝呢？這時就不用輕便的漆器（豆）來盛，而是用青銅精緻鑄造的「簋」（讀音軌）。何謂簋？甲骨文、金文皆從拿飯匙、從皀，小篆取竹簡頭符號作。

無論是長方形或圓敦形的盛米飯銅器，皆泛稱為簋，但簋最重要的含意不僅止於器皿形狀，也涵蓋儀典情形：食具旁邊跽跪著兩人（或奴官或幼婢），隨時待命，盛飯供於主賓案前。故此字讀音若「跪」之去聲，是有緣由的，此為歷來書家所不解者，經由卜辭對比解讀，還原其真貌。

皿

甲骨文： 金文： 小篆：

歷來書家皆釋為「飯食用具」，有謬誤。原貌是指大型的圓盆，不是用來裝飯的，而是屠宰牲體時用來盛其剌喉之血。所以「血」字，就是皿中加一點，如甲骨文，小篆。

益

甲骨文： 金文： 小篆：

皿這個字根，還衍生出一個益（溢）字。卜辭中原作「白水煮全豬」的意思，如：

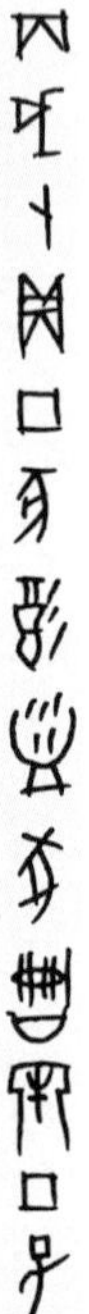 〈乙四八一〇〉

直譯：丙戌卜貞丁亥飲益豕冊牢丁亥

（日期）（日期）（傳令）（聖牛祭）（日期）

盡

甲骨文： 小篆：

「盡」字也由皿這個字根衍生而來，從皿從又（），持（長刷），像洗滌器皿狀，表示飲食完畢後，要清洗餐器，因此「盡」有結束之意。

盛

甲骨文： 金文： 小篆：

「盛」字同樣由皿這個字根衍生而來，像持巨斧屠宰牲物，血水瞬間裝滿皿中，引喻作承盛之盛或盛大之盛。

盥

甲骨文： 金文： 小篆：

原意是指到祭典場所或進餐前，用淨水洗手以表敬意或衛生，故從手爪形，從水波形，從皿（裝水的容器）。

主

甲骨文： **金文：** **小篆：**

這個「主」字，並非王字上頭加一點，此字亦從皿變化而來。主字的原義是用血點在奴僕的額頭上，代表「我是你的主人」，是帶有恐嚇意味的一種詛咒法。金文中的「主」，居然很簡單，就是一個描黑的血滴，小篆則像血滴放於皿中，從社。漢簡尚有餘味，隸書壓成扁形，難怪大家容易誤認從王。

蠱

甲骨文： **小篆：** **漢簡：** **漢隸：**

原義是指天氣炎熱，久供的祭品容易生蛆臭藏於皿中，若誤認為佳餚，誤食有毒而敗壞肚腸，故甲骨文引申為蠱惑之義。說文及經書之解釋不正確，巫蠱之亂是漢代讖緯橫行後的流毒，苗疆放蠱說乃漢代無限聯想的臆測，不足採信。

樂

甲骨文： **金文：** **小篆：**

慶典中的饗宴有鼓聲開場，大祭典中的聖宴是用王城廣場上的南鐘開場，而一般祀典則是用弦樂開場。「樂」的古字，即用二三絲弦附著長木柄，有小扁盒產生共鳴，可隨身攜帶。金文中的形符號，是指彈奏用的撥片，邊享用膳食邊聽女巫現場彈唱，自然營造出歡樂的氛圍。至於笨重的琴瑟樂器乃後世增添。殷商人天性樂觀，隨時說唱，飲酒成癖，並無周朝沉悶欠缺人性的禮教束縛，君王一高興就到處走走，宴會中往往夾雜許多娛樂活動，否則酒興提不起來，焉能暢飲達旦？

茲

甲骨文： **金文：**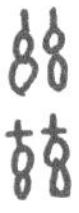 **小篆：**

由「樂」字的象形，還要介紹一個類似的「茲」字。學家多謂像絲二束之形，然後語焉不詳，這到底是指何物何事呢？原來這是上古女媧造人的巫術遺風，即揑麵人，做成玩偶式的左右配對，用於次級祀典或慶典中供孩童嬉戲娛樂，麵人附於竹籤上，故呈形。

甲骨文故意不刻成標準垂直形，有隱含隨意插於地上之意，若是絲形應為垂絲狀，兩者截然不同。「茲」字用口語化說明，就是廣泛的「此」。

米

甲骨文： **小篆：**

甲骨文與小篆的字形皆像米粒散置之形狀，其中間增一橫畫，是為了避免與沙粒的水點相似而混淆，同時也象徵篩米的動作。偶亦用斜橫，描繪篩出米穀的實況。

稻

甲骨文：  **金文：**  **小篆：** 

甲骨文從（米）、從（陶製酒瓶、酒罐），表示說唯有頂級的好稻米才可以發酵釀出好酒，借這個含意來形容好米為「稻」。但是到了西周的金文則有所改變，認為殷商以酒池肉林奢華而亡國，所以將稻字改寫為，即用（手爪）從（臼）中篩選稻米。另外，則是加上某個以食品為專業的氏族符號，從（手爪）用籮筐搖篩出米糠而落下「稻」米。

朮

甲骨文：  **小篆：** 

像米飯但容易沾黏手爪，意指秫米，即長糯米。

香

甲骨文：  **小篆：** 

甲骨文作，像盛禾米於器中，卜辭中僅作生產高級稻米的一個地名兼人名（負責管精米的官吏名稱），金文從缺，小篆將形改成甘味之形，變成，以會馨「香」之意，引申出芳香、幽香等等含意。

殷商人曾經居於長江流域數千年，與稻米文化結緣甚深，縱然遷徙北上，甚至入主中原，在飲食習慣上，仍然不能忘情馨香之稻米。

年

甲骨文： **金文：** **小篆：**

漢簡：

甲骨文像（人）頭上頂著（禾），以稻穀從種植到豐熟恰是一年，引喻為「年」。到了漢簡，人形省成類千字形；楷書再予以增損美化，成為「年」字。

鮮

甲骨文： **金文：** **小篆：**

魚加羊烹煮，真的就能變成「鮮」嗎？答案當然是否定的，否則數千年沿襲下來的食譜，怎麼會缺漏魚加羊合烹之記載呢？

魚有魚腥，羊有羊羶，各有各的處理方法，硬湊合在一鍋烹煮，立刻倒灶，味道應該有點嚇人，稱不上鮮美可口。

鮮字在甲骨文最初的象形描繪，本來是像用絲線剛剛釣上的活蹦亂跳的魚，因此意會成新鮮的「鮮」。但是絲線的弧度太長了，所以容易由變，再變等釣鉤線的弧形符號，漸漸被訛誤成羊字形狀。金文，釣線依稀懸在魚的上頭，魚尾加散點狀，表示剛從水中釣上來。這分明是指魚兒吞了釣線，被釣了上來，當然就是指

剛釣出水面的魚，才能稱鮮

鮮

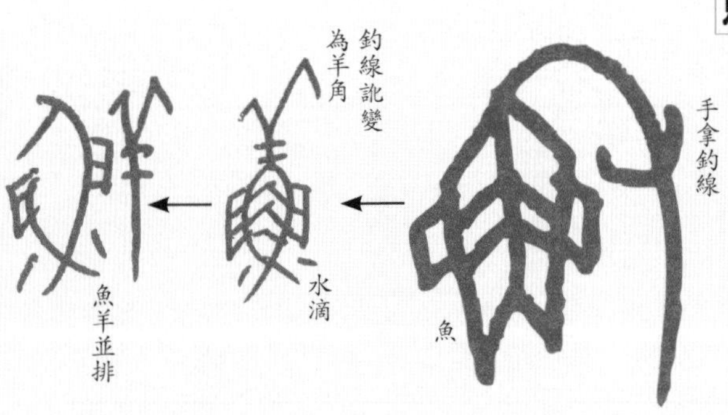

- 「鮮」的甲骨文，字形描繪的是剛釣上來的活魚。
- 金文把釣線弧形訛變成羊形，還在魚尾加了數點，表示剛從水中釣上來。
- 金文晚期把釣竿絲線約化成羊，形成魚、羊並排。

新「鮮」之魚。

金文晚期積非成是，形成魚羊併列的字，魚尾巴的水滴散點居然演變成「火」形狀，釣竿絲線正式被約化修飾成「羊」形，從此「鮮」的原意盡失。

鬲

三角陶鍋

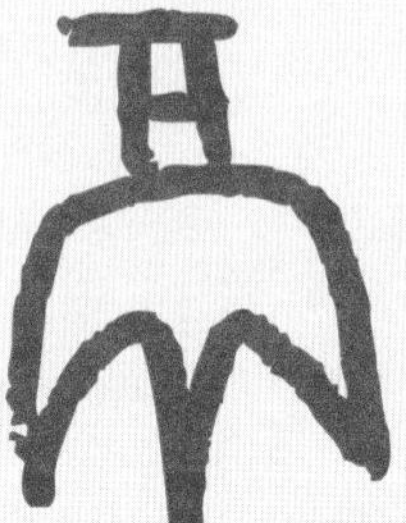

•用途：煮乾飯或肉塊，下方可點火保溫。

豆

像圓球形的陶器，上下合蓋

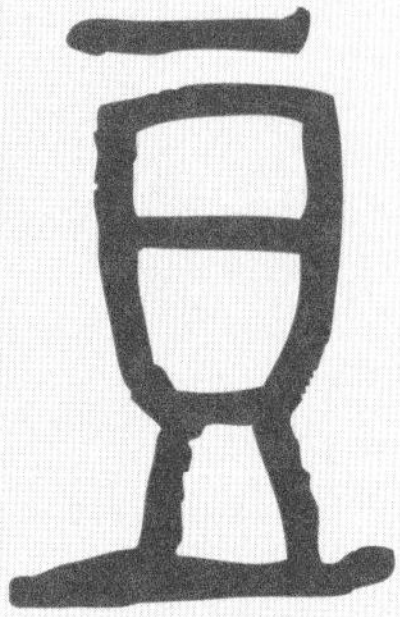

•最初的豆像兩個碗互扣。

•用途：盛裝冷盤食物的器皿，有大有小，較矮的豆裝醃菜、肉醬等調味品，高大的豆裝瓜果，矮胖形的豆裝米飯。

般

大圓盤

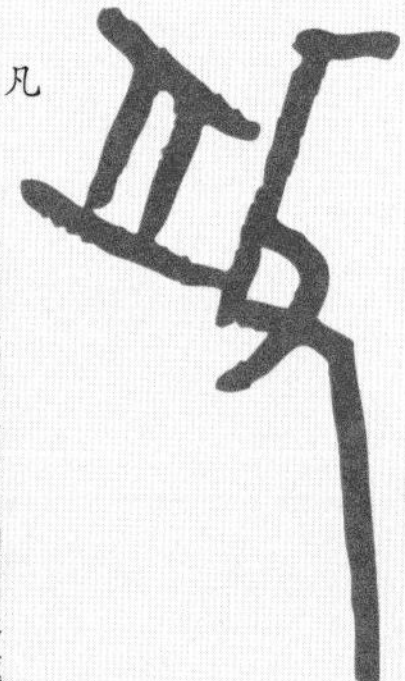

•凡字是指製陶用的圓形轉盤；右邊的手形具動態感，是工作時的手。

•用途：用來盛食物的圓盤（漆器）或洗手用的盛水盤（陶器）。

甗

蒸飯炊具

•用途：蒸飯炊具。底部有許多透氣孔，最主要的功能是用來蒸熟米飯。

盆

古代砂鍋

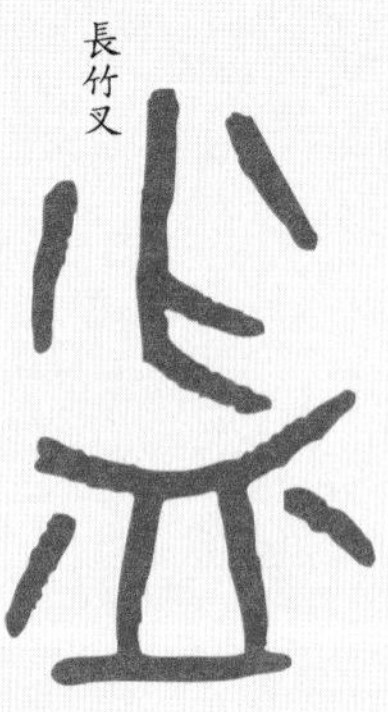

•用途：煮大塊腿部肉。

盧

大開口的高爐

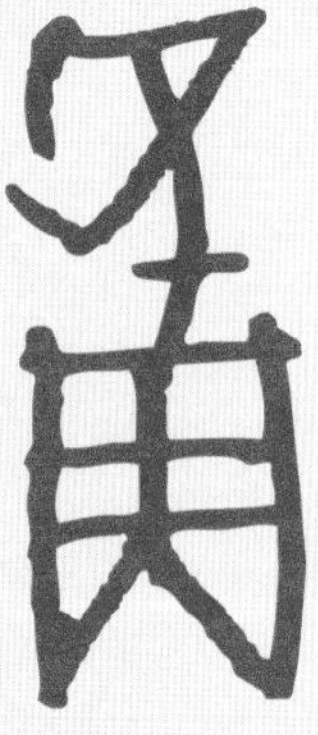

•用黃泥土磚層層疊起的一座巨缸式大火爐。

•用途：燻焙製作醃肉臘肉或大量的烙餅、烤餅。

前

陶製的四腳長盤

●原為用來盛水洗腳的舟形槽，供長途旅行的梳洗後再上路。
●因形制類似而代用為烹調用器具。
●用途：陶製的四腳長盤，用來煨煮全豬。

皿

大圓盆碗

●用途：屠宰牲體時用來盛血的容器。

鼎

數人扛的巨鍋

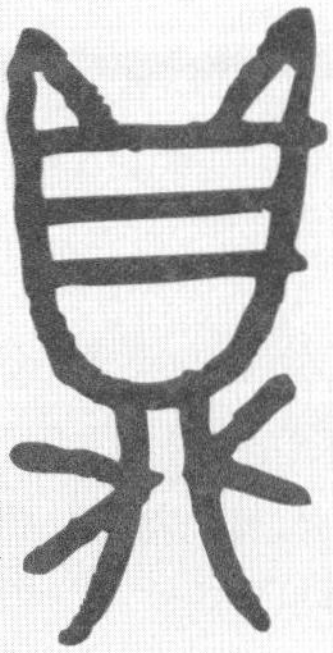

●用途：三足或四足，兩耳可貫穿用橫木抬行的煮具及盛具，最早用於皇宮祭祀時熬煮美食。
●分為方形的正鼎與圓形的陪鼎兩種。

簋

盛米飯的銅器

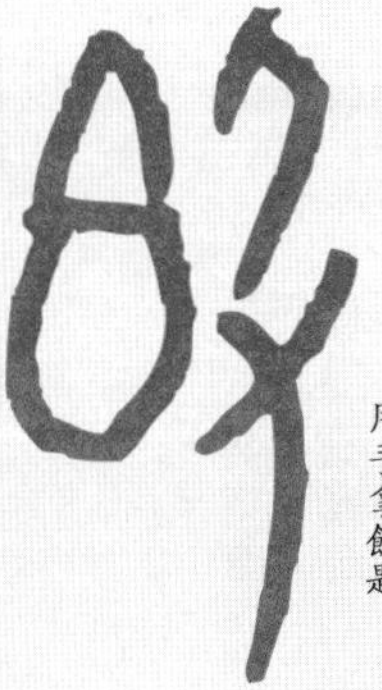

●用途：盛放煮熟的黍、稷、稻、粱等飯食的銅器。

曾

蒸籠

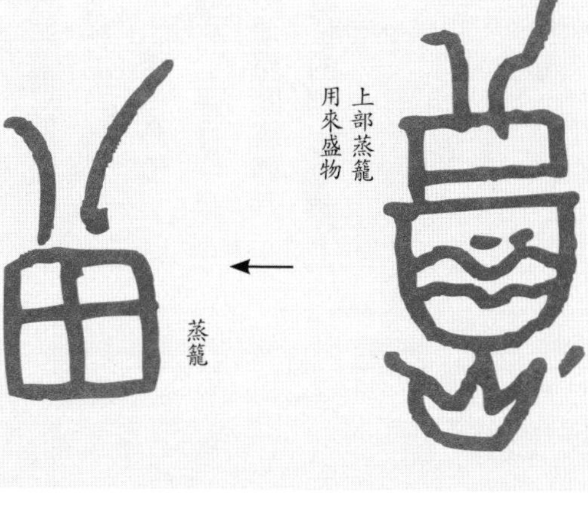

●同甑字，用水蒸氣循環加熱食物的陶鍋。
●用途：最原始的蒸籠。

4

殷人的建築思維和營造法式

豎版、填泥、夯土，版築技術純熟的一頁

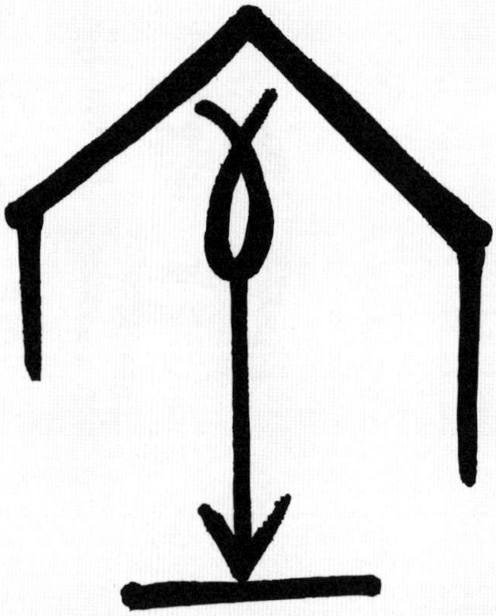

夯土是一種經過加固處理的建築方式，利用隨處可得的土壤來建造臺基或城牆。殷商時期，夯土技術已經廣泛運用，並逐步發展成一套完整的施工方法，建造堅固的版築城牆（先以木板做外模，在中間填土打夯做實，層層向上堆疊）及土臺。此外，殷人也開始運用陶製磚瓦等人工材料，對於建築方位的測定也相當考究。

——編者的話

原始殷商的建築營造

原始殷商族以商貿起家，長期擔任過黃帝集團的後勤補給工作，在數百年的爭戰中，發展出圓環陣地防禦。由於大車團行進速度緩慢，不比遊騎馬匹來得快捷，商貿路線盡量沿河川段、濱河段等較平緩的地面推進。女巫群為了維持大車團的水源供應無缺，也不得不做如此的選擇安排。唯平陽地、河川段無險可守，因此商團、車團欲長久停留於交通樞紐之處，就必須緊急構築防禦工事，以策安全。

首先，由女巫選定水井開鑿地點，以水井當中心點，跨百步為單位，劃出一個大圓圈，定好界樁之後，立刻搶時間開挖環狀形壕溝。大溝挖出來的土方，就利用隨車擔架板（擋板）夾住夾緊，而後快速填進土方壓實，就變成一堵高大的厚牆，此即「版築法」。

這種土圩（土堡）演化到後階段，變成二樓以上才開喇叭式窗（通風），出入大門只有一個，涵洞口上方還保留刺槍洞或瀉水孔，不怕敵方火燒大門。利用棧道式的結構，二樓住人，一樓拴住牲口，三樓放置糧秣軍需儲存。土圩中央有水井，不怕敵方控制水源或下毒，能以極少的人力阻擋對方十倍數量的進攻。

于

甲骨文： **金文：** **小篆：**

甲骨文的「于」字，偏旁「」像用圓規劃地，等符號則代表開挖後的土堆土方。兩個符號組合起來就是指「土圩」（土堡），後世則用「于」字表示「所在」之義。

甲骨文中還有個象形字，表示畫出四分之一圓周邊的土堡，中間添了一個「于」的符號，代表規模較大的土圩，這是「于」字的原始初文。其中的象徵屋頂，則是截取四分之一圓周邊來象徵環形堡。

厚

甲骨文： **金文**： **小篆**： **漢隸**：

版築施工法也延伸出一個字，即厚薄的「厚」。拆解甲骨文「厚」字的組成，其中，是一種上古版築技術。

欲建高牆防衛時，先用厚木板扣緊成下較寬、上略窄的斜梯形，而後將黃土用細目竹網篩過，除去殘渣和有機物，留下細如麵粉的黃土則倒入斜梯形版築中，兩人一組互相應答歌曲，用木椿大力夯緊實。每積厚一手掌的高度，就噴灑一次水，使其凝結更為有力。如此層層施工，逐日累積，城垣就建起來了。完工後，再拆掉長條木板，並在城門出口附近燎祭大火慶祝，順便將黃泥土烤得更為乾實堅硬。，不能誤看成口，那是指夯土用的木椿頭；一望即知乃積土施工，加上「厂」這個山崖形符號，代表城牆建得像山崖一樣。全字組合起來，就是以版築施工技術來表達累層厚度的「厚」。

歷來學家將誤為的省形，而《說文》：「厚，山陵之厚也。」則形義皆失。

版築法基礎：定點圈地挖深壕

于

- 在營建工事之前，先要圈地定出施工範圍：先劃一個大圈再立界椿。
- 接著，順著圓形邊界挖出環狀壕溝。
- 甲骨文的「于」字，是用圓規圈地加上挖壕溝的土方組合而成。代表施工地點，因此後世以此字表示「所在」。

亯

甲骨文： 金文：

「于」是平陽之地簡易構工的土堡，而亯（讀如畢）字乃指高山峻嶺用土方石堆混合建築的崗哨站。

啚

甲骨文： 金文： 小篆：

在卜辭中代表邊疆前哨站，後來引用為倉廩之義。正式的「啚」字，甲骨文作等形，像在亯中收藏豐富的糧食，故耕田農夫古稱啚夫。商貿遠拓長征時，車上還必須配備營帳設備，甲骨文以符號表示之，也是甲骨文「啚」字的組成部分。

高

甲骨文： 金文： 小篆：

按甲骨文的字形，像高聳的屋宇建於城牆上端，用以比喻「高」之義。

郭

甲骨文： 金文： 小篆：

郭是城廓的「廓」字初文，最原始的象形在甲骨文作，或省作

厚

- 下寬上窄的斜梯形造型是板築技術的特色。
- 加上山崖形符號，意味建好的城牆像山崖一樣進可攻退可守。
- 層層施工逐日累積，就成了「厚」字。

，口字形代表城牆的邊框，每個方向皆有角樓望樓，以表示。合起來就是城廓之義。金文，其中圈形或雙圈形符號仍保留了上古城牆建築以環形為常態的特色。小篆變成，後世簡省作郭，後加「广」形，成為城廓的代表字。

京

圖騰字： **甲骨文：** **金文：** **小篆：**

京城的京（首都，即王城所在），原始圖騰圖畫字，甲骨文省筆作，皆從大城門出入口的造型來描繪。

宮

甲骨文： **金文：** **小篆：**

再來看看宮殿的「宮」字，甲骨文字形像建築物的輪廓，像在高牆上開通氣窗口。

據半坡環形房屋原址的模擬復原，其房屋乃在圓形基礎上建立高大的圍牆，約有三、四層樓高，牆上最頂端覆以圓錐形屋頂，以利瀉水，又於圍牆中部開總大門，門與屋頂斜面之通氣窗孔呈或形，此種形制的房屋很像不設城垛的堡壘，此即殷商人標準的「宮」室建築。

然而，宮的建築並非單一堡壘式，而是好幾個大圓環堡互為犄角依靠。

帶刀弄箭，同室操戈？

室

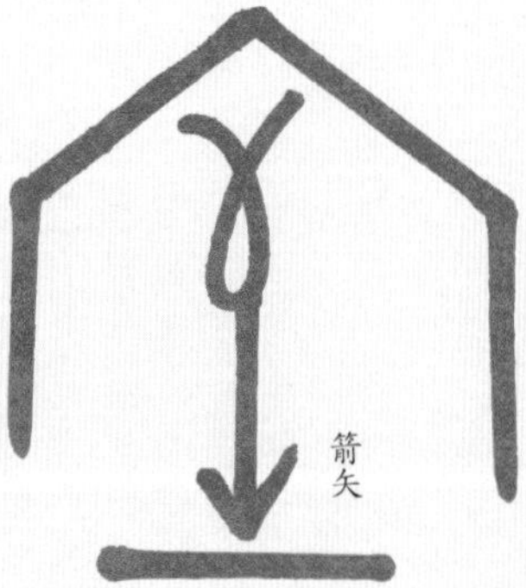

- 空曠的殷商屯田區有散落各處的房舍，一旦人口繁衍就要進行分家。
- 分家時要遷離祖屋，又不能離祖屋太遠，於是用射箭來定距離，看箭矢落在何處，就在那裡啟建新居室。
- 因此甲骨文的「室」字，才會出現箭矢符號。

室

甲骨文： **金文：** **小篆：**

「室」字基本上從屋頂「宀」形，及從箭矢落地之形。為什麼不同的房間（室）要用箭矢來表示呢？

殷在商貿路線上，每隔若干日行程必定修築「于」堡，即商站、兵站、糧站的三站合一建築，常有養殖庶民或屯田嗇夫跟隨，久之，形成各種大小不一的廬舍房屋散落周邊，無事各自搞生產，一有風吹草動，立刻閃避到土圩土堡之內。

這些散落的廬舍房屋，也會面臨人口繁衍的問題，不管是父傳子或母傳女，第二代第三代一定要「分家」。既要遷離祖屋，可是又不能離太遠，那就由巫史或巫官做見證，以一矢射遠之地來分築房舍，比鄰而居，此為「室」字從矢的傳統來歷。凡單獨分開有別於祖宅者，都可稱作「室」。

宅

甲骨文： **金文：** **小篆：**

「宅」字從屋頂符號，大家都懂，但內中從符號，究竟為何義？

原來這描繪的是隨身防盜和割肉工具的短刃，很像匕首。殷人隨大車

宅

●殷人隨大車團進行武裝拓殖時，會選擇一些地段來居留建宅使用。

●他們用隨身攜帶的短刃，在地上劃出建構大樣，並將匕首插在地上用繩索拉出營造尺寸，當施工依據。

團進行武裝拓殖拓墾時，發現一些地段可以居留建宅，便用此尖器在地上劃出建構大樣，並用匕首類尖形器插在地上，用繩索拉出營造長寬尺寸，做為施工依據，故宅字才會從　　。

宿

甲骨文：　　**金文：**　　**小篆：**

甲骨文初期為　　，後期加上了屋頂形　　，像人在屋中坐臥於席墊之上。

寧

甲骨文：　　**金文：**　　**小篆：**

從「寧」字的原始初文，完全看不出此字與安寧之義有何關聯，但在重巫的殷商，這是有其淵源與意義的。為何義指安寧呢？

殷商時代當屋宅完工後（不管是廬舍或室），都會在牆壁上用牲祭後的鮮血塗上保佑圖騰，此為女史或女巫的工作之一，意味著向祖靈諸神祈福後可以長居久安，故謂之寧。

甲骨文中還可見到　　等等字符，表示在屋內進行塗血、灑酒祈福的儀式。所以金文的「寧」字，還特別強調了「心」字（代表血液），表示有鮮血滴在皿中，可以用來塗抹在建築物上。

安

有女巫加持，便得安寧

- 在武裝拓殖的商貿兼移民社會，女巫及女史的權力很大，有時候還身兼軍事指揮權。
- 有女巫女史駐地，代表從此可長居久安了。

安

甲骨文： **金文：** **小篆：**

此字的甲骨文從屋形、從女形，兼及數點。

不可誤解有婦女在家打掃煮飯就是安，上古是依據生活方式來造字，安是指有女史女巫蒞臨或進駐，從此可以安寧了。這些武裝拓殖的商貿兼移民社會，女史的權力相當大，有的是商貿書記，有的是傳教士，能力卓越者還身兼軍事指揮權。

即便到了商朝中期武丁在位期間，還由王后「婦好」率師調旅多次征伐遠方不服蠻族。若非殷人社會早有此習俗，視女人掌兵權帶師旅為正常，婦好不可能指揮得如此順暢，成績斐然，而且長達十七年之久。

宄

甲骨文： **金文：** **小篆：**

甲骨文從宀、從（殳）、從（九）。從殳，是表示於室內祛除禍祟之意；從九（上古字念告）是形聲音符。在拓殖過程中的移民社會，庶民死傷病亡的比例甚高，屋中移屍之後，難免充斥諸多靈異傳言，導致人心惶恐，故以儀式祛除其祟。

寧

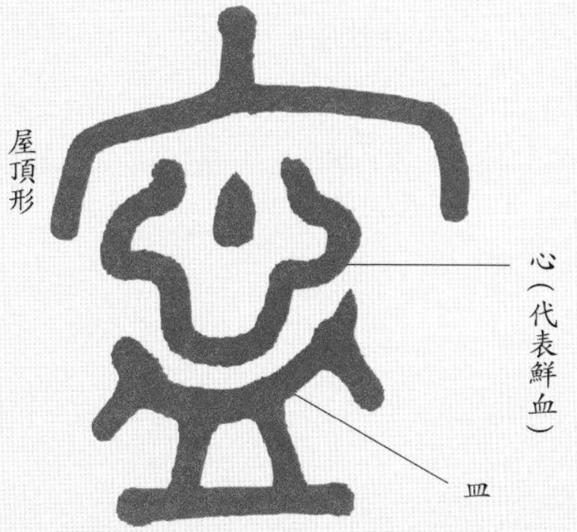

●新落成的屋宅要請女巫舉行牲祭來祈求居住平安。

●女巫取牲祭的鮮血滴在皿中，再拿來把圖騰畫在牆壁上，因此金文中還特別強調心字（代表鮮血）。

殷商人的泡湯池

呂

甲骨文： 金文： 小篆：

上文談到京城的「京」，也順便說明一個「呂」字，甲骨文、金文、小篆字形雷同，但原義為何，多數人搞不清楚，學者謂「像宮室正面所見門窗之形」，或《說文》：「呂，脊骨也，象形……膂，篆文呂，從肉從旅。」諸說皆不正確，把一件很簡單的事情弄擰了。

「呂」在甲骨文中是一種祭名，有公開陳列的意思，相當於魯、旅之祭，如卜辭：

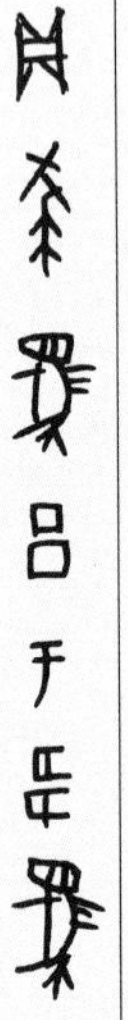

〈存二、三八〇〉

直譯：貞  馬 呂 于 多 馬

說明：貞是廟堂卜兆。原本是指特別肥大的神豬，在此借用為肥大的意思。呂呢？肥壯的馬匹本來就是公開展示用，特別用「呂」來強調，是指馬匹兩兩站在一起，分成許多組變成禮儀隊形。多馬，是商朝的官名，相當於騎兵隊隊長。

從祭祀角度來看，呂字絕不是指窗戶。在日本常見泡湯的溫泉店家，用「風呂」二字當招牌，此為上古用語。風者，為室外露天；呂者，上下二池，合起來就是指室外的露天溫泉。那麼，甲骨文為什麼有「呂」字？

殷人喜遷徙旅行，舟車勞頓之餘在濱河地段的溫泉泡澡，乃莫大享受。泡澡要分上下兩個池，如圖，下池是滌盡塵垢用，上池才是真正泡澡。

女巫群在郊野舉行的各種巫法儀式都必須靠近水源區，大小巫官，甚至王族在儀式進行之前，都有一個基本的程序：祓除淨身，取用聖潔之水，將身體手足洗滌乾淨。這也要分為上下二池，所以就用水池的象形來表示呂字。由於兩個口形，有對稱含意，後世添加了「人」部，就變成伴侶的侶，是有其根據的。

宕

甲骨文： **金文：** **小篆：** **漢隸：**

此字的字形很清楚，一路無變化：在屋裡面擺了塊石頭，就是「宕」。那麼，宕又是什麼意思呢？卜辭中，「宕」皆作延長義，後世亦做為延誤久拖不決的用語。殷商人丁數目並不多，即使代夏而入主中原，仍居少數，因此有求子嗣的習俗，如何求呢？乃求諸「石室」，石室也可以稱為洞室，石室中有供奉管生育的神祇，在秦周之前，生育神泰半為氏族久遠的半鳥獸半人的圖石像。會去石室求子嗣，可想而知都是那些延誤生育子女和傳宗接代大事的人，故以「宕」字表示延長久拖。

宜

甲骨文： **金文：** **小篆：**

宜，這個字其實與建築根本無關聯，甲骨原文皆作，為俎案之俎的本字，是剖巨木為兩半，橫置於地上當長案板，可以用來揮砍切割牲體。原木極重且沉穩，屠宰操作不會搖晃，此其一；有長案架於地面，不沾塵泥，以為獻敬，此其二；長案板面積寬，牲體各部位切好的肉條肉塊方便區分陳列，此其三。象其形、指其事、會其意，故曰「宜」，而宜與且、俎都是同源字。

金文誤將且形不規則的筆劃描作屋頂形，以至於小篆也跟著錯下去。後世的儒生學者，往往將「且」字斷為男性生殖器崇拜，實為君子遠庖廚後的臆想，不足採信。

子國、殷商的遷徙與建築

最早得到黃帝賜封領地的「子」國，位居遼西牛梁河下游紅山文化區的邊緣段，原先水草豐富，牛羊安逸，鸞鳥自歌。唯龍蛇爭霸大戰結束後，面臨氣候異常的乾旱現象，且乾旱周期愈來愈長，導致牲口成批死亡，難以支撐國族的經濟體系，因此女巫群主動與同為子姓的小殷侯合攏。

而殷侯領地在天津附近的老河口尾段，遭遇大河長期氾濫困擾，也必須放棄原有領地，在季冥這一代已經向西搬遷了三次。傳到了王亥，再度遷往河北的涿縣附近。

到了上甲徽，聯絡河伯消滅了圍場附近的「有易」畜牧族，武裝力量已經展現。這兩股力量因血緣關係可靠，及商貿關係的大獲利，就攏合在一起，積極往遼東北方經營。經過二百多年的拓殖，坐穩了根基，開始往黃河中段發展航運商貿。

到了商湯這一代，遼西氣候再度惡化。

子國的女巫群，雖然在商貿拓殖方面得到許多經濟效益，生活水準亦高於其他氏族，但是原有的子國發源地卻戲劇性地要放棄，只能象徵性保留名義。

經過精密推算後，將子國剩餘的人口集中，進行漠南草原的大西遷，利用邊境的緩衝地段，一路穿插到夏后氏王朝的大後方，在晉省五台上的北面重新建立半牧半農的新屯墾區，亦即《山海經》所稱的「巫咸國」。

雖然後來商湯取代夏桀而建國，正式入主了中原，但殷人的商貿遷徙和武裝拓殖卻反而更忙碌，為什麼？原因有三：要重新管理受降地區；著手經濟體系的恢復，以及文化體系上的融合。

整個大車團、大商隊甚至軍旅的往返路線拉得更遙遠漫長，這種經常遷移拓殖的生活方式，當然使殷人習於變動，喜歡各種奇異事物，不會像固定形態的農業社會被土地拴牢，一輩子就窩在那幾畝地，靠老天吃飯。

隨車搬家，沿路商貿，到處都有新天地，使殷人的建築思維傾向於「先挖壕、高築牆、廣積糧」的實用層面，先重防禦再求舒適的屯堡概念就延續了下來。

一直到商朝中期，歲月承平，京畿附近的建築物才稍做改變，開始增設城牆城垛城廓。建築物本身仍以木結構為主，但不做繁複的「斗拱」支撐屋簷，屋頂沒有飛斜挑高屋脊，而是採取四面瀉水或兩面瀉水的形式；屋脊兩端各自雕立一隻商朝的標誌——夜鷹（鴟鴞）做為護佑。大木柱放在石凹槽中，底座墊上銅片，以防蛀蟲啃蝕，石凹槽下面埋有祭土地方位神的黑犬，祈祝外邪不侵。牆壁不用磚砌，仍以大片木板或有空格的櫺片區隔內外。室內有矮几案，有榻席，有屏風（庶民用布簾）。

建物本身是有臺階的，一般為三階（宗廟為五階），主體建築物為長方形，左右護衛的小建築是L形，如「曲」字(甲骨文作，描繪的是L形建築屋頂的上視圖。金文）。當時中原也有半穴居式住宅，即先挖一個長方形大坑，多出來的土方就砌成矮牆，使雨水不致流入坑內。矮牆上架有A字形屋棚以防風雪，有臺階可供上下，這種穴居住宅是夏朝的習慣，並非殷人的主流建築。

至於更西邊（陝甘二省）的半居半穴窯洞混合式住宅，乃夏后朝的發源地，殷人入境隨俗，偶有用之，但並非殷商人的基本建築概念，不能因地區重疊或年代相近而誤認。

綜觀殷商朝五百年繁榮興盛，富達四海，還是政教合一的巫法王國，為什麼沒有花心思去建構具代表性的大型建物，如埃及金字塔、巴比倫的空中花園，或馬雅的太陽神廟呢？他們並非缺乏經費預算，非不能也，而是不願為之。原因如下。

商湯建國，王城在鄭州（二里崗），到了盤庚這一代還雷厲風行的七遷都邑，到武丁期又重新遷於洹水附近的安陽，何以遷都如此頻繁？殷人營商獲利，十數代累積富厚資財，黃河段的防禦工程非常堅強，邊邑還有不少僱傭兵團做多層護衛。因此，遷都邑並不是受到異族壓迫，也不是國防上的戰略考量，那究竟是為什麼呢？

首先，殷人以天地人神鬼的各種祭祀為常態，養成禮敬神明與潔淨的生活習慣。他們天性樂觀，喜歡到處旅遊，尋找風景絕佳之所在修砌林園、宗社，兼及度假別莊。其次，殷人歌舞娛樂，工藝創作遠超過其他氏族，還有獨特的文字發明，因此自視甚高，不喜雜處。

大都邑建好後，繁榮的經濟體系，自然對周邊次等生活的族群產生磁吸效應。每逢河患或大旱，大批鄉野邊鄙之民全都蝟集於王城附近討生活，驅走一批又來一群，久而久之就形成大片貧民區。這些貧民人口孳生愈來愈多，變成歷史共業，嚴重污染王城附近的生態資源，超過京畿原先規畫的承受限度，殺不怕也趕不走。

殷人無法每天生活在如此雜亂的環境之中，商王與巫官討論後，唯一的辦法就是遷徙遠離，舊有的宮室，暫作駐軍兼倉儲之所。另外，在新都的建設過程中，需要大量的奴工粗工，剛好也解決了社會問題，算是以工代賑，一舉兩得。

新都邑的建設

新都邑要如何建設呢？首先，選擇給水系統無缺乏的地段，其次是勘察排水功能良好的高地，然後拉出建築施工軸線，坐北朝南的子午線，甲骨文的「午」字，就是指這些事。

午

甲骨文： 金文： 小篆：

午，在甲骨文初期，皆像束絲交叉形，如，後期作；金文等形（中間描黑填實）。諸多學者解釋為：是交叉若髮辮形狀，或當作御馬之鞭，但皆難合乎真義，應用在卜辭中亦有疑義。

午，原來是定出交通路段或建築中心點的工具，甲骨文有形（從午，從），古代測量定位後，用（尖鏃）插於地面，上繫繩索絲線來拉出方向角度，延伸距離，作為施工放樣的依據。

吾

甲骨文： 金文： 小篆：

上古時期，午、吾、我皆同音同韻，午就是吾的省寫。大篆書寫時將交叉變成形，像數目字的五，久而久之，將下方形又偽變成口形，就成了今日的吾字。

另外，在施工定中心點的時刻，往往會大喊「以我為準」，所以吾字也兼會意，通「我」字。我（）字執戈形重兵器，表示武裝力量占據地盤，此地為我所有。

直

甲骨文： 金文： 小篆：

此字從目上一直豎，測得直線距離的意思。

德

甲骨文：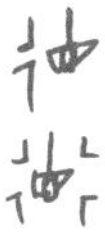 金文： 小篆：

都邑規畫，為民眾安身立命是件大功德，故取街道的部首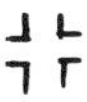，省略成，加上測量規畫義符，即「德」之初文。金文保留了「心」的符號，不是指良心的心，而是指工程施工時要血祭山川社神，合併成德字。都邑建設完工後，君王會舉辦慶祝儀典，接受人民的擁戴歡呼。

民

甲骨文： 金文： 小篆：

「民」字，是指君王從高處往下看，以精明的「目光」來管理屬下人民，或許用點威權手段（如用支，用枝）。由於用到鞭策性的方法，所以歸納成等符號來示意之。篆書偏離了目部，已失真義。

《說文》解釋「民」：「眾萌也。」已偏離真義，部分學者謂：像以刃物刺入眼，致盲一目，以為奴隸等說，更不可信。為什麼呢？刺一目，除醫療損失以外，勢必妨礙今後的生產能力及製造效率，若是普天之下，民皆盲其一目，豈不成為獨眼之國了？

徵

圖騰字：　甲骨文：　小篆：

建設都邑急需各類器物資材，無論是徵求徵召，都不脫離一個「徵」字。在圖騰圖畫字中，大約為，甲骨文有徵字的初文，從街道符號、從王、從手執供奉狀，只是少了一個形麾飾符號。當時也搞攤派（分攤公費支出或人力物力），商王傳令各專業氏族提供器材，甚至工匠，但不採用硬性方法，而是類似互惠交易的模式。凡主動捐輸器材到達一定數量者，君王會頒發特殊勳章（故有麾飾「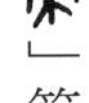」符號），許多特殊勳章可以換取特種物資的買賣營商專利，並無勞民傷財之舉，此為盤庚可以連續七遷其都的高明手段。

卜辭中有關的徵字如：

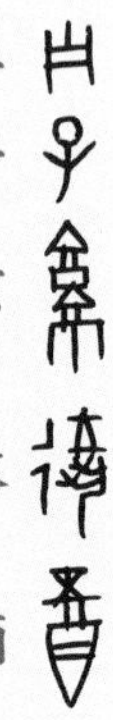〈前七、一四、二〉

直譯：子子京徵酒

說明：，是指來自子國的「子」，第二個子則是子姓貴族尊稱，是五十，合字就是五十罈酒。

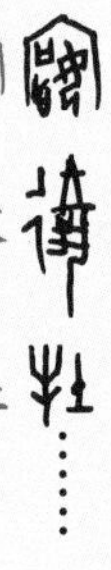〈續二、二三、三〉

直譯：徵牡……

說明：第一個字是指女巫官（從足，官職應該與驛站有關）徵召公牛（準備運輸）……。

徵字的小篆作，尚留餘味。漢簡上的隸書復將斜形改作山形，下從土、壬、王不等，如。

坊

小篆：

甲骨文雖無直接的坊字，但從「衞」字的多樣變體來看，如，可以推斷當時都邑的規畫大體是呈棋盤式，每一個小區塊即是坊。方原本是刺土犁田的工具，借其犁田成為整齊行列的含意而會意成坊，也就是小弄堂的意思。

另有路燈瞭望臺，如；有公廁，如；沿街還有各式商鋪生產販售，如（從事手工藝）、（從宀、從取貨），還有旅舍，如（客之古字，從足）；有劇場，如（從打鼓奏樂）。有提供祭儀的花卉店，如；有酒館，如（從黼）；有簡易的金融單位，如（從貝）；有驛站提供運輸服務，如（舁之古文）。當然少不了官衙，如寮字（眾人在大屋烤火取暖），後世的同僚之意，蓋源於此。

都邑的商鋪建築成排非常密集，多半為木結構，常有祝融之災，為了安全，就有火堂火灶的區分管制，一般庶民不可以在街道巷弄隨意起灶爐（城外不禁），因此有大公灶提供熱水，還提供「火燒黑石」，民眾提甕罐取之，用以燜煮食物。

庶

甲骨文： 金文： 小篆：

「庶」字甲骨文從石、從火。庶是指平民下民在屋簷走廊旁堆石成簡易土灶，上面架有石板片可以烤肉或烤餅。表示他們沒有資格在屋內起灶，從平日煮伙食的差別就可看出身分地位。

屯

甲骨文：　金文：
小篆：

屯的甲骨文字形像一朵待放的花苞加上葉形，或有填實描黑，或有虛框輪廓作。

在卜辭中，「屯」當作季節表示，即春天之春；另外也當作商貿路線上的拓殖新「屯」。昔日女巫群看到櫻花、桃花在春天從枝幹上面抽芽，不久滿山遍野綻放的奇景，感悟出新天地的活躍生命，因而借此奇景來暗喻從母國分離拓殖的新移民城堡為「屯」。又因為樹葉萌芽對生居多，故以龜骨版左右一對也稱為「屯」。

青

金文：　小篆：

殷人喜歡郊野出遊湯浴、林園飲酒賞花，朝廷甚至有正式的園藝女官，稱作巫婧，甲骨文作。像花卉植物加上插的符號，連接起來就是栽種之意；拆開來看，下面的像花盆器。故金文「青」字仍不脫園藝描繪。

此外，王室花園經常要上下修枝裁葉整理，金文作，並

專管園藝的女官

青

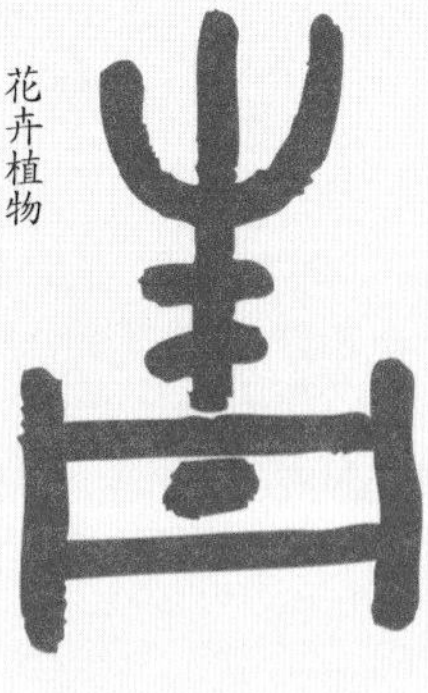

●青的古字就像一盆漂亮的插花作品，代表栽種植物之意。

婧

禁止喧嘩吵鬧，小篆作靜，故象形會意成「靜」字。

從甲骨龜版上的文字材料，可以逐步交叉對比、串聯爬梳，推演出殷商人早期的建築是以防禦實用為主流，到了中期以環保生態為重心，即使到了末期，仍然是走小雅精緻的風格。

殷商人獲利無算，但不是富而無禮之輩，並不強調帝國霸氣，深深懂得良賈深藏若虛的道理，反映在建築思維及風格上就是內斂沉穩。雖然殷商一朝沒有留下令後世嘆為觀止的神廟宮殿，但反而令人敬佩女巫群正確的啟迪教化，以及傳承後代歷久彌堅的處世哲理。

靜

- 巫婧是殷商正式的園藝女官吏。
- 管理王室花園及供應祭祀用的花卉盆景。

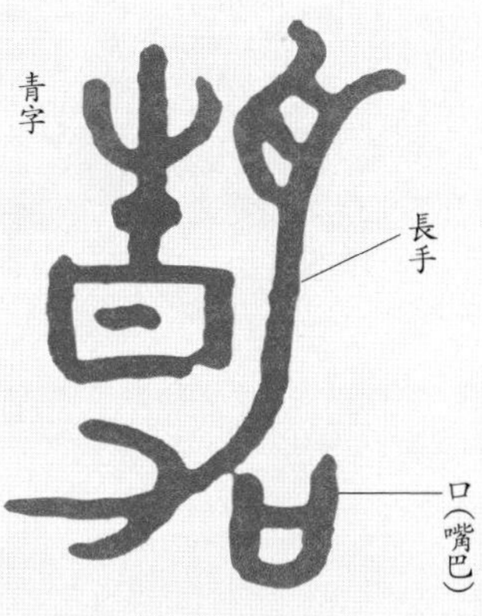

- 王室花園經常要修枝裁葉整理，並禁止喧嘩吵鬧，因此象形會意成「靜」字。

◉殷商街坊上有什麼？

走進時光隧道，來到三千年前的殷商逛街坊。街坊上吃的用的玩的，應有盡有，各具特色的商鋪一字排開，一點都不輸繁華的現代都會街頭。

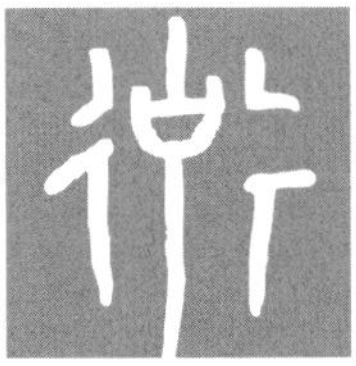

瞭望臺

倉庫

錢莊

旅舍

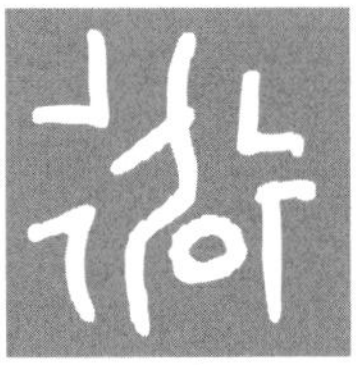

公廁

劇場

驛站

酒館

手工藝品店

花店

官衙

◎其他與建築相關的有趣甲骨文

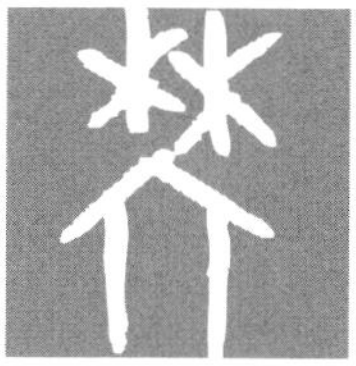
小別館

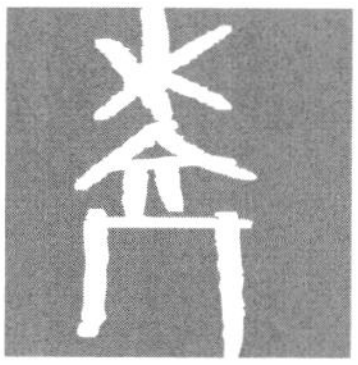
待客別莊

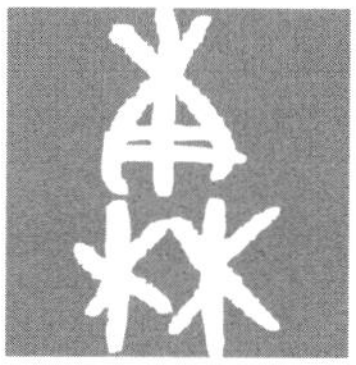
露天劇場

隱密別墅

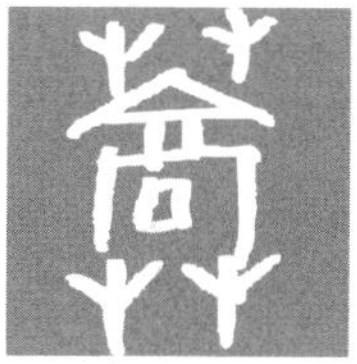
豪華別墅

殷人的小別館，甲骨文作（從林），露天劇場作（從林，搭建在郊野空曠處，通常在社旁邊）。豪華別墅作（從大片草地），待客別莊作。宛若仙境的特別隱密別墅，甲骨文作。

從以下這一則卜辭，就可以看出殷商人的日子過得有多麼安樂快活：有漂亮優雅的別墅，有悅耳的音樂，有動人的歌舞，還有品質醇厚的美酒。

〈拾五、一三〉

直譯：貞　……王　其　飲

（問事）（仙境別墅）（玉磬奏樂，有歌舞）（君王）（蒞臨到這裡）（暢飲達旦）

5 以干支紀時的殷商曆法

從天干地支的古老曆法，解釋殷商人的生活

十天干(甲、乙、丙、丁、戊、己、庚、辛、壬、癸)配合十二地支(子、丑、寅、卯、辰、巳、午、未、申、酉、戌、亥)，組成了六十甲子，這是中國傳統曆法的基礎，古人用來紀年、紀月、紀日及紀時。根據考古發現，在商朝後期的一塊甲骨上刻有完整的六十甲子，可見在商朝時已經開始使用干支來紀時了。

但關於干支曆法的起源，譬如發明者是誰？最早出現於何時？始終都是未解之謎。本書作者以其個人觀點闡述一個可能起源，並透過多年來對甲骨文的潛心研究，一一介紹十天干及十二地支的造字緣由。

——編者的話

天有十日，產生十天干

在卜辭的開頭，九成以上是先寫干支記載日期，然後註明貞人（史官）是誰，再來才是求問兆象的事由。

信奉月神教的母系社會女巫群，長期觀察天地日月星辰運轉及季節變化，制定出一種簡易通行的萬年曆法。首先，女巫群因為貿易所需而計算單位時，按兩掌十指的數字演化出十進位的數學概念，由此數學概念，認定萬物自然的基本數碼皆是依此而演變。所以，天有十日，女巫群依十日訂出天干的排列順序。

《山海經》：「有羲和之國，有女子名曰羲和，方浴日於甘淵。羲和者，帝俊之妻，生十日。」這本最古老的天下巫法輿誌書，為什麼會這樣說呢？事實上，古籍中提到的羲和、尚儀、嫦娥、常儀，都是同音韻記錄，本為一人，本指一事，都是指月神教的最高女神。在宗教意識的演化過程，人類會比照自身，將一切神祇擬人化，兼而故事化。那又何以生十日？由於天候寒暖燥熱不同，雲煙水氣變幻無常，每天太陽的光芒都有些差異，看起來長得不太一樣，因而古人認定天有十日。當然，這十個太陽不會同一天一起出現在天空中，而是按輪班表來值勤工作。比如《山海經．大荒南經》：「……下有湯谷，湯谷上有扶桑，十日所浴。………居水中，有大木，九日居下枝，一日居上枝。」又《山海經．海外東經》云：「……湯谷上有扶木，一日方至，一日方出，皆載於烏。」

既然有十個不同長相的太陽，那就應該有十個不同的簡單代號（名稱），這個代號是依據「日出東方向南走，日正當中停一停，朝向西方緩緩落，西落之後向北行」這個太陽最原始的行進方位來發想，再加上當時陰陽對偶的概念已經形成（如有男即有女，有天就有地），因此排列出左圖所示的基本順序，再從日常生活中，取一個容易聯想的字來做代號。接下來，就來淺釋十個天干字的來歷。

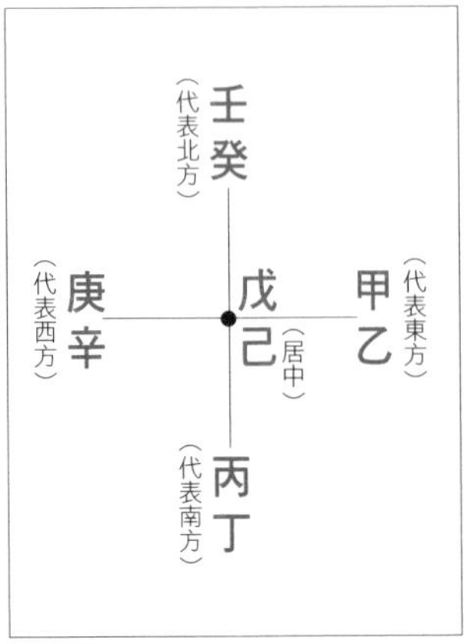

甲

本義：宗社之樹。

甲骨文：十 十　**金文：** 　**小篆：**

甲骨文原本像個十字架，後來又加上邊框，變為。這個十字架，到底是什麼東西呢？古人以氏族旗立於曠野之「中」以聚合群眾，這是臨時性的。但「甲」是指宗社之樹，為固定形式的聚會活動地點，這個宗社之樹反而不用一般（木）形來表達，為什麼呢？因為正寫是作，以此代表神樹，不同於一般泛稱的木、樹，就像「或」字加上邊框，就成為國，所以，即指宗社的神樹。

金文作等形，唯與田字極易混淆，所以到了篆書就修改成，將十字形變成瘦長的形，但無論如何，那高直的樹木意符，還是存在的。

樹木在東方得到充分的陽光照射，容易長得高大，借此特徵作為太陽天干的第一位。在方位概念來說，甲乙都是象徵東方（屬木）。

乙

本義：曲柔藤條。

甲骨文： **金文：**

以往學者謂「乙」為水、魚腸、刀，甚至為玄鳥氣之所出，皆難合義。「乙」，乃「曲柔藤條」來編織生活所需的用具和祭器（上古冶金煉銅尚在萌芽期），在天干中排列第二位。甲木為陽剛性的大木，乙藤則為陰柔性質的枝條。

丙

本義：半穴居時期的土灶。

甲骨文： **金文：**

歷來學者釋為魚尾、物之底座、几形，皆誤也。此乃指半穴居生活中的土灶：幾塊石頭圍攏起來，留個空門可以添柴，上架陶甕或盆，即可烹煮食物。「丙」用火灶代表熾熱的南方，在天干中排第三位。在方位概念來說，丙丁一組位居南方（屬火）。

丁

本義：建築物上方的老虎窗。

甲骨文： **金文：** **小篆：**

最簡單的筆劃，反而有分歧化的解釋，大致有以下三種：

❶釘之原文，由上往下看，只看到釘頭，所以寫為●，讀音亦像椽釘之聲。

❷金文中，凡人形作，若已被斧鉞誅戮者，就寫成無首之狀的圖形，表示已喪其元，首（腦袋）之形作○或作●，皆與「丁」字之作●或○並無二致，因此「丁」為原始的「頂」字。

❸據復古還原研究，甲骨文「宮」作形，下為門戶開通出入，上乃窗口排除煙氣，最上方的窗口就表示顛頂之頂，用最簡單的符號□ ○當作「頂」的本字，復借為天干之「丁」。在音韻上，古音天，讀作顛，「頂」亦同音。在卜辭中的語意用法，也可當作「天」。

以上三種說法，一二項都不足採信，第三項比較合於事理。蓋「丁」之原始義，是指宮室或大建築物斜頂上開的老虎窗口，既可通氣又可排煙，故其造型或方或圓或扁，形式不拘（至於描黑的部分，是指凹陷處的陰影）。

由於老虎窗口是建物最高層窗，當然也是屋中祭祀供奉神明的地方，置於最高，心存敬意，同時也讓祭祀的煙氣順暢排出。卜辭中，丁做為陳列祭品之祭，含有最高敬意的祭祀意涵。

歸納「丁」字的代表意義有三種：一則代表「頂」意；二則代表人煙、人口數目；三則代表天干，排列第四位。在方位概念來說，丙丁一組，位居南方。

戊

本義：長柄巨斧。

甲骨文：  **金文：**  **小篆：** 

「戊」在天干中排列第五，亦為十天干的中間數，本義為巨斧。那麼，為何會用戊（巨斧）來表示第五個天干呢？因為在上古屯寨布局有個習慣，戈戊等重兵器皆擺在中央核心區域，以利防衛。軍旅之軍械庫房亦置於中央高地，故借「戊」做為天干數字。在方位概念來說，戊己為一組，位居中央，屬土。

己

本義：具有防衛性質的曲折巷道。

甲骨文：  **金文：**  **小篆：** 

歷來學者或謂：己，像惟射之繳（打獵射鳥時收回箭上繫繩的角製器具），或像綸索之形。皆未切中其義。按上古宮室城牆的防衛建築概念來看，「己」就是通往宮室聚落群的「曲折防衛巷道」，可以縮小被攻擊的正面，也可遲滯對方進攻的速度，對守方來講，能以地利之便爭取時間。在天干排列上居第六，戊己為一組，位居中央。

庚

本義：有雙耳的鈴鐺樂器。

甲骨文：  **金文：**  **小篆：** 

此物原是上古靈山巫咸在類似薩滿教的巫祝治病儀式中，手上所持的「有雙耳可搖的鈴鐺樂器」，金文有，尚保留完整的象形特徵，殷商時期升格為「冊封禮器」。然篆書編寫訛誤，將圓筒狀的鐘形改為雙手持物做拱手狀，已失甲骨文原始造型。「庚」亦為最原始鐘字的初文，夕陽西沉，日落虞淵，搖庚吃晚飯了，借此庚器表示第七個太陽。

至於康字，即在庚的左右下方加添了音符的點狀，表示巫祝頌念咒語，搖動鈴鐺，以祈病患安康，會意成「康」字。

辛

本義：黥刑工具。

甲骨文：  **金文：**  **小篆：** 

辛是指辛具，甲骨文像一把裝在木柄上的刺刀，上古對罪犯俘虜會用辛具（剞劂之刀，似圓鑿）施以黥刑。在上古宮室建築的布局中，東方因陽光充足多闢為花圃園林；南方為朝廷正面廣場，做為禮樂儀典之用；西方是放置庚（鐘）及辛等刑具，以樹王權統治之威。在方位概念上來說，庚辛一組，代表西方，屬金。

壬

本義：長條形冰柱。

甲骨文：  **金文：**  **小篆：** 

壬字，不可當作「**工**」字看，雖然兩者形狀類似，但甲骨文皆以瘦長形鍥刻，並非矮短形的**工**字，況且與卜辭用法不同，不可混淆。

歷來學家謂壬為兩刃之斧，或謂石針，皆難合義。按壬字原為北方酷寒時屋簷落下水柱結冰後所形成的長條形冰柱，借此象形來表示第九個天干代號。壬癸為一組，代表北方。筆者如此大膽推斷，原因如下：

❶從妊娠二字推敲，妊指女子腹內有了新生命；娠指女子懷孕，腹部鼓脹若辰（蚌殼鼓起）形。因此可據以推測「壬」字是指容器也，那又是什麼樣的容器呢？答案是古代用竹筒做的簡易水壺，因此用竹節符號來表示之。

❷金文中，壬字有寫成形，那是指北方習慣用皮囊來做水袋，所以中間鼓個黑圓點，甚至下方還拉了個弧線，表示扁圓形的皮革水壺。

所以天干的「壬」，指的是冬天屋簷垂下的「冰柱」。蓋冰出於水，壬又是裝水的工具，故一併約化都用壬形表示之。在天干中，「壬」排行第九，壬癸為一組。在方位概念來說，位居北方玄陰之地，屬水。

還要釐清的是，聖、望、淫三字的下方都有壬，但這是現行的楷書，要知道在甲骨文，那些字的下端都是（人立於土墩高處），篆書統一後，才一律約化成壬形符號。但並不代表此壬同於彼壬，不可倒果為因。聖字甲骨文：；望字甲骨文：。

癸

本義：雪花結晶圖案的象形。

甲骨文： **金文：** **小篆：**

往昔學者謂乃（刺）之變形，或謂雙矢叉，或謂像四葉對生，皆無確證。筆者大膽推

論：癸，乃雪花結晶圖案的象形，用來代表第十個天干數，就像一年將盡的意思，故以「癸」為十天干的最後終尾數。

◎從「干」到「義」

天干的「干」，推其造字本義與「竿」字有關，上古以長竿豎之於地，測日影投射之長短來訂出大致的時辰。所以「義」字的古字寫成，從長形的戈器（代表竿）。義在上古時代表天文觀測的意思，與後世「義」的用法有區別。上古有「賓日」、「出日」、「入日」三種對太陽神祇恭迎恭送的儀式，殺羊以敬獻之，故此字從羊，極為合理。

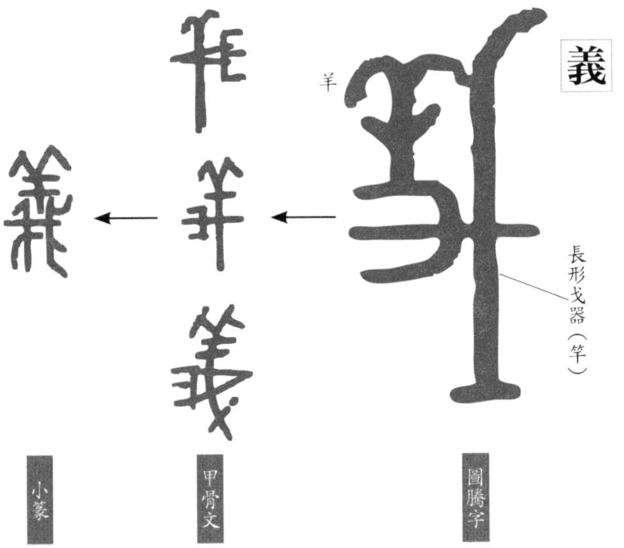

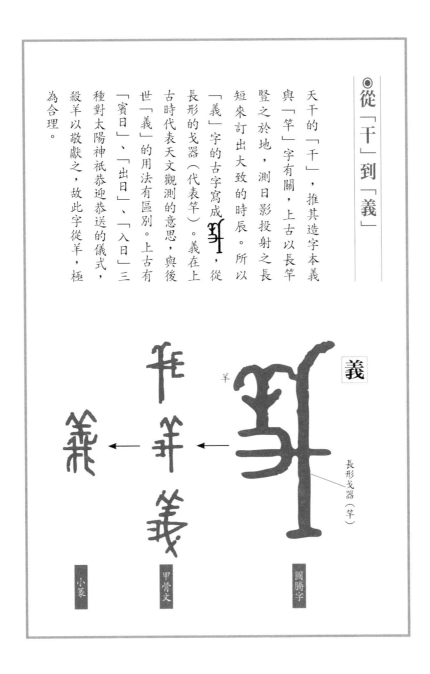

一年有十二月，產生十二地支

一年既然有十二個月，那每個月令也要有個代號來表示，因此按方位按子午線的概念，排出十二月令的稱呼（如左圖所示）。現將各月令淺釋如下：

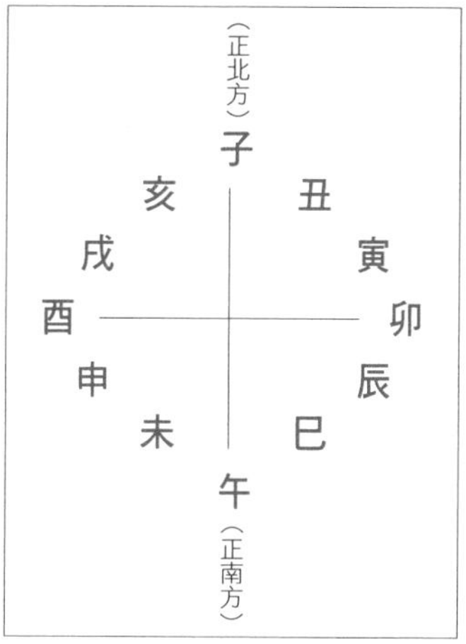

子

本義：舞獅娛樂的大型頭套。

甲骨文初期：  **甲骨文後期：** 

金文：  小篆： 

在甲骨文早期的鍥刻文字中，有關子的筆畫稍微複雜，好像是人的腦袋上長毛，無怪乎許多學者都把這個符號當作幼兒之形，這是錯誤的看法。理由如下：

❶首先「公、侯、伯、子、男」是上古官位爵祿之尊稱，用小嬰兒作尊貴稱呼，未免違背事理。

❷其次，甲骨文不惜以繁複線條強調類似毛髮造型，還特別放大頭部，應當別有意義。

❸即便就當作小嬰兒腦袋，腿脛為什麼還要用等等形狀來誇張表達？

❹在四書五經中常常看到子曰等開端用語，這個「子」能當作小嬰兒嗎？另外，從古代到現代，稱呼高貴的人，皆禮貌性的稱為君子，可見「子」字是一種尊稱。

事實上，早期龜版鍥刻的「子」字，就是類似舞獅娛樂的大型頭套。可以推測為上古時期女巫男覡為了祈雨媚神，將類似獅子頭造型的威猛頭飾，頂在腦袋上圍著火堆踏步，或隨著音樂起舞。按上古太陰曆法，子月也是冬至點的酷寒月份，斯時大野無獵、農田無事，正是舉行宗教娛樂活動的最好月份。後來，又為了鍥刻簡省方便，將舞獅的套頭飾物簡化成，又再簡約成等形，最後符號化變成，此為後期正式的「子」形。

要注意的是，十二地支的「巳」，甲骨文寫成，稱為斜子形，與（子）很容易混淆。所以卜辭中，「子」旁加符號者皆為官職（正子形），而斜子形則是指祭祀之祀。

丑

本義：巧的初文。

甲骨文： **金文：**

甲骨文與金文大抵相同，都是做成指爪形狀，唯單純解釋成爪字，未能盡其原義。其實「丑」，就是最原始的「巧」字。

按太陰曆，丑月是指農曆十二月，漫長冬歲將盡，趁此閒暇趕用巧藝之手製造各種工具器物，準備來春使用。另外，按珍饈的羞字邊參看，可解釋為用巧藝之手獻羊肉做成美食，稱作羞（通饈）。

按《山海經》和《竹書紀年》所載：「女丑助黃帝大戰蚩尤」，指的就是擁有巧藝之手的女性氏族（母系社會），善用巧手幫助黃帝製造各種工具。故丑之原義，在上古並非指現代戲劇中的小丑。後世稱衣服紐扣的紐，尚保留了若干古意。

寅

本義：對著箭靶射箭。

甲骨文： **金文：** **小篆：**

甲骨文字形都是像弓箭射出之形，到了西周字形頓變，將射箭的造型美化成燕形；到了篆文又將燕形首部離析而成為，燕翼也轉變為，就漸漸成形，此乃現代寅字的來源。

寅字，是指有表演性質的射箭儀式，所以與射、發等字有所區分。寅字源起於上古社會的農牧圈地行為，遠古社會透過隆重的射箭儀軌，以箭矢射出的方向範圍做為君王的分封或賞賜。甲骨文中也有將寅字寫成雙手奉矢（）的形狀，意指以箭為憑證，得到封賞。

所以，寅字存有虔敬意，若在水邊舉行（加三點水），就衍生成表演的演。在太陰曆的十二月令中，寅月代表正月，斯時三陽初動大地回春，一切又重新開始演變，故用寅字作代表。

卯

本義：屠宰。

甲骨文： **金文：** **小篆：**

卯除了用於天干地支之外，在甲骨文卜辭中也屢言「卯幾牛作祭祀」云云，因此「卯」應當作屠宰解釋，此為上古「劉」字的起源，也是劉字的簡寫。部分學者將當作男子睪丸解釋，或當作人心向背的象形，遠失其義矣。

蓋屠宰牲體的程序，首先刺喉放血，再來開膛破肚拿掉內臟，最後截頭去尾，沿脊椎線大剖成左右兩大塊，簡化成符號來表示。

還有一個字形類似的「卯」字，卯是指鳴禽類的蛋，在金文中有看到這類符號，代表屠體中的腹部還有沒生下來的蛋，所以用圓點來表示，而後由形修飾成瘦長的小篆，再變成現今楷書的卯。以上相關字體，順便介紹。

辰

本義：用蚌殼磨成的鐮刀。

甲骨文： **金文：** **小篆：**

辰就是上古時期用蚌殼磨成的收割鐮刀（在南方地區使用），所以用象形符號表示，加上繩索套在大拇指上做為收割使用；在北方地區則是用石片磨成鐮刀，以表示。若再加上禾草頭及手形，就是農字的本形。

甲骨文，辰字下方加了足形及點滴，象徵耕田時腳部拖泥帶水，代表辛苦操作之義，會意成辱字。後來又添上耒部（耕田的犁具），再變成代表農耕的耨字。

上古時期，天候星象對於農業的影響極大，即所謂靠天吃飯，因此用耕作農器做為十二月令的代稱，後世漸漸轉為時辰的通稱，耕作的本義就漸漸淡化了。在十二月令中，農曆三月是插秧的月令，故用辰字來表示。

巳

本義：蛇身人首的神像圖騰。

甲骨文： **金文：** **小篆：**

歷來學家皆以為是人形跪拜或舞祭動作，其實有誤，巳字乃蛇身人首的神像圖騰（即上古水神共工），是一個簡體字符號。由於上古水利工程歷經艱難，窮數代之力才略具規模，祭祀河神水神之習慣不但歷史悠久，而且通行於民間，故祭祀之「祀」，以巳形作象形兼會意。

然而在卜辭干支中，巳並非寫成，反而是寫成等形，與子丑的「子」完全相同，曾經造成學者誤讀，為何會產生這種現象呢？原來上古家族祭祀時，會將長孫（即小兒）舉於成人頸上，祭告於祖靈，此形，乃最古老的「祀」字，也是「保」字的源起。甲骨卜辭常有省筆或簡體情形，往往以代替形，所以在記時的干支中遙以形鍥刻。

由於形漸漸變化為「保」字，「祀」之義逐漸淡出，遂以形圖騰合上示部，成為專用的祭「祀」之字。

午

午，前文已述（見210頁），不再重登。

未

本義：枝椏重疊形，代表枝葉繁茂。

甲骨文： **金文：** **小篆：**

草木皆萌芽於春天，氣盛於初夏，枝葉叢茂於大暑，故以重木形的象形符號來代表農曆六月。另外，枝葉繁茂到了極限，花果當結，加上了口字邊就會意成味道的「味」。草木盛極而叢雜，視線必定有所阻礙，加上目字邊則會意成「昧」字。

上古穗字本來是象形，與未字也相通，後來漸漸分離，變成末端的末（稻穗下垂狀態）；而現代的穗字，係後世另行增添出來的形聲字，在此順便說明。

申

本義：閃電耀屈狀。

甲骨文：

金文：

小篆：

申是「電」的初文，金文楚子簠申作，兒鼎之申作，也有以申字代替神字，如克鼎、杜伯簋。

上古時代，位於山嶺祭壇上的示形架，見風雲變色雷電劈下，大自然展現驚人力量，所以示加上申合為「神」字，象形兼會意指事。申字，若加上大祭師、巫師的人形符號，就衍生出伸張、伸展的伸字。

酉

本義：陶製酒瓶。

甲骨文：

金文：

小篆：

與兵器斧頭有關的字

戍

•戍字是戊字加一垂點狀，原義為執兵戈挑上束囊（行李），遠至關隘險要之地戍守。漸省為束囊形狀，又簡省為垂點狀而約化成戍字。

成

•成字是用斧頭砍下祭獵的牲體，斧下有滴血狀，象形兼會意會為禮成、成功之意。

盛

酉，就是上古的陶器製酒瓶，在甲骨文中，每多假以為酒。農曆八月，五穀皆熟，除了收割入倉，豐盈的稻粱可以釀酒，所以用酉字代表八月（另見163頁）。

戌

本義：長柄大斧的重兵器。

甲骨文： **金文：** **小篆：**

戌為長柄大斧形式的重兵器，與戉（短柄手斧）的形制類似。由於農曆九月田事已畢，秋獵展開，乃兵戈征伐的季節，所以用兵器中的戌字來代表九月。

亥

本義：狼。

甲骨文： **金文：** **小篆：**

亥字，諸多學者釋亥為豕，未免謬誤，這是十二生肖概念輸入後的後起之義。

甲骨文的豕字有等形，特徵是肥胖大腹，與亥字瘦長筆法和造型頗不相屬，難以契合，故筆者大膽推論：

亥字的原義，就是指「狼」，並非什麼怪獸。按狗尾上豎而狼尾下垂，

●上古隆重祭典往往會用人牲血祭，取鮮血塗抹巫法符號在器物或人體上。鮮血用血器來盛接，即現今的盛字。

伐

●甲骨文上從索繩、下從人形（非女），雙手呈反剪狀態，旁從戈斧。上古漁獵時代，搶糧搶俘虜，後來字省約化成人形。

咸

●原義為征伐之前的君長訓話，比如告誡規定等等，所以從戈從口。

專題探討

爲何說：「豬有二首六身」？從賓字探源

春秋傳及說文皆曰：「亥有二首六身」，為何會有這種怪物，要從「賓」字來解析。

賓

在「賓」字的演變中，曾被誤為亥形。甲骨文中，賓字上方的宮室建築符號是或形，屋頂下方有長橫樑，樑下再加人形符號及足跡符號（之、止）組成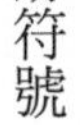。後來為了書寫便利，往往簡省成，很類似亥形。賓字的原始字，是下方從足部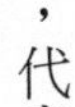，代表接待指引來賓，但按儀禮，既是賓客見君王或貴族，必須攜帶禮物（貝），以示尊敬又合於禮數，所以賓字漸漸從貝，就不從足。賓字源起的內涵與亥無關，更不必聯想為豕。

所謂「亥有二首」是受到賓字影響，誤認亥形為二首；至於六身，則因狼群有聯合攻擊習慣，擅於群戰驅獸環攻之特性，遠觀其攻掠行為，當有六身之傳說。

狗身較短而狼軀較長，古人造字之始是經過縝密觀察才定出基本區分，唯因甲骨文是用銅刀橫直刻劃在龜版上，對彎弧線條略有減省，導致二千年來亥豕難分。所以，亥字（狼）就漸漸變為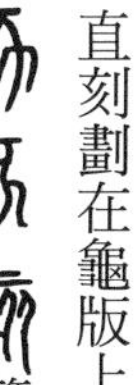等形，從此亥字真義盡失。後世只好另增形聲字「狼」來表示之。

此外，再從揭橥的「橥」字來觀察，其原義是豎立木椿於交界口上，做為地盤地界宣示警告用途，俗稱狼牙棒是也。其本義當然與豬隻無關，應是從亥（狼）從者，下從木，可見亥豕混訛之後，真相淹滅久矣。

進入農曆十月霜寒露重，百獸皆欲飽食以貯油脂過冬，正是狼群大舉出動之時，故以狼月（亥）為代表。十天干配上十二地支，剛好六十天走完一輪，是為六旬，三十六旬就是一年，有置閏月調整。這種太陰曆，是配合農業耕種、施行稼穡採收的標準，在現代的通書農民曆仍然繼續使用。

肆

殷人的經貿策略和武裝拓殖

1 從商貿屯利到武裝拓殖

殷人商貿走向的武裝拓殖是如何發展出來的？

談到殷人的武裝拓殖和經貿策略，要從黃帝蚩尤百年戰爭談起。原始殷商族的崛起，這場大戰是關鍵，他們在這場跨越百年的戰爭中，不僅選對了邊、押對了寶，還以巫法立下首功，再以成功的軍需補給成為黃帝集團不可缺少的後援，最後更以此長才走向武裝拓殖，為日後的殷王朝立下根基。

——編者的話

百年大戰的幕後英雌

約五千年前，北方黃帝與東南蚩尤大戰於涿鹿，最後分出勝負，從此中原一統，黃帝就變成炎黃子孫的共同始祖。這是一般人對中華歷史的基本認知。

但，這個重大戰役的因果變遷，以及數個階段的勝敗轉折，卻鮮少有人能夠弄得清楚，甚至可說一無所知。

首先說明引發這場大戰的原因——都是氣候異常惹的禍，大旱大澇，生態資源不夠分配，逼得兩邊人馬紛紛捲入其中。戰爭初期，黃帝集團占優勢，以游牧民族的騎兵驅趕三苗九黎的步卒。但到了戰爭中期，情況生變，蚩尤集團有能人領導，避開大平原作戰，以山岳為屏障，改成游擊穿梭戰法，善用丘壑地形的雨水大霧，使騎兵漸失其用，圍困之後，再瞬間集結主力予以致命打擊。

蚩尤集團在戰術上得到許多小甜頭，不過進駐中原（豫省）之後，在無險可守的狀況下，很快又被驅趕出來。所以戰事就在你來我往、時鬆時緊下，呈現拉鋸狀態，前後延宕了數百年。

這時候，中國北方的黃河正在沖積黃土。黃河在河北（冀省）東方水流變緩，漸漸淤塞，大河分成十幾道，像條龍尾般散開，東曲西折遲遲繞轉到天津方向，才重新聚成大黃河出海。參考《尚書．禹貢篇》，即知當時九州水系上的混亂狀態。

黃帝集團九戰九敗，原始殷商族女巫群脫穎而出

這真是天賜良機，蚩尤集團可以不靠大船，在枯水期間徒步涉水穿越冀魯交接的窪地，堂堂越過

黃河，直搗北平地區，由東向西打進中原。黃河天險失去屏障作用，黃帝集團當然焦急萬分，不捨晝夜，發動強悍的騎兵弓箭手，想在黃河尾段將北上的蚩尤集團全部堵死封住。

歷史上證明，游牧民族的騎兵要對付農業民族的步兵，十有八九是穩操勝算，而且付出的傷亡代價很少。可是要對付也是「游」字輩的游獵民族，那就很難說。

蚩尤集團經常選擇大風大雨大霧的時間，誘引黃帝集團在窪地、濕地、蘆葦澤地決戰，等到黃帝的大批人馬到達這些目標區，才發現爛地濕軟，馬匹衝不起來，輪陷其中拔不出來。縱有少數人馬逃出，大霧茫茫，不辨東西，就活生生地陷於困地，任人宰割，全都成了蚩尤集團的戰利品。

黃帝集團九戰九敗傷亡慘重，而蚩尤集團還放出風聲，請了巫師天神來助陣，要風有風，要雨得雨，要霧還多得很，弄得黃帝集團人心惶惶，甚至有人揚言不能打了，要退回黃河北邊的老家，保住最後的老本。

黃帝集團是許多氏族的聯盟軍，每個氏族自然都有氏族專屬的巫師（甚至兼酋長），大家就集合檢討，是否要以巫制巫？

原始殷商族的女巫群本就擅長醫術藥方，在戰爭期間救助傷患貢獻頗多，加上女巫群所轄人數不多，不會構成權力分配的隱憂伏患，因此在以巫制巫的階段，女巫群獲得黃帝的青睞，得以勝出。女巫群也沒讓整個黃帝集團失望，她們以近海航行的特殊經驗，知天時測風向，通節氣之變化，很快就做出成績，避開險地危時，事先撤退轉進，讓蚩尤集團的誘敵計畫屢屢落空，因此深得黃帝信任。

接下來，原始殷商族的女巫群為了充分供應各種商貿及軍需物質，把笨重的車輪改善了，殷人有

◉原始殷商族製車業的三個專業氏族

輪轂氏
專門打造車輪外殼的氏族

索氏
專門打造車鏈的氏族

車輛氏
專門打造車輪的氏族

輪轂氏，有索氏，有車輛氏，因戰事急需，都成為車輛製造專業的氏族。

車輛雖然改造成功，功率也大幅提升，然而路途遙遠，有時經過山高水深之域，常被三苗九黎輪番打劫，折損不少人員裝備。原始殷商族人口不多，長期遷徙，扣除留在原居地堅持留守的氏族人員，真正到達遼東半島的不到半數，哪禁得起三不五時的損耗，怎麼辦呢？

於是他們與黃帝協商對策，決定不做零星式運載，一次就以百輛為單位組成大車團，並事先規畫好行程路線。雖然走得慢，但每天移動不斷，可以保證軍需物質充裕補給。黃帝只要派出少數斥候騎兵沿途保護警戒，酒水麵飯全由大車團供應，以利協調指揮，絕不影響集團戰力。大車團從遼東集結，滿載出關，穿過冀北到冀南，回程拉回破損盔甲後送修護，沿站還要運送傷患。

風雲變色：重返古戰場，直擊兩軍交鋒

頭幾回有驚無險，安全通過各種隘口險徑，沒多久，蚩尤兵團就針對大車團開始發動懲罰性攻擊了。有一天，黃昏起霧了，營地周邊突然鳥不喧鳴、蟲不呱叫，氛圍詭異，安靜得令人窒息，警戒狼犬（狽，甲骨文作）突然豎起耳朵低吼，警戒騎兵立刻上馬看狀況。一看，丘陵邊上

的大小樹枝居然會移動，立刻口哨傳訊。頓時，車團營地像炸開了鍋一樣，大夥立刻緊急動員，將車輛集中靠攏：首尾銜接成環形陣地，牲口卸下牛軛，往中央欄地拴好，大車外側立刻上板架（擔架）牢牢綑緊，變成臨時防禦牆板，車身底用貨袋貨箱堆緊，不留爬行穿越的空隙。長刺竹尖棍一律頭朝外，排在木牆板上方，弓箭手伏身於車上重新調上弓弦，揹上箭箙（用竹、木或獸皮做成的盛箭器具）。

酉時，一百步外，樹群黑壓壓地攏了上來。五十步，許多小樹枝都立了起來，全身塗滿油彩花紋的蠻兵，操著古怪咒語，左手拿圓盾，右手操石斧（短兵器），跑步衝鋒。三十步，車團弓箭手立刻射出一排箭雨，當場就倒了一半人。十步，還是有不少人衝了過來，勉強攀上牆板的蠻兵，被竹尖刺棍卡在上面動彈不得，大車旁有正式長矛兵器補上一槍，頓時斃命。也有少數幾個，想往車底間隙穿越突擊，也被狼犬咬住不放，沒幾下就解決了。

戌時，進攻第二波，這次上陣的是有硬皮革盔甲的正規苗兵。他們拿著大盾牌，半縮著身，成方塊列陣，逼進大車團包圍三面，故意鬆開一面，萬一裡頭的人想突圍衝出，五六百步就會被分段截擊，最後能逃走的，大概也沒幾個了。

對峙到十步，方塊陣兵突然按兵不動，大車團的人還搞不清怎麼回事，只見滿天籐網從盾牌中飛出，勾套住竹刺尖棍，幾人合力一扯，防禦性的竹刺尖棍全折斷了。

大車團的帶隊女巫根據骨卜兆，早做了萬全準備和必要犧牲，立刻用緊急鼓聲傳訊附近巡查的游騎哨員，點燃篝火，一明三暗、二暗一明，讓遠方山頭的固定警戒哨能夠看到求救訊號。同時令弓箭手全部下車，退三十步到二線準備。二線是用六七輛準備報廢的舊牛車翻了過來，當成臨時陣地。

方陣蠻兵一看對方沒有反應，立刻貼近車身，躬腰疊人地把盾牌頂在背上，形成一排排的木板斜坡，好讓突襲的短兵借著木盾的斜坡衝鋒，利用衝刺力量翻越牆板。

亥時，第三波攻擊開始，精悍短小的蠻兵像螞蟻見了蜜糖，不要命地往牆板衝，還沒站穩在車上，第二線的弓箭手立刻箭陣如雨地射來，倒下了不少人。剩下的二三成蠻兵被車下的矛兵（也是御車夫）合圍刺殺，沒討到便宜。

子時，方陣隊形的正式苗兵撤下，換上另一批吃飽飯、休息夠的苗兵接手。沒多久，就開始輪番搖晃牛車，有些牛車貨箱綁在車輪，噸位沉重，苗兵掀不動就放棄，最後找到兩輛輕型牛車，貨沒綑牢、樁沒插緊，於是一聲暗號，十幾條蠻漢一陣吆喝出力，硬是把牛車拖了出來。牛車旁的長矛兵勇猛刺倒了部分苗兵，可惜身形暴露後寡不敵眾，最後慘死在石斧之下。現在，陣地出現缺口了，一群苗兵顧不得隊形，立刻乘隙穿插灌入陣地。

已經兩個時辰沒有下馬的警戒游騎，早已憋出一肚子火。他們雖然人數不滿二十人，但一聲令下，全數揚蹄快速揮斧衝向缺口。騎兵衝勁強，十餘匹戰馬的密集隊形立刻就把苗兵掀翻在地，陣內的長矛兵也紛紛支援缺口，趁這個衝勢，用排槍陣高低刺，居然殺出一條血路。

游騎兵也怕對方的弓箭手瞄準，所以不停地在缺口旁邊左衝右突，讓對方摸不清楚動向。短短一炷香功夫，正規苗兵就折損了百餘員。游騎兵也不敢衝太遠，見好就收，帶隊官馬上退回陣地，長矛兵立刻封住缺口，重新把車輛咬死鎖牢。此時，遠方山頭的警戒哨連續閃出明滅的燈火連續訊號，代表凶訊，已經一路傳送出去。沒多久，又有新訊傳來，周邊的游騎兵連夜集結，援兵將至。

大家正準備鬆一口氣輪流休息、分批用膳時，忽然陣地外也有幾十個火堆燃燒，故意製造假訊息，火勢愈來愈大，三刻之後，火燄衝天如同白晝。看來正規苗兵打算用砍伐好的油性松枝束集成炬，準備火攻了。

丑時，正規苗兵突然後撤，重新組成方陣準備發起新一波的攻擊。他們手上只持大盾牌，每名苗兵後面跟著蠻兵，左右手上正拿著束集火炬。

女巫登梯一看，心中了然，立刻令弓箭手重新登上牛車，回復第一線，並查看長弓箭矢數量。還好軍需貨品中仍有幾批沒拆封的箙箱，約略六千餘枝，新造的東北長弓也約有二百餘具。女巫立刻傳令，最快速度取新弓上弦。不管駕車的御夫、挑擔的輿夫或是管飲食的膳夫，除了預備隊之外，人人棄矛登車換上弓矢，臂力若有不足，射不遠沒關係，能射二三十步都行，被石斧敲破的擔架板來不及換，就多疊一層補強。箭矢前端纏緊碎條帛布，倒插在油罐之中，隨時取用。有火燄冒出來的明火盆就在車旁，一點即燃，一燃即射，剛剛布置完畢，正規苗兵也集結成陣，從三方踏步攻來。

一條條像長蛇般的火炬隊慢慢逼近，五十步、二十五步……，押陣的百夫長一聲發「射」，一串串流星火箭瞬間密集地射在苗兵隊形中。雖然沒能射中前段的正規苗兵，但火箭射在盾牌上紛紛起火燃燒，一下子又撲滅不了，隊形頓時有些動搖；後面的蠻兵正想擲出火炬，但柴束不像石斧不能擲遠，紛紛落在車前五步十步之處，不在射程，完全不產生作用。

火炬用完之後，立刻遭到流星箭矢的回擊，登時慘叫連連，隊形開始混亂。冒險往前衝的苗兵被箭矢射殺，往後竄的則攪亂了長蛇火炬隊。後方不知前方狀況，仍然依鼓聲往前踏步，前後擠成一堆，就成了專業弓箭手的活靶。第二線的苗兵也有弓箭手，趕緊挽弓射箭支援，奈何距離較遠，效果有限，部分射到車身牆板。戰到寅時，火光照耀如同白晝，苗蠻兵擅長的夜襲摸黑打劫戰術完全失靈，反而自暴其短。

原本打的如意算盤是火燒車陣，破壞防禦工車，嚇出一批人突圍逃命，再分段截擊。沒想到，大車團這麼難啃，還有強大的反擊火力，二百多具強弓輪番朝向拋掉火盾牌沒掩護的密集隊形射發，箭矢如蝗雨紛紛落下，每個攻擊方向的苗蠻兵都要倒下二、三百人。

卯時，正規苗軍後撤二百步，派出俘虜收編的通譯與酋長頭人，扛著氏族旗前來要求頭對頭談判。一見敵方陣營代表是位騎著馬的端莊女巫，簡直不敢相信自己的眼睛，最蠻悍的山地游擊兵種居然被一支三百多人的商隊車團打得傷亡過半、遺屍近千具，對方陣地還是文風不動，大呼不可思議。

苗軍大頭人先敘奉王命，必須抓到長程車隊的頭人回去審訊處刑；接著，再提議女巫群投降，以一人換三百人，保證不殺俘不劫貨，其餘人則原路歸鄉。此話在日正當中以前有效，一旦兩路援軍到達，四面合圍，就是一場浴血大戰。

女巫聞言，彎腰回覆說道：「早有死亡覺悟，只是選擇哪一種方式而已。那好，就午時前正式答覆你。」說完就撥掉馬頭，從容回陣。

女魃慷慨就義：臨陣誓師，願戰到不留一兵一卒

女巫下馬後，傳令集合休息人員列隊，負傷者坐下，準備宣布重大事項。隨後，她轉身到專屬車棚中，令兩位貼身女奚奴取出首飾華服，脫下身上污衣，開了二尊祭祀用的裸酒，簡單漱口洗面後，再快速用帛布擦拭淨身。接著，全身上下均勻抹上羊脂潤油，臉上拍上極細滑的石粉；瞬間

梳好一頭秀麗長髮，套上馬蹄箍而束冠，再橫插一根鴟形玉石簪固定，腳登翹首雙底尖船鞋，只披一件貂皮長衣，吸了口長氣，走了出來。

女奚奴早將酒尊、酒盤、酒皿抬到長車上，大家都屏息以待，不知有什麼大事要宣布？

女巫揚首自若地登上了長車，對環形隊伍用冷凝的眼神橫掃了一遍，一開口便震驚全場：

我的祖靈從雪山下來了，帶著我們「子」族的守護神——全黑的雪獅（神獒），準備帶我回到天池。我是九世單傳的巫，我的神祖嬷曾經教導族人要多與他族和平相處。但是也傳授必須一戰的智慧經驗，可惜呀，今天我們人數太少，就算以一人換十人，終究還是戰死，沒有第二條路。因此，我準備答應苗軍大頭人開出的條件，我願意用我自己的性命承擔一切侮辱罵名，以一人換三百人。大頭人也是一位百戰出身的酋長，話不多，但一定會信守承諾，大家都可以循原路歸鄉，看見父母家人。

隊伍乍聞此言，立刻交頭接耳，議論紛紛。

女巫停頓了一下，閉目舉起右手單指朝天，接著說：「祖靈正在讚美我，死我一人換三百人，值得呀，值得。」她馬上又睜開明亮的雙眸，橫掃全場，平靜的說：「這是我的決定，不許你們更改，請大家務必接受我最後一道命令。」

眾人面面相覷，不知又是什麼命令？

女巫在臺上突然朝三個方向分別跪下，雙手好像奉上無形的鮮花，接著站了起來，說道：

你們之中許多人常常藉機會好奇窺伺我化妝、更衣、沐浴，我都裝作不知道，也沒為這些事情惱怒生氣。因為我深深瞭解，千里迢迢，山高水深，還要忍飢耐渴，完成作戰的艱巨任務，不能對你們苛責太多。昨天，大家都拿出了英雄般的絕佳勇氣，沒有人抱怨傷痛死亡，居然打退了正規苗軍。你們每一位都是值得我尊敬的好漢，都是守護神，像雪獅轉世化作人形來保護我、照顧我，我真的無以為報呀。

說完這一段，已經有人紅了眼眶，也有人偷偷拭淚。女巫突然抬起頭來，停頓片刻，以高吭響亮的聲音說道：「勇士們，聽～令，朝著我向前走，走走……。停！」

此時，眾人都已靠近了臺車，不知下一步又要如何？

女巫換了一個優雅的表情，迴轉身形，輕彈結紐，將貂皮長衣從肩膀滑落了下來，通體赤裸，展現光亮如凝脂般的肌膚。在晨曦照射之下，像一尊白玉雕琢的女神。瞬間，大家都震撼到僵直了。女巫徐徐轉向正面，堅定地說：

最後一道命令，就是睜開眼睛好好看著我，臨走之前，我只好這樣報答你們，把我當成妻子一般的女人，一次看個夠，時間分秒即逝，以免有遺憾。現在，按車隊序號輪流上來，我敬大家最後一杯訣別酒。要痛快地喝，因為我的一切即將毀滅，必定遭到蚩尤的百般凌辱折磨，不會再聖潔完美了。我希望今天的告別，是你們記憶中的永恆。

第一車的老御夫全身發抖地上了臺，下意識地接過酒杯，突然半蹲跪在女巫的腳旁嚎啕大哭：「妳妳，是我的女兒，不能走哇！」

接著第二車，第三車，全體都自動跪了下來，有人泣喊著不要走。現場就像燒開的鍋，全都沸騰起來，不要走的呼聲此起彼落，後排又傳出了拚死一戰的呼聲。

黃帝集團派駐的斥候游騎兵，平常高傲慣了，正所謂騎馬的看不起駕牛的。這位老戰士下了馬，流著眼淚走到臺上，用誠敬的眼神看著女巫說：

我是有熊族挑選的熊羆武士，我向天起誓，我要一命換對方三百條命。雖然我們不同族，但妳就是我的女神，請妳下命令，帶領我們決一死戰。

連他族都表明死亡的勇氣，現場無分老少全都站起來拿起長矛直喊神，要與敵人拚到底。但女巫並沒有被這股熱絡的情緒所激動，反而極冷靜地看著眾人：「你們，不後悔嗎？」

眾人皆答：「不悔不悔，絕不後悔！」

「那好！」女巫重新披上貂皮長衣，拿起箭矢刺破了自己的左右中指，大喊一聲：「願決死戰者，來！舔我的鮮血，讓獒神的靈魂立刻感應吧！讓鮮血喚醒守護神。」說完便跨步下車，走向隊伍，緊閉雙眸伸出修長的玉臂，朝天攤開手掌，輕聲吟唱：

峻極於天　夢澤江呑　虹飲於顛　心與汝牽

唯子泱泱　偕子翩翩……。

午時，正規苗軍數十隊集結包圍，調來合抱的大樹幹五六根，三十人合抬一根，組成攻堅器材。未時，車團防禦陣地出現缺口被迫收縮，車輛焚燒一半。申時，陣破，捉對廝殺，短兵混戰。等到黃帝集團大批游騎兵趕到現場，戰役已近尾聲，此時苗軍也不敢戀戰，立刻拋下裝備，急速奔離現場。

酉時，游騎兵進入陣地，清理戰場，車輛掀翻無一完整，屍橫遍野斷斧如丘。整個大車團全滅，活口只剩下三名受傷的長矛兵和一個斷腿的弓箭手，三人滿身污泥鮮血緊緊守在梯架旁邊，女巫則飾履完好，依舊站在架上，目無表情。仔細察看之下，原來她失血過多，早已氣絕身亡。

事後，依據傷員陳述戰役經過及清點戰場遺屍，發現苗蠻兵死傷更為慘重，又付出了千餘條人命，才破此大車團。黃帝感其義，收女巫為女，賜名為「魃」。此事《山海經》曾記載一二：

- 有人衣青衣，名曰：黃帝女魃。
- 黃帝乃下天女，曰魃，雨止，遂殺蚩尤。
- 魃不得復上，所居不雨……後置之赤水之北。

鬼

甲骨文：  **金文：**  **小篆：** 

甲骨文的「鬼」字，是一個戴面具的人，意味由人升格變成神，與今義不同。

發

甲骨文：  **金文：**  **小篆：** 

原始殷商族的女巫群稱女魃為「發」，甲骨文從（發）、從（攴）。北方旱神又稱為「魃」，這是因為女魃捨身流盡最後一滴鮮血，有如大地失去水源而變乾旱，故以「魃」為神名，神話故事中仍然保存歷史片段。女魃死後歸葬於遼寧的紅牛河上游，並尊為「弓神」，殷人有祀，如卜辭：

〈人一九一〇〉

直譯：發　卯　三　牢

譯文：祭弓神（發）殺（卯）三牢。

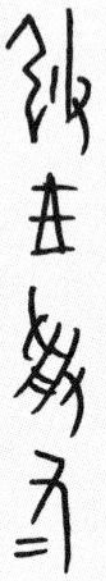
〈寧一、三一四〉

直譯：發　王　受　佑

譯文：弓神降臨了，君王可以得到多次護佑。

一戰成名天下知，確立殷商族地位

這一場浴血殊死戰傳奇，使黃帝集團內部諸多氏族從此信心大振，不再萌生怯戰之念。而蚩尤集團也檢討得失，認為極不上算，從此放棄陣地攻堅戰法，還是持續游擊穿隙、各個擊破的老方法。

女巫群經此之役也得到其他氏族的肯定，更得到黃帝的器重，因此可以正式參贊軍盟會議。她們認為戰略必須調整，不必急於在黃河尾段迎頭痛擊，因為天時地利都不符合，大霧灘泥、丘陵窪澤讓草原作戰的靈活騎兵喪失作用。

誘敵深入，逐點建堡斷敵軍後路

因此，她們建議先在冀西地段保持正面縱深防禦，放鬆對黃河尾段作戰，誘使蚩尤集團貪功躁進，一路竄過黃河。等到誘敵深入的戰法奏效，立刻斷其歸路、絕其糧草，將蚩尤圈在冀南一隅而長期困之，其勢必竭，而後滅之。

黃帝問：「何以斷其歸路？」

女巫群主張，大車團沿著黃河尾巴段邊緣集中，分成兩批走，前批以土方營造為主，車行兩日即停，立刻挖溝築堡；後批資糧軍需馬上供應補上。每個圓環堡限三日內完成基本結構，先搶時間，再利用閒暇逐步增添各項設備。

這些圓環堡（俗稱土圩）要建構到哪裡為止呢？一直要建到黃河寬闊處，為了搶時間，必須徵集大批奴工，先建前哨堡，後建主力堡，最後連結成封鎖線，徹底斷其歸路。

黃帝稱善，並從陝甘地區調集大批蓄長辮子、中亞混血的奚奴，撥交女巫群訓練使用，其中多數人從事土方營建，少部分具有工藝巧能者則製作東北特殊長弓。因此，史書稱「黃帝發明弓矢」，其實也算對了一半，因為沒有黃帝提供的人力資源，弓矢也無法量產。

◎從啚站到驛站

啚

甲骨文作等形，即烽火警戒關哨。

圖

根據啚站，再補上河流峰谷走向，就成爲地圖的圖，金文作，小篆。

俞

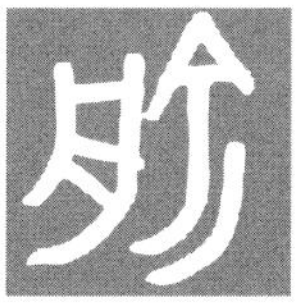

甲骨文作，金文，指的是碼頭兼驛站，是舟船運輸物質的中繼站。後來舟形被約化成月形，即小篆。

戰事依舊膠著，女巫群默默準備了三年，大車團再度出發，掛上了的龜形旗徽，象徵走得慢，但有硬殼甲保護，情況不對就立刻縮回頭腳，能奈我何？

斥候游騎兵增加一隊，大批奚奴兼具輿夫（）和長矛兵，人員擴充一倍。第二批大車團除了供應軍需物資，女巫群還派出了測量繪圖員（巫工），選擇山陵險要之處建立烽火警戒關哨的「啚」站。另外，同時派出植物栽種員（巫工）確保主力堡的糧食供應；派出畜牧養殖員（巫工）確保車輛牲口的來源；派出文化藝工員（巫工）教導奚奴融合宗教習俗。

女巫群也將舟船技術帶到了大黃河段，每隔一日航程就設立碼頭兼驛站，使大西北地的軍備物質可以源源不絕輸往冀州前線，這種碼頭兼驛站就稱作「俞」。

蚩尤貪功誤判，一步走錯再難回頭

此時黃帝集團保持低調內斂的方式，厚培實力，不做大規模戰鬥，僅保持小規模的接觸戰。果然，蚩尤集團判定黃帝九敗元氣大損，不敢正面應戰，於是趁著黃河枯水期大舉穿越進犯，甚至把中原地區防守的苗蠻兵主力都東調北上，算是傾巢而出。

進犯之後，他們才發現冀州西邊的防禦極為堅強，平地起高柵，關關有寨，短短時間無法拿下。幾次尋找突破口都無功而返，等到後方糧食供應不足，又為了避免寒冬來襲，準備後撤時，才發現遲了。

當初越過黃河灘段，只見零星土圩，不以為意。沒想到三個月不到，各種大小圓環堡突然冒出，像繩索交纏般地橫亙在黃河尾段，死死封住路段。蚩尤發動攻擊之後損失慘重，好不容易打下一個圓環堡，稍一鬆懈，新的又冒出來，等到放棄攻擊，剩下零星隊伍就被堡內暗藏的游騎兵追上消滅，逼得蚩尤集團只好再回頭攻打冀西，看看有沒有突破的機會。

霜降了，後援斷絕，想要打劫糧食，但冀南早已撤離無有所獲，而冀西層層關柵，靠近冀東又是大大小小土堡群的封鎖線，客軍遠來宜速戰，不能坐以待斃，只好往冀北涿鹿衝出去，看能否衝到尚有大量牛羊群供應的圍場。

蚩尤集團的三苗正規軍身經百戰，不但八字硬而且作戰底子也硬，否則龍蛇爭霸大戰不會延宕數百年之久。若是以徒步作戰，按傷亡比例，蚩尤可以一對三而勝算。

天候轉壞，颳風起大霧，蚩尤率領最精英的部隊穿縫隙急行軍攻打涿鹿，沒想到黃帝軒轅氏早就在戰略中布好了局。四面八方的蚩尤軍，一股一股地從丘壑地形像幽靈般冒了出來，二萬三萬五萬地集攏了，攻擊隊伍也編成梯隊，突然雨水止、大霧散，氣候連續三天放晴。

車騎協同大破蚩尤，黃帝一統天下

軒轅氏的聯盟軍在涿鹿平原上緩緩出現，許多游騎兵後面都拖著二輪小車，裝滿作戰物資（沒有乘員），各氏族的長矛步兵群夾著弓箭手緊緊跟上。

午時，北面的軒轅氏聯盟軍已經組編成上百個環形車輛陣地，豎起擋架板，每車配置二人。弓箭手和預備隊在陣地中央區待命，少數騎兵守在環形車陣的周邊間距，來回移動巡走。各氏族的戰旗紛紛立起，表示準備完成，軒轅氏的主力騎兵分兩批，迂迴繞向東南、西南兩邊。

蚩尤集團這邊正激勵士氣，苗蠻軍大喊：「好漢不怕死，聖軍能捱餓，吃敵人，用敵人，拿敵人。」巫師也在念咒催打戰鼓。

酉時，利用黃昏視線不明，蚩尤正規軍全面帶盾牌衝擊，忽東忽西，主動尋找防禦弱點。車陣內的弓箭手依游騎兵指示方向，朝人群密集方向射發。苗蠻兵儘管死傷不少，還是衝到車陣前緣，藉盾板作跳板，如猿似猴，紛紛躍過牆板。沒料到，車箱蓋上全是竹尖倒刺，阻擋了攻勢，少數踏過屍體的蠻兵，正與長矛兵糾纏成一堆，部分防守薄弱的圓車陣已經被滅掉五六個。

戌時，圓車陣改用沾油火箭射發，防禦轉強。亥時，苗蠻兵將劫奪來的輪車，用敢死隊方法，連人帶車撞向車陣，死了就換人再撞，又有幾個車陣硬是被撞了開來。

子時，戰況吃緊，蚩尤苗兵專找弱的打。丑時，又有八、九個車陣被滅了，游騎兵急忙指示其他車陣的弓箭手朝自己防禦的方向射發，暫時遏止攻勢。

寅時，苗蠻隊伍徒手後撤，換上第二梯隊續攻。卯時，軒轅氏的主力騎兵開始從南邊漸漸完成包抄，蚩尤苗軍來不及休息整補，被迫兩面應戰。

辰時，整個戰場態勢已經明朗，蚩尤主力傷亡過半，黃帝聯盟軍損失有限。巳時，聯盟軍環形車陣拆樁，開始向左右翼移動，重組新陣地，形成半月形包圍。

午時，西北後方運輸來的運需物質補上作戰基準量，遞補人員到齊。未時，蚩尤軍改以屍體疊層做成防禦陣地，攻勢轉成守勢。

酉時，部分蚩尤軍無糧無草，居然冒險主動挑戰騎兵，搶食馬肉，爭喝馬血。戌時，聯盟軍火攻開始，雙方僵持到天亮。清晨，蚩尤殘軍尚具有戰力的已經不到二成，聯盟軍弓箭手已經由車陣中走到前沿第一線，直接挽弓射矢。

中午，苗蠻軍將搶奪來的長矛集中，由蚩尤王親自帶頭，兩邊是盾牌兵保護，防禦密集箭雨，中間是長矛槍，變成一條蟒蛇陣，主動朝軒轅氏的騎兵隊伍進攻。聯盟軍沒想到會有這麼一招，而且居然朝最強悍的草原游騎兵做自殺攻擊，弓箭手來不及反應，短短幾分鐘，原野上一條大長蛇就竄了出去。長蛇動作靈活，很快就把部分騎兵圍成小圈吞噬了，但是蛇陣也愈打愈短，傷亡殆盡之後，最後只剩下蛇頭。

蚩尤一不做二不休，將少數搶來的戰馬編成最後的小隊伍，朝向軒轅氏的盟主旗捨死衝鋒。這些一連串的精彩戰法，即使是敵對陣營的黃帝也好生敬佩，蚩尤的下場儘管落得如此，還是一位值得尊敬的對手。

世紀大戰結束，從此九州一統，黃帝有容乃大，追封「蚩尤」為戰神，並刻其像傳諭各地，同時也對三苗九黎的老弱傷殘並無為難。

一直到了帝堯時代，情況才有變化。《尚書．堯典》說：「流共工于幽州，放驩兜于崇山，竄三苗于危。」危即古代的瓜州，現今的敦煌。那是當時帝堯為平亂而做的措施，苗黎各族退出豫、魯、徽、蘇、荊各地，向閩越遷徙，乃實力懸殊的自然結果。

受封子國，一步步商貿屯利

帝感念女巫群戰爭奉獻之功，同時也考慮到遼西大牧場的實質經營管理，就在遼西的紅牛河下游封女巫群一塊領地，國號為「子」。簡單說，就是女巫之國。

至於原始殷商族的男性，則是到帝堯之後才在天津附近受封為「小殷侯」（數十個侯之一），整整晚了同族的女巫群一百年。

這時殷人經濟已經轉型為半游牧、半商貿、半農業文化。雖然在世紀大戰中，殷人損失不少人口，但政治地位獲得確定保障，同時也擁有九州通商的當然權利，此為殷人日漸壯大的基本原因。那麼，殷人又是如何發展經濟的呢？

❶繼續承包帝堯、帝舜所需的軍需物質，涵蓋弓矢、甲胄及車輛。

❷供應馴化過、改良過的牛隻，配合農業文化的興起，輸往中原及江南。

❸製作精緻的絲帛材料，供應朝廷及諸侯。

❹釀造各類醇酒，一試成主顧，再試定終身。

❺一邊商貿，一邊記錄各地山川水土及物產人文之奇異，做為日後買賣通市的依據。《山海經》一書，就是女巫群長期觀察記錄下來的輿誌檔案。

❻殷人不尚武，半個游牧是偏於養殖獲利而非針對戰鬥；半個商貿是不搞對抗，你要我給，默默經營。全族皆商人，有女則成巫，縱使在最複雜交錯的環境中也能降低矛盾，保存實力。

❼善用人力資源，有奴隸制度（其他氏族亦然），但實質上為僱傭關係，比起他族待遇合理而鮮少叛逃，歸化之奴稱為「奚」，有貢獻的「奚」，殷人甚至給予貴族階級認證，如，可以與殷人通婚，並無隔閡。殷

◉奚奴的身分辨識

這是蓄著長辮子的歸化奚奴，殷人與這些中亞混血的奴隸，像僱傭關係。

有貢獻的奚奴，殷人會授予貴族階級認證（如圖）；他們可與殷人通婚。

人初期人口不到夏后朝的十分之一，能取而代之，善用人力資源實為極大關鍵。

殷人的貿易路線

大致來說，殷人的貿易路線兵分兩路：一是利用舟船走水路，一是大車團走陸路。若以支線劃分，則可分為以下幾條貿易路線。

其一，殷人在堯舜在位時期，舟船隊仍舊沿著大河（即黃河）接駁往來，在河畔的「俞」亭、「俞」站（功能如陸路的驛站）通市，最遠到上游的邊界站鄭州。

其二，大車團走支線，一條由遼西沿漠南草原線，到達晉北，每年出發一次，半年去，半年回。去時攜帶工匠、滿載貨品，大約每十日行程就設一大「屯」，屯當然就是貿易站、糧站，甚至兵站。「屯」的取得方式不是靠武力，上古時期並無共同通行之貨幣，一切以物易物，殷人擅長賤買貴賣，賺取差額數倍，先不忙著易「物」，而是易「地」。問題來了，彼此文字不通，易地要以何為憑呢？女巫靈巧，借祭祀山川神鬼之名殺牛烹羊獻酒，邀約地主氏族參加，一方面活絡感情，二方面神靈見證、全族見證，無由諉賴，頂多加上氏族信物封罈滴血為記。

有的氏族急需貨品，提供的土地未必合乎殷人要求標準，手邊也沒值錢物品交換，那要怎麼處理呢？很簡單，就改成以物易「人」，童男童女先考慮。這些「人」當然是經女巫鑑定挑選過才收下，因此殷人的「奚」素質平均，甚至還特優。

其三，另外一條支線，則由遼西到遼東，沿錦州、瀋陽轉鴨綠江畔，也是一年一團，半年去，半年回。以南方貨品易北方物品，由於大風雪等天候因素，就改成每五日行程設一小屯站。

其四，尚有近海航行線，由天津河口至山東群島至浙江寧波、紹興。殷人為什麼要特別祭拜風神，這與航海安全大有關聯，先從地名說起，如寧波就是希望大風止息，能夠安寧，巨浪不揚，波濤平靜，可以出航。還有浙江之浙，原名為「析」或「折」，上古時期大颱風吹襲地點並非福建，而是浙江，樹倒木折年年有之，遂以此命名。

◉東方的方位神「析」

這是「析」的甲骨字，為東方方位神專名，因為颶風由東岸的浙江登陸，折斷樹枝而使之分離，因而命名。卜辭可印證：

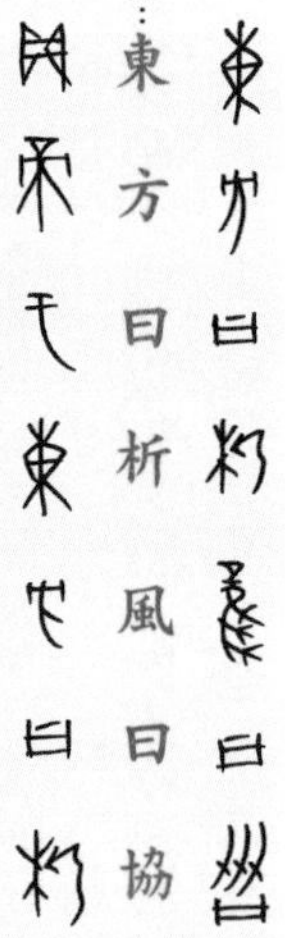

〈綴二‧一五八〉

直譯：東方曰析風曰協

〈合一六一〉

直譯：貞帝于東方曰析

商貿走向武裝拓殖

子國女巫群沉潛經營商貿兩百年，累積了相當豐厚的資財，加上商貿數量種類日漸龐大繁複，因此與遼東同為子姓的殷侯合攏起來，從貿易路線向周邊進行武裝拓殖，也就是「實邊」計畫。

由「屯」之孤點連成走廊線，再由走廊長線伸展拓殖之翼，重心放在東北，進行相當規模的農耕，確保糧倉豐盈，進可攻，退可守，今後不虞匱乏。包括世紀大戰在黃河尾段所遺留的大批土圩土堡也重新啟用，實邊及拓殖拓墾的人力資源都由商貿招引（包括買奴）而來。

為何要武裝呢？這是因為初期拓殖區域往往遠離既有屯堡，若無武裝，隨時會被侵擾破壞。而新的拓殖拓墾區經過三五代，就能自我防衛，不必事事仰賴母國。

武裝拓殖是系統性的精密作業，由女巫指派女史統籌管理，由子國出資金，由殷侯出武裝，兼出各種工藝巧匠，是個小型但功能俱全的移民社會，把兵站、糧站、貿易站的功能全部涵蓋了。

這種新式的武裝拓殖，要比明朝的「衛」所來得高明。明代的衛所（戍邊）只開墾打仗，不能營商作生意，而且是固定式，不能移轉戶籍。一旦人口孳生，土地分配就愈來愈小，又沒資金挹注，終成大患！殷商人就沒這個問題，哪裡有生意就往那邊設「屯」，發展空間很寬，光是半個東北就花了五百年才消化完畢。

別小看這些新的移民社會，在巫史教化之下，有特殊的文化凝聚力量，這是殷商王朝真正的根。在甲骨文獻上，各地或有抗命、謀反、勾結異族等情事，唯獨東北，千年相安無事。

殷商入主中原（豫、晉）正式建國，商貿路線除了原先的四條之外，再添二條：

一條是西蜀線，由寶雞至漢中、成都，並以成都為大西南貿易總站，西向銜接各種神祕幽遠的陸上古絲路，通藏印、緬甸、泰寮，東向到達滇、黔。西蜀線又稱黃金線，原因何在？成都湖泊區是稻米糧倉，可以自給自足，不像西北苦寒乾旱要仰賴內地轉輸糧秣，支付成本太高。隨便打個小仗，就要耗掉十餘年歲收，極不上算。

西蜀線不但自給自足，而且參、珠、革、貝、絲、酒、銅（古皆稱金）銷路極好，貨到即空，價格翻倍，而大西南的特殊藥材到了巫醫手中，價格又是翻了十餘倍，一北一南蒙頭蓋面，真是獲利無算。

不過這條黃金線也是死亡線，常有羌人、西戎打劫，有些女史巫官還慘遭殺害。甲骨卜辭中為了維護黃金線，幾乎是歲歲年年要去伐羌（不伐不行）。羌人甚為狡詐，他們從不打正規戰，逼到後來，殷王只好僱用贏氏族（即秦之前身）當傭兵。後期的商王為了省事，乾脆將部分路段（包含屯站）委外經營，使贏秦坐大，實乃失策。

另一條是荊楚線，即由洛陽下襄陽，再由南陽直穿到江陵（荊楚），以江陵為長江流域的總貿易站，這也是上古原始殷商族的船屋發源地。原始殷文化（古老的巫文化），在此保留較為完整。

荊楚線的貿易大宗是銅器換漆器、毛裘換象牙、牛馬換木材、玉石換醴酒。

荊楚線還有一條餘線，從江陵乘下水船到贛（江西）南昌為止。贛字古義為「推磨旋轉」，即採礦石磨碎的意思。此線供應殷商王朝的銅和錫（就地開採、研磨、冶煉、鑄造）。

◎殷人的車輛大觀

為了維持商貿交易，殷人的造車技術提升很快。以中期的武丁朝來說，就有以下六種不同形制，其中的「貿易招商車」供長程商貿軍團使用，附有夜間照明設備。

兩輪的小戰車

旅行用的箱形車

四輪的長貨車

工程用的運輸車

王室級的馬車

貿易招商車

專題探討

軍旅併行，殷商人的武裝商貿拓殖

旅

甲骨文： 金文：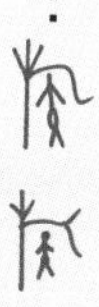 小篆：

甲骨文的旅字，最初當作商旅的旅，也是大車團出發之義。但其字形用的卻是正式作戰的軍徽旗，後來還與軍旅混用，原因何在？因為大軍出征，大車團必須跟上以便供應各種軍需，這就是為什麼軍旅會合併混用。而真正的戰鬥部隊稱作「師」，不是旅。

師

甲骨文：𠂤 𠂤 𠂤 金文：𠂤 𠂤 小篆：師

甲骨文的師字以𠂤 𠂤 𠂤來代表，突竟是指何物何事？查閱許多經典，都沒能給出一個確實的說明。從已出土的殷商甲冑及上古玉器來考證，才破解了其中謎題。

由於甲骨文字體的動物類、器物類，往往會為了配合長條形的竹簡而側豎寫之，因此不必太拘泥於正看或豎看。這個𠂤形，就是當時征伐作戰的「護肩甲冑」。考證實物才發現「護肩甲冑」的工藝難度極高且製作曠日耗時，隨便一塊連結甲革鑽孔的綴片，都要配合人體工學弄出精準彎曲的特別弧度，才可以搭得上肩頸，既貼身又堅實。這些綴片的選材是用硬度較高的上等玉石，經過長年累月的細膩打磨方能製作完成，好的工匠一年也不過能承做五六件，難怪會以𠂤當作「師」之表徵。

2 泱泱邑商，通貿八荒

看武丁以商振興國力

大邑商五百餘年，能夠維持極其繁榮甚至奢華的生活方式，就是把「商」字鑽研通透了。其中的關鍵人物就是武丁，武丁是商朝第二十三位國王，自小生活於民間，繼位後勤於國政，勇於任事，在妻子婦好的幫襯下，拓展了商朝的版圖及勢力範圍，促進中原地區與周邊部族的經濟與文化交流，成為多部族融合的泱泱大國。

事實上，在武丁之前，殷商的國勢已經衰微了，以下就來看看武丁中興是怎麼辦到的。

——編者的話

殷商中期的盤庚七遷都邑，大肆建設，重心偏於晉豫冀三省，對於南方淮河流域並無直接控管，泰半委由夏朝所遺之侯伯經營，是個鬆散的邦聯形態。

商湯原先的用意，是讓夏朝殘留歸順的諸侯方伯繼續面對淮水以南盤踞多年的苗、黎、侗、壯、濮、越等等諸夷，借二者之間的長期矛盾來取得平衡與緩衝。唯時日一長，各種弊病就開始蔓延滋生。

不過，這些只算癬疥之疾，真正的大患是來自於北邊騎在馬背上的民族，包括戰鬥力極強的匈奴族、突厥族，卜辭皆泛稱為鬼方。盤庚之後的商王，比如小辛、小乙，對此情況也無法根本解決，為什麼？

其一，真要調集各路兵馬出關，茫茫草原，無邊大漠，看不見半個人影。等到五穀豐登快過年時，數萬匹戰馬卻倏忽越過黃河南下搶糧搶人，席捲一空揚長而去，故稱鬼方。

其二，通往西域貿易的大車團，雖有強悍傭兵保護，但行程太長，意外頻傳，有時整批貴重的絲帛淪於敵方，血本無歸也就算了，更麻煩的還要付出第二筆贖金，贖救女史女官。

除此之外，在西蜀大西南的黃金貿易線上，羌人也常湊熱鬧，隨時隨地以游擊方式打劫，防不勝防。有段時間，殷人的貨好質高廣受歡迎，貿易量倍增，但收益的黃金反而只剩下一兩成，長此以往，將何以繼焉？

傳到了高宗武丁時，居然翻轉了這樣的被動性局面，還開創出新文明盛世。武丁少年就遊於荊楚各地，聽說中亞專出混血美女，也跟過大車團西出塞外，窮其究竟。武丁天生積極好動，加上資質聰穎，長相俊逸，很得女巫群的衷心協助，雖然弱冠接位，但處理國政，頗有遠見。

他首先訂出長期策略，攘外必先安內，安內必先換人換土扎下自己的真根，不能再像前朝只圖短線的安逸省事，處處依賴外姓諸侯、外籍傭兵。接位第三年，武丁就小伐荊楚，目的不在滅族得地，而是要徹底打通華中漢水至長江流域的航運線。

小伐荊楚，打通華中漢水到長江流域航運線

武丁由丹江用舟船，一路朝漢水掃蕩，配合一組大象兵團，將一些素行頑劣的聚落全踏平了，重新立屯立堡，交戰沒多久，荊人就降了。楚人原先不信邪，認為北方人只會乘車騎馬，不擅於舟楫，萬萬沒想到水上來了一批重裝備，是一批船首畫了大眼睛的艋船。這些艋船並不急著上岸，專找渡口船隻收繳，不服者火焚。楚人曾試著頑抗，沒多久就發現運輸線全斷了，傷患不能後送，只好接受談判。

談判的地點在襄樊，女巫群舉辦了一場大型的山神祭、水神祭，祭典非常豪華，楚人算是開了眼界，心裡也服了幾分。由女史出面，雙方很快達成共同開發長江重鎮江陵（荊州）的協議，楚地升格為諸侯國，但國中有國，上有中央直轄的這個國究竟在哪裡呢？就在長江三峽，控管巴東出入的戰略要地——秭歸。

秭歸不但控管三峽出入門戶，也是川鹽運輸道的轉運站，旁邊的白帝城河灘上，仍有殷師煉鹽鹵的生產基地，一條條若短堤防的石壁，共計六十餘道，隱含八卦的數目。後世唐人誤以為是蜀漢諸葛亮在此布陣，爰以留詩：「功蓋三分國，名成八陣圖。江流石不轉，遺恨失吞吳。」

在秭歸駐軍（全是殷人，非傭兵）有另一層深意，那就是封鎖巴人（即濮人楚人混血）不准出

川，防其坐大。另有夏后朝遺民（彝族）也盤踞大巴山、巫峽活動。夔峽，當時不過就是一個有很多猿猴的峽谷，像兩片高大的蚌殼打開一條小縫，滔滔長江水急奪此道奔瀉而出，如李白唐詩描寫：「朝辭白帝彩雲間，千里江陵一日還。兩岸猿聲啼不住，輕舟已過萬重山。」

「夔」峽，地名用這麼難寫又不好念的怪字，原因無他，是夏后朝遺民為了紀念「夏夔」（即帝嚳，或稱帝俊），而這位黃帝曾孫的圖騰就是（猿猴）。當時巴蜀及成都大沼澤（水還沒退乾），已經是罪犯的天堂、冒險家的樂園，羌、藏、越濮、緬、傣、黔、滇，各種古怪離奇的氏族全都雜居其中，山頭林立，無君無長，彼此各不相隸屬。

可是此地偏偏為西南絲路的大貿易總站（在成都附近，三星堆古城），每年上繳王室的黃金占全國一半，不能不看緊。經過五年增派各式女史、女官整頓了貿易路線，絲帛、革甲、珠貝由子午道經漢中，走廣元、劍閣棧道，下成都；而黃金藥材、鹽酒銅錠，則由宜賓行下水船到秭歸、江陵，再溯漢水進貢中原。

大西蜀鬆懈的一環旋緊了螺栓，武丁就全心建設江陵，保穩華中水路通暢，也大量採購楚人砍伐的上材木料，正式建造雙層運輸船（改用半尖底）。殷人的工藝水準領先全國，當然造得出來，可是數量遠超過實際需求？用意何在呢？

荊

金文： **小篆：**

居於湖北漢水流域的蠻族。小篆作，字從刀形，是人形之誤寫。按金文皆作，像人的雙手並用編織竹籐。

楚

甲骨文： 小篆：

楚字的甲骨文是說此地四周大林木，野生叢林交通不便，要靠「腳」走很久才能到達。楚人九彎十八曲地與黃帝攀上血統聯繫，自稱為祝融之後，原有八姓都被滅了，只剩下人數最多、但文化程度偏低的芈芈氏族。芈，念羊咩咩的平音（羊叫聲），是一支在深山養山羊、不問世事的牧族，遠離戰火是非，反而保存了實力。後來芈氏的貴族皆姓熊，並以此為圖騰。

秭

甲骨文： 小篆：

秭原先從𠂤旁，甲骨字作，指的是軍（師）長期派遣的駐地。後來變成禾字旁，是後世楚國文字，代表駐軍屯田的意思。，甲骨文作，金文作，即鑿井開源的意思，讀音為止，不能誤作彔字。以秭歸為地名，歸為凱旋歸來之意，兩字合起來念，代表遠征軍正式進駐，威鎮荊南巴東並凱旋歸來。

淮南削藩，沿江驅夷

武丁少年時，曾在淮南的政治中心徐州作客（當時的諸侯子弟交流政策）。徐州古稱彭城，彭不就是打「鼓」的象形字嗎？沒錯。至於上古徐州大彭國的立國始祖，就是彭祖。

《楚辭．天問》：「彭鏗斟雉，帝何饗？受壽永多，夫何長？」彭祖，何許人也？彭祖本名錢鏗，為黃帝直系第八世孫，其父陸終娶了鬼方氏（突厥、中亞混血）首領的妹妹，是個金髮碧眼白皙的美女，孕三年生六子，長子為昆吾，老三就是彭祖。彭祖原先居於甘肅天水，後逢大戎亂族，流落西域，幸通母語，戎狄放之。轉入中土，在帝堯出巡天雨無食時，彭祖親射野雉，做羹湯以獻，帝讚之；又善擊西域鼓，吟唱俱佳，帝悅之，賜封徐州之地以制淮夷，國名為彭。

故彭祖後人皆以封地為姓，至於說彭祖壽八百，卻是竹簡訛誤。原意是指該氏族基因好，壽元（壽命）平均皆在八十至百歲，結果脫字漏抄，就變成彭祖壽八百歲了。

武丁個人對彭人有好感，彭人長得俊美又善擊樂鼓，天下名鼓盡出於彭，絕非浪得虛名。但是彭人與周遭淮夷的關係搞得太好，太曖昧，犯了武丁的政治大忌。武丁檢閱竹冊檔案，詢問老巫老女史，發現每逢黃河氾濫或乾旱，大邑商不但徵不到稅收與貢品，還要開倉倒貼米糧，加上淮夷心目中只有彭而無殷，該地區的生產方式太落後，而人口結構的複雜性又難以教化役使，這種種原因讓武丁倒抽了一口冷氣。

萬一有天要傾全國之力在陝甘寧與鬼方（匈奴、突厥）大決戰，後方腹地是絕不能有任何閃失的，趁現在問題還沒爆發，還沒到尾大不掉的地步，趕緊動手削藩，以杜後患。問題是怎麼削呢？手段過於激烈，方法過於粗糙，都會釀出亂事。

武丁決定了一個人口大洗牌的策略，以建築工程隊為主、農業技術為輔，從南陽出發，宣稱要治理黃淮大水道通航，並把洪氾區隔開，所以必須強制性移民，大小運輸船隻全在長江安慶結集待命。

周邊許多與子姓有嫡親的小邦，通通都動員了，務必執行大水利工程計畫。這個理由真是師出有名，無人可以抗拒，此為硬的部分。

軟的部分，是派出所有能調動的女史、女官、翻譯等等，廣招屯田軍伕，以「十年為期、雙倍餉俸、美女在崑崙」為號召口號，統統移駐晉北陝北要隘關寨，唯限單身，不准夫妻同行，不准父子同隊，這就是有名的南奴北調。

這一著棋下得好，立刻就把三苗九黎殘餘勢力中的精壯全都誆走了。剩下的老弱病殘，給糧給水給衣，用雙層運輸船出海，走閩、浙、粵，甚至海南島，遣回桂、滇、黔老窩。

每空出一塊區域，工程隊立刻動工拆除原有聚落，重新完成土圩土堡。每堡之間的通行（一日路程）要掛腰牌，若有逃逸人口出現，立刻追捕緝拿。淮南有個地名稱作「宿遷」，短短兩個字保留著這一段辛酸歷史的縮影。

這些新完工的土圩土堡，誰來使用呢？周邊的空曠地做何利用呢？答案很簡單，北奴南調，周邊空地全部改種桑樹及藥材灌木，整個地區改成紡織業的供應基地。

過了兩年，水利工程隊逐漸逼近了徐州，武丁看到時機也成熟了，便從山東調來東夷族部隊，走蘇北南下，遙逼彭國，長江安慶也集結了一批楚蠻軍（以籐代盔甲），三面合圍，正式削藩。

大彭國的長老漏夜急商對策，做出一個結論：硬拚之下，不止亡國，甚至可能亡族，三十六計走為上策。因此他們不戰不抗、不貪不戀，主動放棄五百年的基業，進行一場有計畫的大撤退。如何撤呢？

- 近東線：從安徽歷陽（和縣）遷到浙江臨安，天柱峰下。

• 東南線：從徐州南下渡長江，轉入鄱陽湖，最遠到贛江上游的桃江一帶，與武夷山西面的山越族混血融合。

• 西北線：撤退到河南西部魯山縣東南，近南陽襄陽交界的山區，日後融合成楚國之民。

• 主西北線：以彭國王室為主，將直系人馬經河南澠池盤繞到陝西泉縣，一部分留守人員與羌戎族混血，變成彭戲族。直系人馬最後買通嬴秦開關讓路，到達甘肅慶陽西南的「彭原」定居。

• 西南線：這一組人馬全都是工匠青年，大約是姊弟組，也不知用什麼手段搭上安慶往江陵的上水船，再從江陵轉澧水到恩施，轉利川到重慶（古江州），即巴國的地界。

這種有計畫的大撤退，倒讓武丁有點意外，所以就睜隻眼閉隻眼任由離去，並准許邊鄙賣糧供水，此為日後在鄂、湘、黔、滇、蜀的山區民族有許多彭姓的由來。

西南線的這批彭國青年人數雖不多，卻改變了整個巴蜀的政治結構與文化生態，引發出後面一連串不可思議而又吊詭的三星堆傳奇（見354頁）。

淮南地區，經過十年的人口大移民政策，桑麻遍地，紡織成了氣候。彭城地名依舊，只不過分封給多子族（嫡親氏族），大彭變成了三塊小彭。

北奴南調的方法，變成新興而有效率的生產隊伍，經濟結構轉型成功。

武丁添后，婦好出線

二十年很快就過去了，武丁王朝累積了不少財富資源，採礦冶煉、澆模鑄造的工藝水準已達顛峰狀態，除了禮器祭器之外，大量的冑甲兵戈、車馬重裝備也準備周全了。

武丁在此期間，有了第二個法定的配偶，那就是考古學家最好奇的「婦好」。這婦好的「婦」，可不是家庭主婦的婦，而是比朝廷命婦還要高出一階，等於是「后」的代稱。這個「好」，也不是女人生了兒子就好，是指從「子」國挑選出來的極優女子（子國女巫群未必統統姓子）。古人以國族或封地為姓極其自然，並不代表本來氏族的原始姓氏。

「子」國的政治地位和經濟地位，早期是與大邑商（商王）平行，沒有自己的軍隊，但有整批整團的女巫、女官；也沒有正式的封地，原先在紅山文化邊緣區的封地早已化作乾旱紅土，後來在晉北雁門關旁的巫咸國（山海經如此稱呼），也受到鬼方戎狄的長期侵擾，等於淪陷了。勉強要找出一個像羅馬教皇梵諦岡的據點，是依附在遼東南邊的「孤竹國」。

史書上有記載的孤竹國，被曲解了很久，正式的名稱應作「巫群智簡國」（見276頁）。巫群智簡國後期採取巫官男女混合制，並沒有堅持母系社會單方傳承，這是因為社會分工愈來愈精細，加上君權上揚、巫權低落所致。庚丁在位之後，女教皇變成男教皇，一點都不意外。

在回過頭來說說「婦好」。「婦好」是個身材高大的女子，來自東北，父母皆是巫官，從小就隨父母派駐各地，很能吃苦，所以披上甲冑，號令隊伍一點都不含糊。前前後後，她代夫出征親冒鋒鏑，一共打了十七年的仗，奠定了武丁王朝的盛世，很得武丁仰重，並將其子冊立為太子（孝己）。可惜婦好長年征戰，把身體拖壞了，大約四十七歲左右（依卜辭對比）就含恨辭世。太子孝己失去母親的靠山，又無老臣護持，最後被新后讒言放逐，抑鬱而死。有關婦好的傳奇，將於另篇補述（見296頁）。

建長城守邊鄙

殷商的歷史邊患，首推鬼方，甲骨文作吕 吕等符號。方，是指外邦國族氏族與活動地區的混用語，那鬼方盤踞的地點在哪裡呢？大致在陝北、寧夏的無定河流域一帶，鬼方有時會聯繫晉北的「土方」、甘肅的「羌方」，以及龍方、亘方、需方、[illegible]方、馬方、[illegible]方、印方、井方、[illegible]方、[illegible]方、逆方等十餘個游牧民族，聯兵進犯河套，共同瓜分戰利。

武丁年少旅遊各地，曾跟大車團出邊塞，對西域風土民情並不陌生，不會像漢武帝前期貿然派大軍遠征漠北，以步兵對騎兵，付出重大傷亡損失。但，武丁又要如何嚴防邊邑呢？

中國第一位建長城守邊鄙的君王，就是武丁，當時的土夯長城，現在都有許多遺跡可以考證。土夯的工程技術並不遜於現代，土夯長城是依山川地勢分段修建，城頂稍微朝內斜，逢雨天，雨水皆落於城內，而不流於城外。城門有關口，關口旁就是大屯站，每十里就設一小屯，彎彎曲曲，順地形由長城緊抱。

平常，戍守兵員及軍伕（一兵管一伕）耕地稼穡，畜養雞犬，自給自足，有糧可儲，生活方式與戰鬥條件合一。年長退伍的士卒，在城內有公田供養，人人在此生根，一旦有戰事也不跑了，全都上陣拚了。

當然，也有被鬼方強攻破陣的關隘，但也讓對方吃足苦頭，長城邊鄙不再是那麼好啃。這種以工程加工事來減少傷亡的守勢策略，符合實際狀況，又能以空間換取時間，讓周邊地區可以應變，不至於驚慌失措。

大邑商沒別的長處，就是講信用，雙餉俸不改，繼續延用，願留則留。每年秋後，還令各諸侯子弟將上貢朝廷的部分貢品轉赴邊關宣慰。

當長城邊鄙慢慢穩定安全之後，武丁接受了女巫群的建議：西北邊鄙人口太少，進屯後鹽酒一律半價，採行中國最早的專賣貼補政策，粗帛布料亦同。

這一著果真吸引不少戍邊人員的親屬氏族紛紛前來申請屯田，沒幾年光陰，晚上漆黑寂寞的邊塞居然有了生氣，燭光長照的小市集零星出現。更有趣的是，部分比較和善、通語言的游牧民族，每逢月圓，私底下也會進行邊境貿易。

武丁並不禁止這種微妙變化，反而暗令女巫群出黃金價購好馬，對西戎人誑稱國內逢瘟疫，牛馬死了不少，貿易商團的大車隊正急需使用。至於西南方面，舉凡贛州的銅、滇銅、蜀銅（係指初步煉成的銅錠），全循水路航運，集中到武漢的蛇山附近，煉鑄兵戈盾甲及車輪配件，再循漢水運到中原。

武丁初接大位，正值鬼方、土方、[illegible]方氣焰驕橫之時，邊鄙屢陷，不敢揚聲，不僅割地賠款，還要裝作和善臉孔，宴饗對方，賞賜無數，以求兵禍平息。卜辭皆有登載鍥刻。然而，經過二十多年的沉著忍耐，厚積實力，武丁在位第廿九年，終於準備徹底決戰，反守為攻，卜辭有：

- 令婦好從伐土方〈方二八〉
- 登人三千，伐𢀛方，受佑護？〈續二、一〇、三〉
- 登人五千，呼見𢀛方？〈續一、十三、五〉
- 乙巳卜，爭貞，唯王往伐𢀛方，受佑護？

另外，他還派王后「婦好」迂迴遠征到鬼（𢀛）方的腹背——羌方作戰，卜辭：

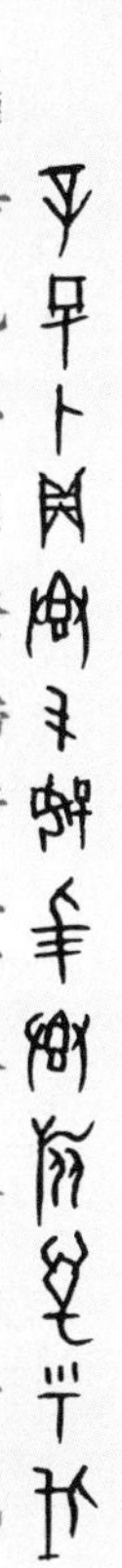

直譯：辛巳卜貞登婦好三千登旅萬乎伐〈庫三一〇〉

同時也令長期培養的附庸國將領□、□、□、多臣、多□（以上皆為人名），分批率兵圍剿與鬼方交好的氏族，切斷彼此的互援聯繫。

武丁在位第三十一年，土方、□方、□方招架不住新式的車騎，潰散不成軍，請降。第三十二年，武丁親自率師旅車馬出關，遠赴甘寧地區，直搗鬼方的大本營，進行最後的擒賊擒王。這一回，武丁是真動了怒氣，丁口無分老少全戮之，不受降。

俘獲女口，分排列隊由各附庸國挑選帶走為奴，殷人不收，等於滅族了。鬼（□）方從此由歷史消失，無任何訊息，不復見於武丁以後的卜辭。

盤踞西北三百年的凶猛鬼方，今朝滅盡，武丁一吐胸中鬱氣，但他可沒大勝後的狂妄。他不像漢武帝一樣，急著趁勢拓展河西四郡（武威、張掖、酒泉、敦煌），只是簡單問了子國派來的隨軍女史（女官），此地究竟生產何物？

女史打開歷年收集繪製的山川地輿圖，伸出手指說：「只產鬼盜。」武丁點頭莞爾，決定放棄這塊新征服的廣大荒原（寧省及陝北），率軍退回天水關，依舊維持原先的戰略守勢。這是一個很高明的謀略，退守可以蓄積農業民族的元氣；反之，急遽擴張與游牧民族爭鋒，不但獲不了利，還要賠上天文數字的軍費，獻出萬千枯骨。低調築城，徐徐屯堡，默默耕耘才是正著。

大邑商五百餘年，維持了極繁榮甚至奢華過度的生活方式，就是把「商」字鑽研通透了。乍看多條卜辭說武丁四處征伐，婦好連續作戰十七年之久，不少學者會遽以奴隸觀點切入，判定殷人喜好窮兵黷武，是個壓迫階級，這又是犯了「見樹不見林」的慣性錯誤。

綜觀全部卜辭，多數為求雨求穀求風，乃至於生育求子、疾厄、夢兆、祭祀、田獵、旅遊等等，「征伐」類的卜辭占不到一成，就算武丁與婦好仗打得多一些，也構不成窮兵黷武的要件。許多「伐」字，核其內容，推敲方國地望（山川水土等地理資料）及動機行為，有一半以上是維護經貿路線的通暢，保護邊鄙，並非滅其國斬其根；而許多「伐」字的規模也只局限在三五百人之間，巡行警戒、宣揚王法的意味反倒濃厚些。

殷商人口本就不多，以十分之一統治幅員廣大的十分之九的神州土地，是一種精緻細膩的管理藝術。殷商人敢讓土地委由外姓諸侯經營，甚至放棄土地委由外籍傭兵代管，但絕不讓商業利益。在商言商，此為殷人立國之基，不會無端生隙，故意征伐，占不到幾分便宜，反倒賠上大把白銀，殷人不會犯此膚淺的錯誤。

殷人講信用，所以商貿多年，遠至八荒，愈做愈火紅，維持了大邑商五百多年的富裕繁榮。唯有一件事絕不輕饒放過，那就是：戕我邑商（傷害貿易車隊人員），雖遠必誅。羌人有一族一直都犯殷人的大忌，劫貨劫人，女史也照樣姦殺。數百年來，殷人是恨之入骨，西北方面的數十個游牧民族，殷人都可以談和修好，唯獨特殊的羌人是絕不放過。卜辭中屢見到的祭祀人牲或殉葬人牲，都是註明「羌」字。

殷人的政治思維是中央集「金」，只要哪裡有生意做，就到哪邊去。重點不在占領土地，不像秦皇漢武非要搞中央集權不可。戰爭無外乎政治之延長，征伐不過是殷人維護商業利益的手段，談不上什麼窮兵黷武，也沒那麼多的階級壓迫。

省

甲骨文： **金文：** **小篆：**

初意為用眼睛去察看農田禾苗的生長狀態，會意指事成「省」。在晉北、陝北的長城邊鄙完工後的十周年，武丁還親臨「省」視，察看屯田缺失。此外，卜辭還有：

〈人二〇〇三〉

直譯：王 唯 田 省 亡 災

譯文：赴邊地有沒有危險？

〈乙七三〇八〉

直譯：王 省 行 西

譯文：君王要到西方邊寨巡視。

〈佚五三二〉

直譯：丁 亥 卜 貞 其 省 至 于 鄙

譯文：丁亥那天去長城的兵站（糧站）省察可以成行嗎？

從孤竹國到「巫群智簡國」

這些奇怪又生動的金文銘記，讓史家傷透了腦筋，得不出一個有共識的解釋，甚至有史家不察，把這個符號當成，最後解釋成最奇怪的孤竹國，還有文字學家解釋成「害夫」，都失去了真義。

事實上，這六個金文銘記都代表著同一個意思，它們都是一個國家的圖徽。這個國家的巫者四處傳教，因此可以稱之為「巫群智簡國」。拆解這些金文銘記的組成如下：

：是穹廬的符號，表示隨時遷移異動。

：中間的大眼睛，表示神靈之眼照射四方。

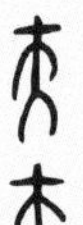：底下的人形，表示巫（女性）或覡（男性）戴了大圓邊冠帽。

：右為大祭師或巫舞的手足，左執祭器，底下從嘴唇（口），表示講古傳道。亦為「智」的初文。

：這種倒竹子形的符號在銅器銘文中出現多起，文字學家逕自當成「竹」字解，有

失周延。大家都知道畫竹節時，竹葉都應該朝上，甲骨文不論寫木、禾、麥、草等植物符號，都是按大自然現象朝上寫。但這裡的竹葉為何要朝下，還要折成兩半呢？這是因為要砍倒竹子，剖開削成長形簡片以便做成（冊）或（典）。

所以，在史書上被曲解很久的「孤竹國」，正式名稱應為「巫群智簡國」。這是一個位於商朝邊境的小國，是子姓氏族的一支。

◉巫群智簡國的旗徽

「智」的初文，下面的嘴巴代表開口傳教
折竹為簡，以傳文字
亞字形框是殷人貴族的代表符號
傳教士，大眼睛代表「天眼」

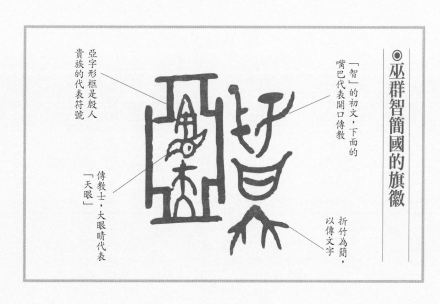

3 女巫國傳奇

中國第一批女傳教士

人數不多、勢力不大的女巫群，眼光銳利、判斷精準，先前在黃帝蚩尤之戰中立下戰功，後來又與商湯聯手打敗夏桀，得以在個個如狼似虎的勇猛部族之間，為自己找到立足之地。

但時移勢轉，眼見昔日的草原游牧民族都已紛紛坐大，她們又要如何以小搏大，隨機應用不同手段來力圖生存呢？

——編者的話

最早由黃帝賜封的「子」國女巫群，原先居於遼西紅山文化區東南端，適逢全球氣候大逆轉的乾旱期，苦熬了三百年，不得不撤離遷徙，最後冒險走漠南線，穿插到晉（山西）北五台山東北方的小綠洲，亦即《山海經》所謂的「巫咸國及靈山十巫」。

巫咸國此後策動了邊境游牧民族的反夏后氏聯盟，與遼東半島的商湯共同起義，互為呼應，配合靈活的經貿手段，很快就做出績效。前有虎後有狼，逼得夏桀走投無路，只好獻上金銀乞降，成湯得以代夏，堂堂入主中原。

照說巫咸國有大邑商在後撐腰，享有政治特權，又有急遽擴增的商貿網，理應欣欣向榮、歡樂千秋才對。唯事實偏偏相反，二百年後，昔日的草原游牧民族皆已紛紛坐大，如「鬼方」（指管不到的國家）占領了河套地區，陝北、陝中皆告淪陷，只靠嬴秦族傭兵勉力支撐陝南防線。

再比如「土方」，已從內蒙漠南進犯到晉北，三不五時還流竄於太原附近，加上殷商仲丁、外壬兩朝，因兄終弟及或父傳子繼的政治傾軋鬥爭而亂象頻傳，任邊政荒弛，這些游牧民族看準了農業發展形態的弱點，開始覬覦中原，屢屢做出窺伺動作。

巫咸國大舉撤退，另闢新據點

早年鬥爭的矛頭是指向夏后氏，現在可好了，鬥爭的對象轉成了殷商自己人，巫咸國夾在中間像個孤島，也快要變成箭靶了。眼見形勢轉化愈來愈不妙，巫咸國決定趁關係尚未正式決裂前做個計畫性撤退，因此，就循著以往的商貿路線，移轉到中原的安全地段。

這時候，殷王外壬駕崩了，由弟弟河亶甲接位，終止了兩朝內亂，準備重新振作一番，聞知巫咸國的女巫群紛紛撤回中原，當然希望留住。不過巫咸國的許多老巫史歷經滄桑，深謀遠慮，選擇離政治中心遠一些，以免日後又牽涉到無妄的王朝內部政爭，幾經協議，河亶甲將遼東南端的一塊寶地（今平州盧龍縣南）賜封給巫咸國的女巫群，那新的國號怎麼稱呼？

全銜是「巫群智簡國」或「傳教智簡國」，不過傳教二字的圖徽被後世誤解成「害夫」，智簡二字也被誤稱作「孤竹」，在這前一章中已經略述梗概，在此不另贅述。總之，智簡國是正式官方名稱，隱約含有子姓的巫法教廷意味。

智簡國遠離中原是非之地乃明智之舉，此半教廷式的獨立王國，一直拖到春秋之後才被齊桓公兼併消滅。

智簡國的女王（群巫之長）的確優秀，重新培植了女巫梯隊，恢復傳教士制度，並保留了許多豐富的史料檔案，更進一步將文字做了精緻周延的升階，為日後的漢字打下深厚的基礎。當時的官方文書，是用漆筆寫於竹簡、布帛，甚至羊皮上面，是一種有趣、描繪性質的殷商金文，甲骨文反而是王室內部專門占卜用的簡化體，並不通行於王畿之外。

墨

甲骨文： **金文：** **小篆：**

甲骨文的墨，是從黑從土（社），墨字原形，是指頭上戴了神徽面具的巫師象形，下從火，乃祭壇篝火，行巫法之義。下方加了土形（），那是指社，亦即神社的縮寫。傳教智簡國第一任的女王是「墨胎」氏，「胎」代表重新孕育誕生，墨胎兩字合起來念，即為子國的

為武丁訓練巫官，創校授徒

場景回到「武丁中興」。武丁勵精圖治，伐荊楚打通漢水流域，滅巴國（濮人）在長江三峽以東的盤踞老巢，王室直轄師正式長駐秭歸，經營江陵，連結長江水系的經貿區域，接著淮南削藩，沿江驅夷，因此急需各種政教合一的管理人才和技術團隊。哪裡去找現成又符合實際需求的人才呢？武丁只好頻頻向同為子姓的智簡國女王要求加派巫官支援。

讀者不免存疑，殷商王朝長年累月舉行祭祀儀典，難道沒有自己的巫師隊伍及女官？當然其中自有原因。武丁早年遷遊各地（諸侯子弟交流交換制度），曾經遇過真正質優、具有活力及法力的女史。他心中很明白，王朝那些世襲太久的巫官，根本只淪於表演性質，唬弄場面尚可，一旦要外放遠征打硬仗，憑真本領降服人心，那可就難了。

冊簡屢催之下，墨胎氏被弄煩了，親自啟程到安陽面會武丁，表達智簡國教廷為難之處和基本立場：承蒙看重抬愛，真是恩寵有加，教廷歷年所派出的女史、巫官確實都是上上之選，於千里之外啟迪教化，不但沒受到阻礙，還得到許多蠻族的敬愛。所依憑的，固為美貌，但還有才學，除了才學，還有博愛，除了博愛，還有忠勇——忠於信仰，勇於任事，這些都不是三年五載就可以調教成器的。況且，十年不到，大王的需求數量竟超過了五倍以上，本來千年巫法的真根及訣竅是傳女不傳男，現在教廷也破例了，大開男性方便之門，若再勉強教廷供應，只會濫竽充數，反而砸壞了你我的金字招牌，不是嗎？

武丁一聽也是，趕忙低頭拱起雙掌：「大姊，難道沒有別的變通辦法？」（姊弟國相稱，是子姓數百年來的慣例）。

女王墨胎氏站了起來，走了幾步，回頭坐著說：「唉，眼前只有一個辦法，打破千年規矩『巫法不外傳』。不過這事牽扯頗多，還得回去徵詢長老的意見，做一番溝通才好。這樣一來，大王就有自己專屬合用的班底，不也很好嗎？」

武丁瞬間被點醒了，一時激動，忘了身分就跳了起來，拉著女王纖嫩之手連連稱好。女王一時也反應不及，居然紅著臉說道：「我們幫……就會幫到底。」

智簡國的老女史深知武丁的最後宏圖，是要徹底解決二百年來的邊患，大前提正確且必需，事情很快就敲定了。由智簡國分出一半資深巫官，專程赴安陽著手分部的教育訓練。

智簡國的方法很獨特，先不急著甄選倩女、童女，反而商請王朝所有的「世婦」集會，那何謂世婦呢？世婦者，乃諸侯或盟邦派駐在殷王朝廷的特殊女官，具有侯國的嫡系血統，既是侯國聯絡官，也是王朝的職官。若是君王看上了，納為妃子，亦有成例。

這些女官（基於血統）泰半是世襲制，故稱「世婦」。從各地來的這些世婦當然代表侯國盟邦，所以基本的禮樂書數，甚至射御，都有相當水準。

智簡國的王牌巫官，就在王廷著手訓練上百位世婦，訓練的方法很妙，學科全免，術科就只是觀賞數百幅真本祕藏的《山海經》。這些全部繪製在大張牛皮上面，彩繪鮮豔，圖文並茂，每天只講個三五幅，講解完畢，立刻進行忘我式的冥觀冥思，任何古靈精怪的念頭皆可提出申論，再交叉辯論。辯論完畢，才說明法器用途、儀軌流程。

殷商王朝的靈山八巫正式出爐

畢竟是底子厚、條件好、反應快，百日之內全部授完，許多資深老巫史都爭相誇讚：「商有世婦，天邑之福。」朝中其他臣子都很好奇，何不直接相授本朝既有的巫官系統，那不正是巫之專業嗎？一位鬢髮已霜的退休女史忍不住了，說道：「巫還不瞭解巫嗎？她們已經油了，排斥學習不受教，講多了還不服氣，那就繞過去吧，免得大家傷和氣。」

半年不到，殷商王朝的靈山八巫通過嚴格考核，正式出爐了。這些世婦是由「婦好」帶頭率領，為了避免與傳統的十巫混淆名稱，統統改稱「司」，區分各種巫法專業職掌。

為什麼要略述這一段呢？因為在婦好出土墓穴棺槨上方位置安放了一頭石牛，上面刻了司辛（即婦好）的廟號，其他禮器上面也出現司兔丂等符號。許多學者誤以為

殷商王朝的靈山八巫名稱與職責

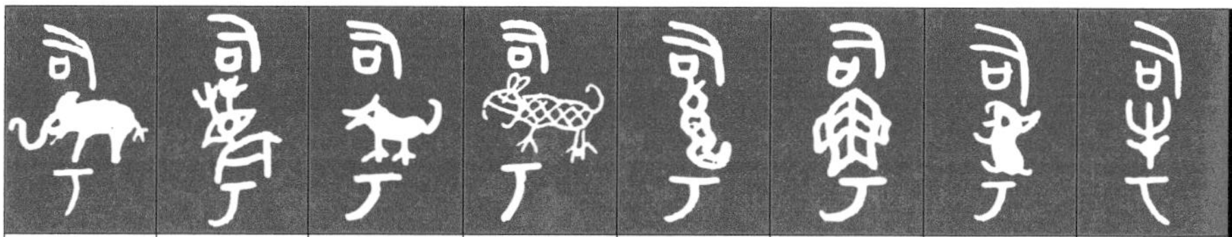

司牛丂	與稼穡耕種相關的巫法，由婦好兼任。
司兔丂	與美顏攝魂方面有關的巫法。
司魚丂	掌管水裡、水上的巫法。
司蛇丂	代表吞噬滅敵軍事的巫法。
司虎丂	與長壽、永生、再生相關的巫術。
司犬丂	掌理警戒搜索的巫術。
司鹿丂	與喜慶儀典有關的巫法。
司象丂	與運輸、遷移旅行有關的巫法。

婦好生前還兼畜牧官職，這是不通巫術的思維反應，不足為怪。按理說殷代有各類畜牧官職，然位階甚低，等同於中士、下士，因此極尊貴的世婦兼職，不可能再重複已經有分工專職的低階畜牧活動。

不到五年，數百位高眺亮麗、活力充沛的新女巫、女史、女官、女妊全部登場，在婦好的領軍之下，淘汰了那些不稱職不敬業的巫油子。極佳的人手變成第二代的種子教官，總算解決了武丁的燃眉之急。

上得議堂、下得戰場的武丁之后——婦好

依殷墟「婦好」的墓葬規格，乃殷王武丁法定配偶「妣辛」的大型亞坑，宛若地下宮室，大量文物保存良好，為商朝出土最豐富的墓葬。再核對卜辭和金文材料，大致可以廓清古代文獻記載中的謎團。

大約可以推論，武丁年輕時（十八歲）即有婚約。見諸於卜辭，他一共生了四個小孩（一位夭折）。爾後遊遷各地，考察邊疆風土人情，對日後剷除西北鬼方、土方大患做了深刻理解，也細膩構思如何完成中興大業。

在此期間，武丁的氏族聯姻配偶可能因難產血崩而逝，他心中有創痛，導致往後在婦好分娩過程中，一直不停占卜預產期，憂心溢於言表；甚至連其他侯國世婦分娩，武丁也會親自占卜其狀況安危，熱心程度超過太醫，此為武丁人格心理上的一種微妙反應。謹舉卜辭數例來印證：

〈續四、二九、二〉

直譯：己丑卜㱿貞翌庚寅婦好娩？

〈合四〇五〉

直譯：戊辰卜㱿貞婦好娩不其嘉五月？

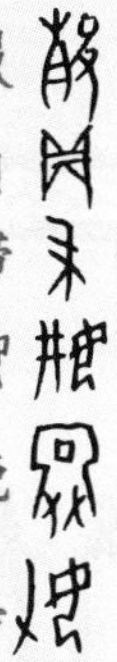
〈續一、五三、一〉

直譯：㱿貞婦□娩嘉？

〈合九四〉

直譯：㱿貞婦妓娩嘉？

〈京二〇一四〉

直譯：貞婦□娶（嘉）？

〈後下三四、四〉

直譯：婦□娩不其娶？

〈乙六三七五〉

直譯：貞婦□娩嘉？

〈乙七四三〇〉

直譯：貞今日□不其娩？

……〈存一、一〇四三〉

直譯：貞婦□娩嘉佳……

◉與生育有關的甲骨文

孕

甲骨文初期，孕與身同一字，例如：，從人形隆腹來表示腹中懷有胎兒。

娩

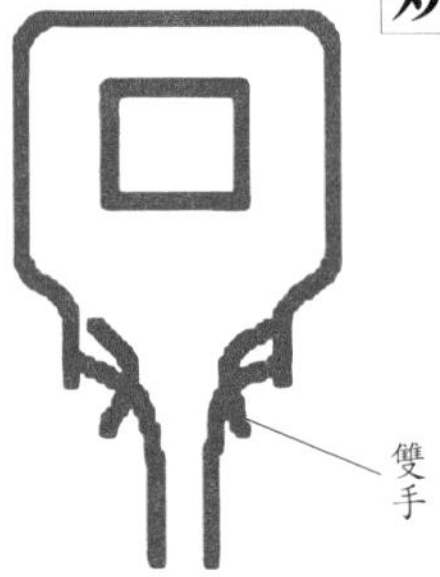

此象形會意字一看就很清楚：雙手從產道接住新生兒。

殷

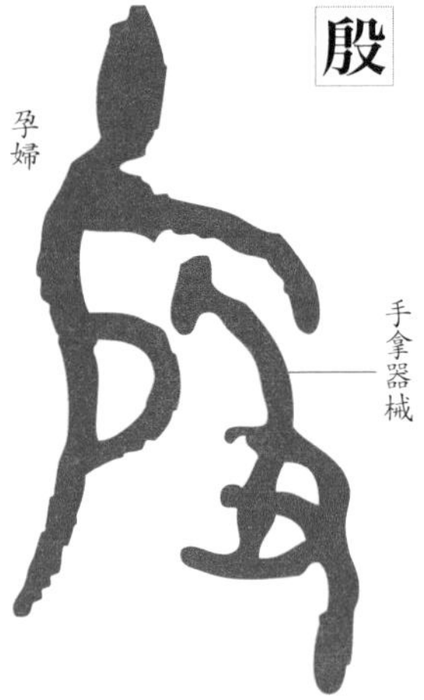

小心翼翼地手拿器械為孕婦檢查或接生。

毓

此字描寫的是生產時的情形，本義是生育，引申為一族之母（即后字的初文）。

殷高宗武丁起初並沒想到會接任王位，按慣例，兄終弟及之後，若是在位太久，通常會將王位再傳回給兄長之子，以茲平衡。武丁的父親（小乙）在位二十八年，到臨死前夕才突然發布王位由武丁繼承大統，這可能是哥哥小辛那方面出了問題。

父親小乙在武丁幼年時，就讓他遠離京畿，一則避開是非之地，二來安排各種鍛鍊，甚至按神巫之言，令武丁改變身分（微服），體驗社會各種階層的酸甜苦辣，用心至為良苦。

大約在武丁二十六歲時交上厄運，刑剋不到自身就剋其妻，因此年中配偶死了，年底父親（小乙）崩了。二十七歲否極泰來，天不絕商，辦完喪事，立刻登位。

婦好，在法理上是武丁的第一位新配偶，但在命理上是第二排序，那麼，婦好這位新后的出身為何？實難考證，只能依其行藏作風，反推其出身成分應為子姓智簡國的推薦佳麗，母親是巫官出身，家學淵源，耳濡目染下才能將巫

◉婦好的模擬長相

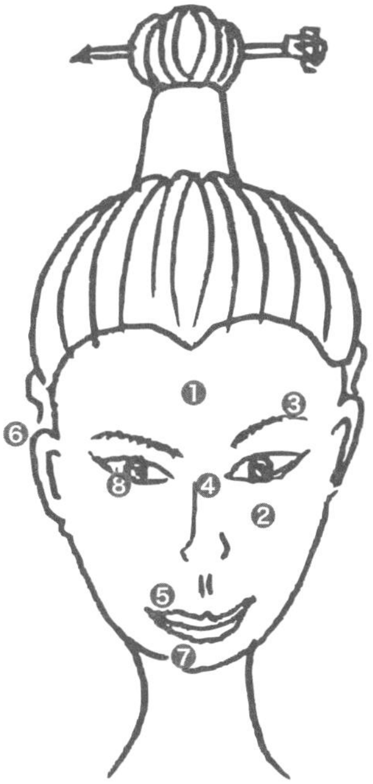

❶年紀輕輕就爲王后，天庭當然飽滿，爲高額。

❷年掌兵權，因此顴骨必凸顯，豐滿有力。

❸有巫法巫術之能，與諸侯外邦的公關交際皆勝於武丁，眉骨應當突出，眉形必彎長，眉毛必濃黑。

❹貴爲后，位居人中之鳳，山根挺，鼻樑直。

❺生三子女，唇較厚較寬。

❻軍旅奔馳辛勞，耳朵應呈尖厚形。

❼壽不滿五十，下巴略短。

❽精力充沛，眼大而有神。

❾出身東北，身材高大。

❿不是纖細弱女子，體格健壯，帶兵出征不讓鬚眉。

術、巫法操作得非常靈光。至於父，則不詳。在上古時期，這點很正常，甚至很多上古名人都說是感孕而冒出來的。

婦好大約是十七歲左右與各諸侯女一起迎進王畿，由武丁親自選出，躍為新后。婦好是東北血統，個頭高大，並非纖細型美女，照說會被摒除於新后名單之外。偏偏武丁剛過喪偶之痛，對於后妃的體格健康特別在意，紙片人只能供著，藥罐子不能長命，再美也不濟事，所以在大小臣一片驚訝聲中，婦好雀屏中選。

婦好婚後，發現武丁個性隨和率性，不端君王架子，階級愈低，武丁反而待之愈客氣，每天說趣聞逗大家開心。到了外地出遊田獵，武丁一定帶上婦好，婦好是東北女性，本就擅長騎御，不嫌髒，不抱怨，不喊累，此為武丁真正喜歡婦好的第一階段。

接下來，婦好要經常代表武丁接見各路諸侯盟邦，她用詞乾脆，肢體語言熱絡，酒後甚至踰越皇后身分，也講男女笑話，建立了許多長年友好公關。武丁也認同這種氛圍，最後就乾脆放手讓婦好進行結盟外交，這是夫妻感情反而特別好的第二階段。

祕密的軍事會議，婦好不但親自參與，還指出資料錯誤，判斷失真的漏洞所在，令師旅武將驚訝萬分。婦好本來就有智簡國長年累月屯邊的傳教士系統，靈敏資訊掌握超過一般官僚，令人不得不服，此為武丁特別器重婦好的基本原因。

過了數年，武丁準備伐荊楚，婦好反而是第一批軍旅，先前做清掃，也做王權秩序的制裁行動，算是搜索部隊。婦好的主力兵馬並不多，有時只有五六百人，但配合大商貿車隊一起行動，意義聲勢就不同了，代表皇后之路通行無阻。在有生意可做、有物質可以交換的前提下，許多外邦小國或遊竄異族，對大邑商是不會採取敵對行動的。有些小國想要滅掉其他惡行氏族，但自己力量不足或不便出面，都紛紛私下央請婦好皇后仲裁，若是敬酒不吃要吃罰酒，那武丁的車步騎聯兵師旅馬上趕來合圍，一圍必殲，絕不手軟。

皇后的維權師旅，從華中、華北、華南、華東都走遍了，花了十餘年光陰，重新建立大邑商的行政權威和經貿拓殖屯堡，使版圖面積擴增了兩倍，經濟收益翻了好幾番。只要是婦好走過的地方，終其武丁一生的卜辭，不復再聞任何「來艱」告急的侵犯事件，譬之為中興，並不為過，婦好值得敬佩。

艱

甲骨文：  **金文：**  **小篆：** 

艱字甲骨文從跪人或從巫師立人的象形，旁有鼓，代表發出告急警訊。金文下端有口形，是正確的，代表呼喊；巫師人形下方有篝火，表示夜間點火示警，巫師正做祈禳狀。小篆誤將篝火（烽火）作土形，不正確。

卜辭中「來艱」一語，指的是敵對方國來找麻煩的意思，例如：

〈合集二四二〇、六〉

直譯：己巳卜貞今亡來艱

4

武丁婦好的攻防戰略

以荊楚「巴方」爲例

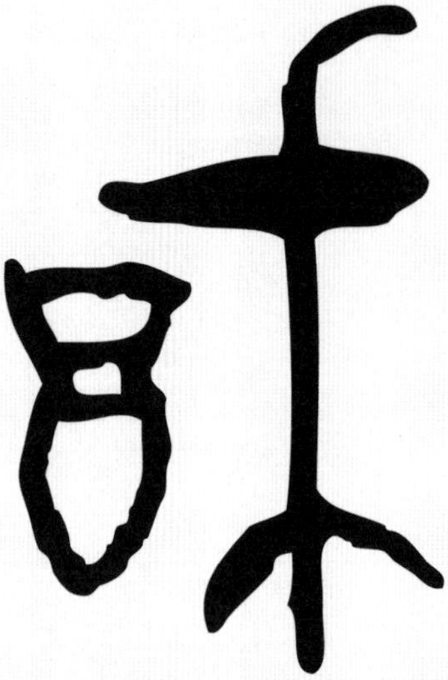

武丁在位五十九年，為了鞏固政權、增強國力及維護商貿路線，他與驍勇善戰的妻子聯手出擊，多次征伐南邊的虎方、東面的夷方、江漢平原的巴方以及西北面最頑強的鬼方。以下就以武丁對巴方的用兵為例，一窺武丁與婦好的用兵決策及部署。

——編者的話

武丁繼位三年，小伐荊楚，荊楚人順服，達成協議後一起開發江陵，楚升為諸侯，準備日後開通湘、黔商貿路線，這時楚人的宿敵為濮人（占據川東及湖北的半邊），即文獻所稱的「巴方」。

巴方本來只在大巴山系（湖北西邊）到長江三峽一帶活動，算是山地民族，怎料到兩百年不到，居然雄師下山、快船出川，打得楚人節節敗退到襄陽盆地才喘口氣。湖北的中南部全是巴方天下，楚人漢水流域屢受威脅，有時還不能過長江，因此當武丁提議共同開發江陵時，楚人是萬分感謝，幾乎什麼條件都答應。

巴方勢力的起源

那巴方又是如何壯大的呢？這完全是夏桀惹的禍！

當年商湯流放夏桀於安徽的南巢，將夏朝師旅收編成外籍兵團，再逐年拆解成若干商彝混編旅，其軍徽皆從戈。這些降服的部隊，到武丁期流化成（戈侯）、（戈酉）、（戈姚）、（戈其），甚至還有封貴族爵位的，如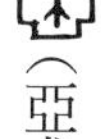（亞戈）。

夏桀死後，部分的彝族遺民攜帶珍寶沿江遷移到川東（四川本為大禹故鄉，對彝族較為親善），這些遺民拿出黃金，向巴方買丘陵地屯墾，濮人納之。所以夏后彝族在川東重新生根落籍。

夏朝被迫改編的師旅，亦有部分不願降商湯王，他們往往藉著征伐淮夷的機會逃竄脫離。起初零星散落，順著夏遺民的遷徙路線來到巴方，後來竟有數批小型隊伍帶著正式裝備器材前來投靠。濮人正與楚人交戰惡鬥，當然歡迎生力軍，於是兩股勢力就靠攏一塊。這些夏朝殘餘的正規軍，化身為濮人，提供各種武器裝備的新概念、新戰術，例如：

❶**成立獨輪車山地兵團**：大禹治水，就是靠著大量獨輪車完成艱巨工程，夏后彝族製作獨輪車的技術並不輸於殷商，甚至最先引用合金銅當車軸。不要小看這獨輪車，裝上器材資糧，可以在蠻荒山區獨立生存一兩個月。

❷**引進鑄銅技術**：新式箭鏃規格一致，準確度提高，長弓複合弓技術引進，加遠射程。

❸**引進舟船技術**：即製作大獨木舟，旁邊用數條竹桿聯結上兩小獨木舟，航行增穩，另有活動牆板可擋沿岸射來的飛矢長矛，到達目的地還可瞬間組合成臨時浮橋（百米之內），好讓山地兵團快捷通過。

❹數十年後，巴方已經不是昔日落後的蠻族，具備了職業兵團作戰能力，所以從大巴山沿小路，靈活穿梭於楚人軍隊大後方，劫掠糧草，切斷補給，逼得楚人不得不放棄偏遠村寨。逐年蠶食之下，楚人才發現半個湖北掉光了，漢水以西幾乎是寸步難行，曾經集中主力進行過反攻，但是山地兵團總在想像不到的地方出現，無法包圍就無法殲滅，等到糧草耗盡，只好匆匆撤兵。

武丁聽完楚侯的簡報，參觀雙方作戰的裝備武器時，發現了不少夏后氏的舊軍徽，心中頓時明白，絕對不能輕估對手。

婦好領兵，武丁設陣，齊力滅巴

武丁回到京城，攤開智簡國火傳快遞的荊楚輿圖，發現巴方在江陵附近大修城堡，頗有做為都邑的準備，另外在南部宜昌屯駐重兵，控鎖長江流域。湖北中部河流密布，西邊是山地兵團活躍的地區，若是按傳統方式作戰，勝也守不住；若敗，要撤軍更難，楚侯試過很多回合，傷亡頗重。為此事，武丁沉悶了良久，某日，他在宮廷邊角發現一堆遺落的飴糖，引來不少螞蟻，從四面八方趕來圈成一團。他大喊一聲：「道理就在這裡。」開始孕育出「引蛇出洞，誘蟻離穴」的戰略構思。

首先，主戰場設定在江陵至宜昌中間的小平原上面，此處利於車騎聯兵作戰，山地兵團衝到此處已失其用。再來是水師舟船的戰法，一定要把巴方在江陵集中的大小舟船全部焚毀，使江陵成孤城，圍而不打，困而不攻，誘使巴方主力南下支援。最後是利用東南季風，行上水船登陸，攻下秭歸要塞，徹底切斷巴方後退四川之路，進行最後殲滅戰役。

無論車船，殷人都有卓越的製造技術，還有龐大的運輸作業能量。楚侯熊氏族一方面得了賞賜，二方面也要雪恥報仇，因此格外賣力，所有的後勤工作提前完成。商楚聯軍這次動作可大了，上千條舟船沿漢水南下，楚侯佯攻江陵，武丁從宜昌西邊列陣，形成進攻態勢。而其中最艱苦的是婦好所率領的車騎兵，必須在宜昌與秭歸之間形成鐵桶阻絕陣，早一步，圍不到山地兵團主力；而晚一步，若讓山地兵團逃逸於山丘，那就功虧一簣了。此一艱巨任務是婦好堅持要完成的，婦好並非侯國之女，她無勢可依，也不是智簡國望族，無權可憑，年輕登后尚不足以養望，諸多閒言必須靠功績扭轉，令人耳目一新，於是夫妻兩人共同押寶賭上這一局。

戰事發展如預期，江陵變成孤城，楚人日夜囂叫圍困，城中存糧有限，兵力稀薄，不能長守，這是巴方未來的都邑，絕不能放棄。於是長江北岸的宜昌大軍寨，想盡辦法去支援江陵，花了七天七夜來回運送資材兵源，幾乎耗掉一半主力，等到江陵岸邊集結完畢，欲用大竹筏過江的楚蠻兵回頭一看，糟了，商楚聯軍的水上大船出現，將所有的運輸船隻統統拖走，拖不動的就放油罐燒毀，數千精銳大軍就困在長江南岸。

宜昌這邊，發現武丁的聯兵旅慢慢逼進防禦線，想要用老辦法奇襲，將商師趕到江邊，又將軍寨剩餘兵力撥出一半，行險路，百里大迂迴，終於繞到商師後方側方。商師開始往江邊撤退，巴方正以為得計，才發現不妙，不知從哪邊冒出的荊楚籐甲兵，密密麻麻將歸路阻絕斷死。

不到三日，戰役結束，宜昌郊原屍橫遍野，大寨剩不到二成兵力，緊急求援的鼓聲日夜急敲，整個大巴山系峰巒的集合煙火燒了數天數夜，幾乎所有能調動的壯丁，全都隨著山地兵團衝往宜昌解圍。最後一批濮人少年兵從川東衝出秭歸往宜昌，準備一決勝負。

六月天，連續颳起了東南風，婦好的數百船隊趁著霧色，悄然登陸秭歸，建立了灘頭堡，將馬匹車輛源源送上來。十天後，鐵桶陣就插向秭歸和宜昌的中間平原段。

巴方山地兵團起先還存有幻想，每天搞奇襲動作，但是武丁就是保持距離，不接硬仗。沒幾天，遠方傳來大象兵團的長嗥聲，濮人才知大事不妙，剩下來的戰鬥就是一連串的填路土方、象攻拔寨、馬衝車頂、弓射矛刺，逼到山地兵團往西突圍逃生。然而，失去了裝備，沒有糧草的隊伍又能支撐多久？

更何況濮人第一次領教婦好車騎聯合作戰的衝殺威力，三個土王，死了二個，傷了一個，最後荊楚籐甲兵、武丁聯兵師旅全部合圍，巴方跪地棄械投降，江陵方面也跟著含淚乞降，這一仗打得漂亮。武丁班師回朝，大批俘虜降兵全押往晉南、陝南實邊；而婦好則在戰地駐留，動員荊楚重新建設秭歸、江陵等長江重鎮，忙到第二年春天才告一段落。

婦好貴為新后，與商王班師回朝理所當然，但婦好考慮到歲暮年關，部分師旅任務艱辛無法返鄉，多少家人正等著團聚。因此，婦好捨小情而顧大情，決定與士卒同甘苦共留守，武丁有此賢內助，替他頂了半邊天，不旺也要發。

婦好回朝，商王郊迎

晚春，平定南疆的師旅，由婦好領軍凱旋歸來，到安陽京畿三十里外停駐。商王按諸侯大禮「踝」出邑三十里「郊迎」，這種軍旅儀軌包含彭（鼓）、樂（歌）、翌（舞）、頌（爯冊）、蔑（閱兵）、駢（齊駕車）六大項目，全套流程往往要耗上大半天。商王武丁實在耐不住這些冗長的繁複禮節，不待樂伶奏完崇戎曲，突然躍上王車親自駕御，直驅婦好師旅。婦好一看是王車大旗奔來，二話不說，翻身跨上白色寶馬，拿了后旗（），揚鞭飛奔到武丁車旁，下馬登車、卸了盔甲，亮出一頭隨風飄逸的長髮，雙手緊緊抱住武丁肩頸，正是天上神仙百年侶，一幅人間恩愛圖。

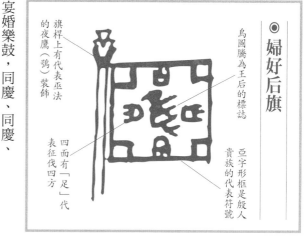

這一幕如電光石火般快速演出，震撼強烈，此為歷年國禮軍禮未有之奇，就在眾人還沒反應過來時，資深老樂官首先發難，突然大膽敲起宴婚樂鼓，同慶、同慶、同同慶……。陶塤也和著節拍吹奏出……喜三生有幸，唯曦賜福兩姓……。

婦好這邊的師旅，不待指令，全部單膝跪下，順著節拍快慢以戈擊盾，合音共鳴。武丁婦好開心極了，就現場閱兵吧！有些百夫長想到很快就要與妻女見面了，顧不得軍令，把盔甲往車上一拋，跟著武丁的車駕一起揮手賽跑，武丁還故意逗弄兩下，時快時慢，忽左忽右，眾官也跟著起鬨，將王車當作花車尾隨於後，一場嚴肅冗長的郊迎，瞬間改成了婚禮祝賀大會，軍民狂歡進城。這就是武丁、婦好的人性管理，婦好從此出征帶兵，士卒皆樂於效命，建立了無形聲望，連異族的外籍兵都把新皇后當作從崑崙山走下來的女神呢。

◉婦好后旗

鳥圖騰為王后的標誌
亞字形框是殷人貴族的代表符號
旗桿上有代表巫法的夜鷹（鴞）裝飾
四面有「足」代表征伐四方

5 殷商第一后，前無古人後無來者

中國歷史上最早的女政治家及軍事家

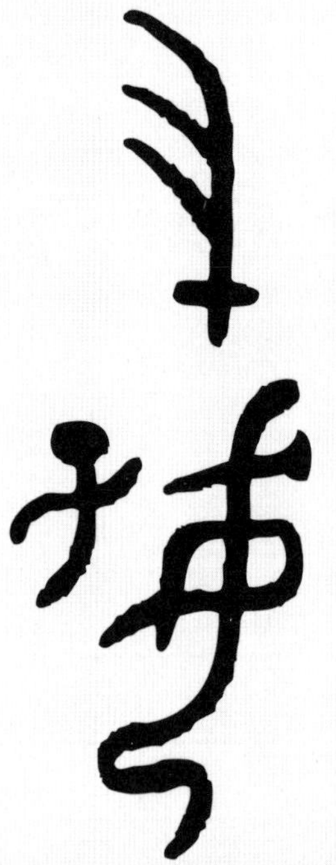

婦好廟號母辛，是商朝第二十三位君王武丁的妻子之一。貴為王后，她不要求錦衣玉食、不要求承寵君前，不安居於王宮享樂，也不爭圖美人心計，而是盡心於國事，用高明手腕鞏固邦交；騁馳於疆場，用作戰實力攻克周邊諸多方國，透過實際行動為夫君分憂解勞。

在甲骨卜辭中，也記載了武丁對婦好的重視，要求她主持祭天、祭先祖、祭神靈等各類祭典。在有文字記載的中國歷史上，她是最早的女政治家及軍事家。

——編者的話

武丁即位初年，最大邊患以國境西北的𢀛（鬼方）為首。鬼方氣焰驕橫，對殷予取予求，武丁忍氣吞聲採懷柔辦法，暗中則執行攘外必先安內的政策。二十年下來，一段一段落實，荊楚底定，淮南富庶，齊魯永固，幽燕拓墾，東北屯駐，經貿路線通暢，國防實力大為躍進，手上終於有了一搏勝負的籌碼。

武丁在位第二十三年，𢀛（鬼方）誤判殷人一味防守，不敢出關，屢屢聯合土方、[illegible]方寇邊。這時河套地區、陝北、陝中大半淪為鬼方異族的天下，嬴秦傭兵的老地盤——榆林早就喪失，核心根據地——延安也跟著淪陷，只剩寶雞一線勉強頂住。

姬周的古公亶父初遷於岐山之下、洛河中下游，就在西安附近，一片平原基本上是無險可守，北兵可以隨時南下，切斷黃河渡口「潼關」與中原的聯繫。整個大西北局面，乍看之下極不樂觀，此時，武丁和婦好才沉穩出手，準備發牌。

這一年婦好三十八歲，名聲和威望早已俱足，巫法巫術的內涵亦臻於純青之境。她在中原媚塢幽谷（前夏后朝宓宮）親自培訓了大批的巫史巫官，學養素質俱佳，隨時可以派赴屯堡軍旅，積極展開宣揚教化的工作，以協王事。

婦好以王后身分出蹕於潼關，祭了河神，大車隊再駛入周侯（古公亶父之子）西安地界，進行一連串外交商貿運作。她首先在嬴秦氏族面前，展示精美合金銅兵器和新型戰車，奠定同破鬼方的信心，同時運來大批牛羊補償淪陷地區的畜牧牲口，嬴秦氏族得此軍援、商援的積極承諾，全軍上下立誓，要恢復祖先失地，永無二志。

接著她遊說周侯，周侯形式上是尊大邑商為君王，但面對鬼方的威脅，內部則有主戰派、主和派的路線之爭，彼此僵持傾軋，周侯依違於兩可之間，困坐愁城。由巫史口中傳訊，婦好王后即將親臨駐蹕，除了外交禮數上的竭誠歡迎，倒想聞知大邑商的戰略布局到底有何打算？

婦好僅帶了少數騎御衛隊前來，每日只與周侯談論天文地理、風花雪月，絕口不提軍事二字。主戰派摸不著頭緒，主和派一時也找不到反對的藉口，大家都不知道悶葫蘆裡面到底賣什麼藥。

周人原為游牧民族，殷商人鼓勵他們耕重。此時，婦好借著春耕，由中原調集了數批農耕隊和水利隊，在渭水流域做了系統性的灌溉示範工程，並將優良稻作引進到周原。暮秋，第一批黃澄澄的豐碩穀米正式收割，每畝產量是周人的兩倍有餘。

在禾魂祭的慶典中，婦好親自登壇主持，一連串的精緻典雅儀軌絕無冷場，配合著麗巫歌舞，神人同歡的熱鬧場景轟動了渭水上下，加上堆積如山的糕果水酒供應，連賜三天三夜，讓孤陋寡聞的周人大開眼界，讓節儉度日的周人大飽口福。許多姬周臣子紛紛私下打聽，大邑商是否每天都是如此奢華生活？婦好知道後，氣定神閒地笑著說：「何妨來京小遊，親自體驗一番？」

慶典完畢之後，婦好依舊不談軍國大事，只是輕描淡寫如何拓墾的新計畫。大邑商提出，從寶雞、平涼到黃河邊上的蘭州這一段要重拓絲路取代舊路，絲路左右各三百步是大邑商管轄範圍，以保運輸安全，五百步以外，三十里、五十里都是周侯的新屯墾區，屯墾區生產的稻、麥、稷，大邑商保證願以兩倍價格收購。周侯上下大喜過望，不但投降派漸漸銷聲匿跡，甚至還有人提出派子弟到中原學習各種典章制度和專業才藝。

殷商表面上是貼了大本錢，實際上從中原運輸米糧供應贏秦傭兵和邊鄙的開銷又何止兩倍？縮短了供應時間，就地資糧可以持久強化贏秦氏族抵擋鬼方，何樂而不為呢？況且巧妙收買了信心不穩定的諸侯，為西進計畫提供了安全走廊，怎麼算，都是上算。

如此不著痕跡的安排，戰略運用是考慮到周侯這邊有不少周奸與鬼方有私下交通往來，避免打草驚蛇，婦好故意不往北邊發展，只是維護西線的絲路運輸。而鬼方那邊得知消息後，則是以輕藐態度看待，任周人拓墾，等到三五年之後，米麥屯積滿倉時再來個大突襲，準備一次端鍋。就在這種微妙的恐怖平衡之下，西拓絲路異常寧靜順利，並沒有受到鬼方的干擾和破壞。

武丁二十五年，婦好暗中將荊楚提供的大量造船木料往西運送，誆稱是建倉廩驛站之所需，花了一年，全部在蘭州附近積屯，同時以水利工程名義將各種造船工匠祕密集結在蘭州。蘭州是黃河上游的渡口，無險可守，必須廣建寨城以為防禦，沒有人知道，建寨是假，造船是真。

武丁二十六年，婦好指示：利用黃河枯水期以舟船併排方式，上覆長板綑牢，變成大浮橋，祕密將成千的車輛馬匹化整為零渡過黃河。鬼方的密探誤以為只是商隊，並沒在意。

巫法藏玄機，左滅鬼方右破土方

武丁二十七年，婦好佯作出蹕，慰勞周侯屯墾區和絲路鄙站屯所。秋天，嬴秦的傭兵、周侯的軍伕、殷師的便衣部隊混編成數個旅，出其不意地由蘭州北撲銀川盆地（鬼方糧倉），奪取了河套的戰略要點，並在銀川寬闊的水域建立了數十批重型舟船隊。

鬼方得知後方牛羊可以躲避風雪的水草基地被占領了，大為吃驚憤慨，想要過黃河來救援，無奈渡河工具只是靠粗木筏或皮筏，根本不是重型舟船的對手。情急之下，鬼方的試探攻擊部隊就往陝南寶雞硬衝，看看能不能將絲路切成兩半，沒想到，嬴秦氏族退此一步即無死所，因此全族上下堅守崗寨，而且糧草屯積了數年，區區十天半月的圍困根本不放在眼裡。鬼方討不到便宜，放棄了南下衝擊作戰。

武丁二十八年立冬，漠南陝北大風雪二月。鬼方及土方的牛羊牲口大量暴斃，鬼方依循舊例，利用黃河結冰，漠北陝北的騎兵紛紛渡過黃河，往大同、雁門關、平遙、晉中之地強攻，初期攻勢強烈，雁門關失守了，太原被圍困。

武丁二十九年暮春三月，黃河解凍，關鍵戰役正式登場。由銀川寬闊水域出發的重型舟船啟航，沿著河套順流而下掃蕩渡口，拆毀浮筏，持續到秋天，鬼方土方的聯繫完全被切斷了。陝北殘留的鬼方部隊過不了黃河，過了黃河的騎兵也無法退回陝甘舊地，嬴秦傭兵趁此空

荊楚巴方地圖

盧，在中秋之後收復延安，直逼榆林。

武丁三十一年，河套地區的鬼方勢力全部掃蕩完畢，但鬼方騎兵的戰鬥力依舊強悍，知道退不回老巢之後，就在晉省北、中各地左衝右突，戰事異常慘烈。武丁嚴令軍旅不可貪功，不可貿然追打退兵，那完全是陷阱，要緊緊頂住，不准離開城寨工事。長期消耗下來，鬼方已呈敗象，秋天，𢀛方熬不去了，先請投降，寒冬大雪紛飛，戰事膠著。同年春天，風雪忽又延續，土方劫掠不到糧草，支持不住，請降。

鬼方在寧夏甘肅附近仍有眾多氏族聚落，聞知晉中戰事不利，紛紛組成少年騎兵隊，準備由蘭州突破，從絲路向東進犯陝南，以解晉中之困局。

武丁與婦好早已料算鬼方會有反撲救援行動，婦好在武丁二十九年就指示女史、女巫默默進行絲路開拓計畫。方式很簡單，先徵集諸侯提供大量勞役，從甘肅、寧夏邊緣修築車輛運輸道路，唯一的要求就是路基要比一般工程寬五倍，且路基墊高要比以往高出五倍。眾工匠不解其義，婦好表明，大邑商是修千年絲路並非十年之路，務必嚴格執行。這些絲路有一長段是朝北方修築，看來是走天山北路的態勢。

但，真的是修路嗎？未必。名曰修路，實乃築堤，只不過先做出基礎工程。再往下細究，名曰築堤，實乃暗中掘出土方，預備做新的引流河道；名曰築堤，實乃暗中做好築域的準備，以防鬼方殘餘部眾逃竄新疆區域。這就是現今殘存的土夯長城，有一長段筆直朝向北方的緣由。

武丁三十年夏，婦好在陝南鳳翔集結了正規殷三師的重裝武力，連同嬴秦傭兵二旅、周侯三旅及其他異姓諸侯二旅，還有各地調徵前來的軍伕二萬餘人。此外，另從中原徵集呼眾，光是木匠、車匠、索匠、銅匠、弓匠、矢匠、陶匠、石匠就多達三千人，大約六萬兵力，傾大邑商戰鬥主力的一半。

婦好親自登壇主持伐閬大軍禮，隨即由女史、女巫舉行戰魂聖祭，宰殺大批牛羊，集合了一缸一缸的祭牲鮮血。百夫長以上的兵器權杖，皆由婦好持咒欽點，並賜祖靈精魂醴酒一碗，另以四名女巫承抬一缸牲血的隊序，一排排走向軍旅陣形。戰鼓催天震地，婦好全副戎裝站在巨型斧鉞（代表大邑商王權象徵）面前，接受一批批戰鬥隊伍致上呼喊敬意；另一群女巫早將事先預備好的糕點米果散布在角落，舉行方位祭、風神祭，引來一群群的飛鳥翔集在大閬兵廣場的天空。旌旗迎風招展，人人臉上充滿了高昂的必勝信念。

婦好從蘭州出兵，迅速迂迴到鬼方氏族老巢的腹背。婦好沒先急著作戰，全師旅都暫時卸下盔甲，全力支援軍伕工匠，將絲路的矮堤變成高堤，高堤變成高牆，接著將上游各大小河流全部封堵，重新鑿開引水道。從此河水不再東流，逕自往南流到新屯堡地段，也解決了大軍的水源問題。

這年天候異常，夏季特別乾旱，鬼方的畜牧區在斷水不雨的效應下，成片成片變成荒蕪龜裂狀態。鬼方游牧民族也是經驗老到，認為只要撐到冬天大風雪，除暸解除乾旱，敵方大部隊在荒漠之上，無建築丘壑可以依憑，必然撤兵，甚至困死！但他們怎麼都沒想到，這長堤加上車陣的組合，就是臨時屯堡。

武丁三十一年春天，婦好正式發動切割圍殲戰鬥，這是一場農業經濟形態與游牧生活形態的種族大決戰。鬼方的少年騎兵團儘管善射善騎，勇於衝鋒，但行動範圍被圈住了，馬匹大量死亡，得不到補充，一旦變成步兵，就成了車陣的獵物。

武丁三十二年，甘肅寧夏北中部在長期斷水枯水的狀態下，已經變成了半個沙漠。鬼方氏族瀕於崩盤絕滅，最後僥倖存活的婦女剩不到一兩成，全部撥給參戰諸侯國為奴工，二百年來的最大邊患終於徹底解決。

依據卜辭統計，殷人主動「伐」鬼方的大小戰役總計一百七十七次，「征」鬼方有十九次，「圍」鬼方有五次，例如以下這則婦好出兵的卜辭記載：

〈庫三一〇〉

直譯：辛巳卜貞登婦好三千登旅萬乎伐……

軍旅征伐，重疾隱匿

由於交戰劇烈，狀況瞬息萬變，婦好得不到適當休息，把身體給拖垮了。她硬撐下來，得了猛爆性肝炎，肚子腫得像鼓一般，婦好為了不讓武丁分神分心，隱匿病情不報。武丁直到戰役結束後，才知道婦好病情嚴重，可惜已經來不及了。關於婦好身染重病的記載，有數則卜辭佐證：

〈乙七一四三〉

直譯：貞唯龏司豈婦好？

說明：婦好生病，甚至懷疑是得罪了龏方的神祇祖靈，遭到怨咒懲罰所致。

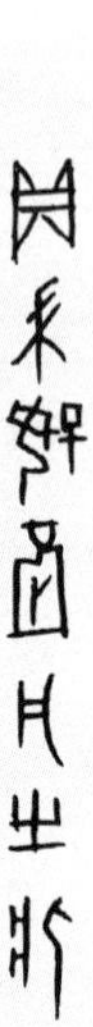
〈乙七一六三〉

直譯：貞 婦 好 禍 凡 有 疾

譯文：婦好招禍，因此才生病不癒？

〈乙六六九一〉

直譯：丙 申 卜 㱿 貞 婦 好 孕 弗 以 婦 葬？

譯文：婦好得了急性肝炎，腹中積水如鼓像懷孕一般，死後形象不宜瞻仰，是否不按傳統的墓穴土葬，改用火化？

婦好的健康狀態每況愈下，拖到四十九歲，在仲秋丙戌日終於含恨辭世。事實上，婦好的遺體就是用火化處理的，剩餘骨灰以石臼椿成碎粉，合以香草精油和秫米黏糰，重新塑成生前的美麗體態。最後再植上毛髮，嵌上寶珠做眼，披上王后褘衣高冠，端立於壇臺之上，供各地諸侯來使瞻仰遺容，方才大殮入棺。各種隨身器物、禮物、祭物及諸侯弔祭殉葬寶物高達數千件，遠遠超過邑商的歷代殷王。

因為是火葬而非土葬，所以不葬在皇宮旁邊的嬪妃區，也沒葬在傳統的貴族墓葬區，特別選在洹水南岸另外修建地下陵寢。也因此，躲過了歷代盜墓賊的破壞侵擾，這個三千三百年來塵封的祕密，才得以完整保留下來。

隆重追祀，配享祖靈

婦好過世之後，武丁鬱鬱寡歡，常常獨坐太廟沉思，新后受不了武丁的怪異脾氣，最後選擇自殺。武丁怕婦好黃泉路上孤寂清冷，還安排婦好亡靈入祖廟，以神格身分與祖靈同在一塊。許多看不懂甲骨文原意的人，誤以為武丁把婦好嫁給祖先了，那是不解甲骨文習慣用語之故。例如：

〈乙三三八三〉

直譯：己 卯 卜 㱿 貞 御 婦 好 于 父 乙 蒸 羊 有 豕 冊 十 牢

譯文：己卯日由㱿貞迎接婦好神靈至於先王父乙處，並獻祭羊豬等十牢。

〈合集二六三三六〉

直譯：貞 婦 好 有 取

〈同版〉

直譯：貞 唯 唐 取 婦 好

譯文：將婦好與先王商湯（唐為商湯的廟號）併祀。

〈丙一三九〉

直譯：……寅 卜 㱿 貞 其 有 爯 婦 好 麗？

譯文：某個寅日占卜，㱿（史官名）親自看龜甲兆象，我們這樣打扮妝飾婦好王后身後的塑形工作，是否達到婦好對美麗的要求呢？

卜辭中這個「取」字，並非單純的男女嫁「娶」，先祖先王早有妣奭併列配享各類血食豐祭，這個「取」也好，「娶」也罷，是說祖靈認同這個傑出的媳婦。太廟正式接納了這位貢獻良多的前王后，不知王后是否感到滿意？

伍 殷商來歷的探討

1 透過甲骨文探討殷商來歷
2 略談殷商王朝興衰的四個關鍵人物
3 淺釋殷人及周邊氏族的奇異圖騰
4 三星堆傳奇：一個分庭抗禮的小王國

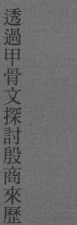

1 透過甲骨文探討殷商來歷

天降玄鳥的傳說虛實

關於殷商的起源，一般人都會引用《史記》的說法。但像這樣的神話故事，背後卻隱藏著真相，只要分析此段的核心甲骨文所指涉的真正意義，我們就可以探究經籍史書所記載的殷商來歷，一一解開謎團。

——編者的話

中國古代有「聖人皆無父」的說法，翻開歷史算一算，大聖大賢、各朝始祖還真的多半是沒有父親的孩子，比如殷朝的始祖契就是其一。關於殷商人始祖的誕生，有個廣為人知的神奇傳說，那就是「天降玄鳥」：帝嚳妃子簡狄吞下鳥卵而生下契（商人的始祖）。這個傳說在詩經〈商頌．玄鳥〉、《楚辭．天問》及漢．司馬遷的《史記》中都有提到：

❶天命玄鳥，降而生商。

——《詩經．商頌》

❷簡狄在臺，嚳何宜？玄鳥致詒，如何喜？

——《楚辭．天問》

❸殷契，母曰簡狄，有娀氏之女，為帝嚳次妃，三人行浴，見玄鳥墜其卵，簡狄吞之，因孕生契。

——《史記．殷本紀》

❹契母簡狄者，有娀氏之長女也。當堯之時，與其姊妹浴於玄邱之水。有玄鳥銜卵過而墜之，五色甚好。簡狄得而含之，誤而吞之，遂生契焉。

——劉向《列女傳》

這些記載中，都說到「玄鳥」：玄鳥誕生了殷商人始祖。後世認為，玄就是黑色，而黑色鳥即指燕子。吞了二顆飛燕的卵就能懷孕並生出偉人，太史公司馬遷自己也不相信，但是他必須忠實記錄公認的神話和列祖的傳說。既然如此，以下就透過《史記》的這段記載所提及的幾個關鍵字，來逐字解析殷商來歷。

殷契

這是指殷的始祖契。殷的甲骨文作  ，這是醫治懷孕女體的象形兼會意字，用以表示巫醫非常高明的氏族。契，則是一種專長性質的稱呼，代表擅長伐木的人；契者，即林務專長的泛稱。上古時代，伐大木料或剖開大樹幹成兩半都是採鍥裂法，也就是運用縫隙來撐破木料，精於此道的人就稱為「契」。

簡狄

「殷契，母曰簡狄」，簡狄是帝嚳妃子的名字，也是「契」的生母。簡是細長形竹簡片，用許多竹簡片編織起來，就可以書寫文字。以簡為名，表示大量用竹簡書寫文字的專家，用以比喻文字創造發明的女始祖；至於狄，只是個形聲用來稱呼其名而已。那為什麼不用笛子的「笛」，不是更優雅些？為什麼還要加個犬部含有低賤的意涵呢？這其實暗喻簡狄有中亞混血基因，混血女性往往集美麗妖嬌於一身，難怪為帝嚳次妃之人選。

娀

「殷契，母曰簡狄，有娀氏之女」，娀甲骨文作，小篆。依字形研判，這個女字邊不是春秋後期才增添的，很早就有此女部，此為特徵，代表女性持戈又可拿鈴盤跳舞的巫術氏族，而且是個強悍的母系社會。「有娀氏之女，為帝嚳次妃」，有娀氏暗喻原始殷商族的另一支，這是由女巫群掌管的母系社會。

此段文字說明的是一種聯姻的特殊結盟，因政治時勢需要，所以多添一個美麗妃子，故稱為次妃。至於「三人行浴」，則比喻一種集體行為，甚至是當時的一種社會風俗習慣，並不是簡狄個人率爾行動的意思。

「天降玄鳥」背後的含意

回過頭來看「玄鳥」，玄鳥不就是指黑鳥嗎？難道是指北方盛產的烏鴉？或是黑色的燕子？如果只是單純從顏色來解讀，玄鳥背後隱藏的另一層祕密就永遠找不出答案。

依據天文資料，五千年前左右，東北地區曾經降過密集的流星雨，這種流星雨就是天外飛來的隕石，在星夜中劃過一條條的璀璨長痕，轟然落於地面，當時稱這種現象為「天降玄鳥」。女巫群的分支因地緣關係，就近特別去探究天神諭令和玄鳥的聖跡。

當時有好事者撿拾到一塊黑烏烏的隕石（玄鳥），而這塊隕石造型恰巧就是一個活靈活現的彩龜騰蛇交配圖。撿拾者如獲至寶，敲鑼打鼓地送到帝嚳這邊來求賞，而簡狄一看也愛不釋手，此為「天降玄鳥」故事的開端。

簡狄的祖妣先人曾經是黃帝集團的補給商隊成員，經貿於遠地，混到中亞優良血統並不意外，所以簡狄才能集高挺美麗於一身，被帝嚳選為妃子。

此外，簡狄也是原始殷商族女巫群所培訓出來的絕色美女，肩負著政治版圖聯姻的基本任務。儘管帝嚳年歲已大，氣血亦衰，生活難有魚水之歡，生不出兒子，但是簡狄是個極具智慧的靈巧女人，平常忍耐不動聲色的她，這時節可就牢牢抓緊「天降玄鳥」這個好議題，來個假戲真作，擴大辦理。

於是在帝都旁的高級溫泉區，指派巫師連續舉辦多日的迎神祭典，貴族統統參與，正是君臣同慶，薄海騰歡。這種溫泉區的祭典活動也包含了求偶儀式，《周禮．地官》就記載著這種年代久遠的求偶開放習俗：「以太牢祀高禖，仲春之月，令會男女，於是時也，奔者不禁。」

官方指派的巫覡自然能體會簡狄的苦心，也感謝大方賞賜，因此毋需明言，就有一場巫覡專門為簡狄舉辦的「受胎」神舞。極俊健的巫覡群戴上神徽面具，像燕子穿簾般的靈巧身形，展現出力與美的極致表演藝術。表演之後，自然有場神浴禮儀之恩沐，此為簡狄懷孕生契的由來。

所謂三人同浴，則是暗喻複數，代表多人的意思，貴族人人有份，一筆糊塗帳，大家心照不宣，只是苦了帝嚳，不知道要說些什麼才好？

這就是《楚辭．天問篇》所說的：「簡狄在臺，嚳何宜？」

作者屈原乃楚國世代貴族，身兼大巫官，當然懂這些儀式，怎會不清楚三人同浴所衍生出來的內幕？《天問篇》的語氣是說：「好一個美麗風流的妃子，妳在溫泉高禖築了一個祭臺，臺上表演的是人神交歡的求偶舞祭，妳置君王的顏面於何地？後面還接了一場好戲！最後妳的夫君帝嚳是怎麼表示的呢？尤其在得知妳有妊娠之後？他生不生氣？我實在很好奇，妳可以坦誠地告訴我嗎？」

《史記》接下來說：「墮其卵，簡狄吞之，因孕生契。」卵，其實是上古對男性生殖器睪丸的通稱，用鳥蛋比喻「卵蛋」是拐個彎的說法。

簡狄吞之，則是男女交合的代稱。至於因孕生契，重點在這個「因孕」，沒說因「婚」生契，或者直接說生契。這個「因孕」就是暗示父不詳。在上古母系社會中，人但知其母而不知其父，父不詳是很正常的事。即使跨入到父系社會的初期階段，有些氏族的女性還是掌握生產經濟大權，女權並沒有受到太多壓抑低貶，簡狄所處的時代正是如此，帝嚳就算是知道真相，也可能就默認不語。

簡狄心知肚明孩子（契）的出身，但也要顧慮到王室顏面，乾脆就順水推舟，將計就計，修飾成玄鳥遺卵的故事，從此就定調為正確版，宮中上下口徑一致：這都是天降玄鳥的奇恩異典呀，大家千萬不要誤會。

這個美麗的故事，不但在民間廣泛流傳，還編成了《詩經》中的歌謠，可惜被聖人孔丘刪除了部分，否則後人還可以有更多的細膩情節可以深入瞭解。以下為《詩經．商頌．玄鳥》篇的全文，有興趣的讀者可以深入研讀。

天命玄鳥，降而生商。宅殷土芒芒。古帝命武湯，正域彼四方。方命厥后，奄有九有。商之先后，受命不殆，在武丁孫子。武丁孫子，武王靡不勝。龍旂十乘，大饎是承。邦畿千里，維民所止，肇域彼四海，四海來假，來假祁祁。景員維河，殷受命咸宜，百祿是何。

2

略談殷商王朝興衰的四個關鍵人物

從大禹、王亥、商湯、紂王，看殷商的崛起與滅亡

商朝是中國第一個在當世有直接文字記載的王朝，國祚長達五百餘年，在其中扮演推手或樞紐的人物當然不知凡幾，在此僅就開國前中後三期，各舉一位代表人物來介紹。讀者可當有趣的故事來讀，對於商朝歷史應該也會有更具脈絡性的深刻暸解。

——編者的話

夏帝大禹：治水有功，禪讓登位

商朝的始祖為契，曾經跟隨大禹治水，因功被舜封在商地。這是殷商立國邁出的第一步。現在來看看商湯推翻的夏朝，究竟出了什麼事？

首先來個大哉問，舜帝將帝位禪讓給大禹，他為何平白將祖業江山拱手讓出去呢？

大禹雖然號稱是顓頊的五世孫，但父親鯀治水無功，耗盡公帑，等同貪瀆被殛之於羽山。大禹不但是罪臣孽子，而且後面也沒有氏族的真正奧援，欠缺基本盤，處境艱難，雖然受命於舜（戴罪立功），然恩自上授，隨時可以被拔掉作廢。

但大禹很爭氣，九州治水，先公後私，先人後己，三過家門而不入，誠懇敬業，脛毛全脫，永遠站在第一線與群眾共體時艱，獲得各氏族少壯派激賞認同。二十年後，隱然成為各地諸侯心目中的共主。相反的，帝舜兒子商鈞卻劣行昭彰，無法續承大業。迫於現實，舜晚年只好和平轉移政權，史書美譽為「禪讓」。

大禹姓姒，乃彝族混血，後來獲得陝甘寧地區老彝族的全力支撐，成立嫡系，腰桿子挺直了，才放心的承接大統，建都於安邑。後來巡守南方的水利工程時崩於會稽，由長子啟接嗣稱帝。夏啟代天子後，對帝舜氏族（太皞、少皞）採取了整肅運動，甚至出兵將少皞的家臣有扈氏（又稱九扈）徹底剷除，正式建立了「夏后王朝」，都邑河南陽夏，簡稱夏夔。

傳到太康時，五子互不相忍讓，起了家訌，而這時東夷的強酋羿（姓偃），正好兼併了九個烏族（太陽圖騰），旺勢如日中天。看準了這個大好良機，神弓善射的羿集合東方鳥族的勢力，連續

圖騰	族名	圖案說明
	猰貐	大蟒蛇
	九嬰	毒蛇
	修蛇	龜蛇
	封狶	白野豬
	鑿齒	獠牙黑山豬

滅了猰貐（蚩尤後代）、九嬰、修蛇（大禹直系）；再繞道北方，把最頑強的封狶（即馮夷）、鑿齒（即河伯）掃蕩乾淨，徹底擊潰。羿殺掉河伯費了好一番功夫，並得到一位稀世美豔女子，他娶了河伯最漂亮的妃子——雒嬪（三國的曹植還為她寫了一篇千古風流的〈洛神賦〉）。少康的母親逃到偏遠的有虞國躲藏，夏后朝算是滅亡了。

羿正在得意非凡之際，竟然忘了向宗廟祭祀供奉，每日只顧田野遊獵，歡恣酒色，忘了曾經對諸神的各種許諾，最後連天帝都對他的忘恩行為感到氣憤。

他的寵臣「寒浞」乘機每天向雒嬪獻殷勤，抓緊羿在外遊蕩冷落嬌妻的時刻，用了特殊的媚酒奉給雒嬪，雒嬪在心理空虛、生理熾熱的強烈衝擊之下，竟主動向寒浞示好。寒浞怕東窗事發，惹禍上身，竟勾結了羿的同族——逢蒙（又稱迎蒙、逄門，為伯明氏的亂子）意圖叛變。此時的雒嬪已經陷在狂熱的戀情裡不能自拔，當然願意除掉那不解風情的眼中釘。裡應外合之下，就乘「羿」最疲憊不堪之際，把他給殺了，並且烹作腴膏。

北方的豬豕部族（寒浞所屬部族）終於趕走了東夷的鳥族，寒浞變成了代王，代王當然就要代到底，於是把雒嬪再娶了過來，不久生了個兒子，叫作「澆」（）。這澆特別會用盔甲，擅長水舟之戰，只要一滑到水裡，任何人都拿他沒辦法。寒浞後來為了加強氏族結盟，再娶了一位「玄妻」（鑿齒族的黑色美女），也生了個兒子叫作「豷」（），古代

有時從母姓）。

這兩個兒子都孔武有力，能征善戰，周圍的部族對他們都是敢怒不敢言。但寒浞是個心機深沉的人，始終覺得夏朝餘孽夏后相蠢蠢欲動，便派兩個兒子出兵，將夏后相最後所依靠的斟灌氏、斟尋氏統統滅族了。

可惜百密一疏，竟然漏掉了夏后相的遺腹子——少康。少康長大後，聯合了「羿」所剩下的家臣——靡（原為夏后族），做復國準備。如《楚辭．天問篇》所載：「帝降夷羿，革孽夏民，胡射夫河伯，而妻被雒嬪……。何獻蒸肉之膏？……浞娶純狐，眩妻爰謀……惟澆在戶，何求於嫂？何少康逐犬？」

少康不忘國恥家辱，在過地滅澆，又命兒子季杼領兵滅豷於戈地，恢復大禹之祖績，少康登位，成為夏朝第六代天子，史稱少康中興。但少康中興終究是曇花一現，傳到孔甲時政績敗壞，大禹奠定的大水利工程系統長期失修，幾近全面癱瘓，嚴重打擊了賴以生存的農業經濟。此時夏后王朝不但外強中乾，而且百孔千瘡，傳到夏桀時已失天下民心，不滅豈有天理？

故商湯在渤海灣起兵，各地諸侯響應（尚書有湯誓、湯誥之篇），很快就由山東打到山西，再經子國女巫群在夏后朝的後方晉、陝二地倒戈，夏桀無路可走，只好俯首就範，獻出金銀美女，只求保住氏族血脈。

商湯乃開國明君，身兼大巫法王。他心思縝密，可沒讓勝利沖昏了腦袋，迫不及待就來個世紀公審，直接把夏桀給殺了。相反的，他卻倒過來做，怎麼做呢？

❶力排眾議，不殺末代廢帝，將夏桀流放軟禁於安徽南巢，這裡恰巧是淮夷與夏后朝矛盾最劇烈

的地方，後面自然有戲。

❷前朝佞臣、辟臣也不殺，獨殺妖姬妹嬉。讓部分奸佞依舊服侍夏桀，繼續爛根，使夏后朝的遺民再度失望、絕望。

❸將西北彝族的勢力拆解成三塊，一塊南下混編成伐夷先鋒師，近迫三苗九黎的頑強勢力。歲月一長，兩敗俱傷。另一塊遷往極西，戍於新疆，其首領賜封「方位神」尊號，即卜辭中常見的：「西方曰彝，來風曰□。」

〈合集一四二九五〉

直譯：貞帝于西方曰彝曰風神

❹彝族空出來的地盤（陝、甘二省）部分賜給黃帝旁系子孫姬姓氏族（周朝前身），部分賜給姚姓氏族，部分交由嬴姓氏族代管（僱傭兵團，為秦朝始祖），扼守關隘要道，永斷東歸之路。

❺剩下一批順民則採懷柔政策，由女巫群主導，使其依附在殷人的商貿體系之下，蠅頭小利一嘗，安逸日久，夏民漸忘其史。從質變到量變，在商朝後來五百多年的統治中，不復再聞任何夏后朝的復辟事件，此為少數統治多數的高明策略。

> 桀召湯而囚之夏臺，已而釋之，湯修德，諸侯皆歸湯，湯遂率兵以伐夏桀，桀走鳴條，遂放而死。桀謂人曰：「吾悔不殺湯於夏臺，使至此。」
>
> ——《史記·夏本紀》

關於《史記》這段記載，「湯修德，諸侯皆歸湯」，這是正確的；但「因之夏臺」卻是錯誤的紀錄，為什麼呢？以經濟體系而言，商湯尚未討伐桀時，已經是渤海灣的新政治中心，並受諸侯絡繹朝覲，與夏桀居於平等地位，暫且稱為東西朝。夏桀的行政權並不通行於天下諸侯（早就各自為政），故商湯伐韋、伐顧，夏桀聽之而不復怪，何也？諸侯本不臣屬於夏桀也。試問，桀豈能召湯而囚之？商湯被桀囚之於夏臺，與周文王被紂囚於羑里，一看就是歷史上的翻版葫蘆，都是亡國遺民編造的心理平衡故事，不宜採信。

商湯建國：得賢臣伊尹，大振王業

> 水濱之木，得彼小子，夫何惡之？媵有莘之婦？
>
> ——《楚辭・天問》

《楚辭・天問篇》對於伊尹的出身及出仕簡要說明。伊尹不但父不詳，母亦不知，有莘氏女子見桑穴中有嬰兒，取歸養之，伊尹（又名庖衡，即精通廚藝的交際官）就變成有莘女的私臣，《墨子・尚賢篇》有記載，《韓非子・難言》也有詳錄。

> 成湯東巡，有莘爰極。何乞彼小臣，而吉妃是得？
>
> ——《楚辭・天問》

商湯東巡，見過伊尹，極為激賞，簡直當作自己的子嗣看待。他命人請之於有侁氏（即有莘氏），有侁氏不答應放人，商湯也不惱，別出心裁下一著將軍棋：「取婦為婚」，連母帶子一併收編，故天問有「吉妃是得」之語。

> 緣鵠飾玉，后帝是饗，何承謀夏桀，終以滅喪？
>
> ——《楚辭・天問》

緣鵠飾玉，是說伊尹庖廚有調和五味鼎鼐的神奇技藝，刀工食譜也很厲害，將蔬果雕成像玉器一樣的精美。修玉飾，是指在巫法祀典中深通靈玉事神之道。后帝，后是指母系神祇，帝是指天帝；是饗，乃指在儀典中虔誠禱祝成湯伐夏有成，商湯本身就是大巫法王，慶幸終於找到心目中的理想傳人，當然不惜代價，舉之為相。而伊尹也將商湯視若父，鞠躬盡瘁，以報知遇之恩。孟子說伊尹耕於有莘之野，繫馬千駟，弗視……湯使人三聘始肯出。這是平民階級故意挑戰貴族階級的偽造故事，不可貿然相信。

「何承蒙夏桀？」是說兩人共同策畫安排了一齣戲，假作反目，湯持弓矢射伊尹，詳見《呂氏春秋》。因此伊尹以商湯斥臣，作為死間，得以奔夏，從而謀夏。在夏王宮中，伊尹以庖藝獲得夏桀讚賞，也以牀藝征服了夏桀的元妃——妹嬉，得到許多珍貴軍情，祕傳於湯。

> 妹嬉何肆？湯何殛焉？
>
> ——《楚辭．天問》

《國語．晉語》：「昔夏桀伐有施，有施人以妹嬉女焉。妹嬉有寵，於是乎與伊尹比而亡夏。」按「比」字，有併肩、併行之意，上古通「姘」。這就很清楚說明夏桀有了新歡忘了舊愛，給了伊尹大好機會，得以見縫插針。利用死間陰謀亡夏，是高度機密，也不光彩，事豈可外洩？所以商湯必須殺妹嬉滅口，妖姬論只是對外的說詞，並非歷史真相。

《淮南子》云：「湯敗桀於歷山，與妹嬉同舟浮江，奔南巢之山而死。」首先，逃逸路線就不對，湯放桀是走陸路，由晉至皖。何來浮江？再說，妹嬉一片芳心早已獻給了伊尹，寧可死於情人手中，也不願跟著窩囊廢夏桀苟且偷生，對伊尹而言，江山美人孰重？妹嬉是很明白這個道理的，所以成全了商湯，含笑受絞，讓伊尹永保榮華富貴。

伊尹為殷商王朝立下特殊功業，雖無血緣，但商湯視為傳人，遺言規定後代子孫務必隆祀配享。《史記》：「伊尹……為湯相……壽百歲，卒，大霧三日，沃丁以天子禮葬。」《呂氏春秋》：

「祖伊尹，世世享商。」卜辭中也有：「貞子太甲，告昌方，出，告昌于黃尹。」此為武丁朝征伐昌方所卜之辭，既告於太甲祖靈，復告於黃尹（即伊尹），試問若不在宗廟配享，如何告之呢？《楚辭・天問》也有：「何卒官湯？尊食宗緒。」此段的卒，是指最後、終於的意思。可見《史記》等書對這一段的記載是可靠的。

唯《竹書紀年》有言：伊尹認為商湯孫子（太甲）不賢，因此將之流放於桐（地名），令其反省悔過，並自立為天子。後來「太甲潛出桐，殺伊尹，乃立其子伊陟、伊奮，命復其父之田宅，而中分之。」然伊尹子孫依舊在商為官，諸業不墜，這是怎麼回事呢？

伊尹長期為湯相，東征西討，大小文武臣皆出於其栽培訓練考核拔擢，女巫群也全力相挺。若他真要代替商湯成為永遠的天子，太甲必定離奇死於桐宮，更不要說迎接返朝了。由此可知，這是太甲重新復辟事件的民間軼聞，不必深究。

在商湯未入主中原以前，邦侯勢力是由帝嚳↓契↓昭明↓相土↓曹圉↓季↓王亥一脈相傳。王亥以後傳六主，才到商湯一系傳承下來，其姓為「子」，甲骨文用圖像來表達「子」的具體形象，其中是簡寫，是繁寫，後世又變成。看圖說故事，即頭頂戴著數道翎羽的勇士正站在几上，有點誇張「舞獅」的意思。卜辭中有：

〈佚八八八〉

直譯：辛巳卜貞王隹亥甲即于河

是圖騰集合字，保留殷侯「子亥」當時的旗徽。甲骨文如此刻法是敬筆。，不可錯認為田

字，這是「甲」字，指城邑中的大樹，其中用「口」表示城邑，「十」符號代表神社之木。，此為何字，上古何、河本相通。何字，即人荷重物，甲骨文有時省筆，即作形；此處作「河」看，此河是指大黃河，當時黃河並不混濁，黃河是漢代後才有的稱呼。卜辭中，「祭于河」是祭河伯河神的簡稱，當時的巫術觀點將河神擬人化了。

直譯：其告于高祖王隹亥三牛 〈掇一、四五五〉

直譯：王其尞……上甲父……隹亥 〈明七三八〉

有關王亥的「亥」字，先在此釐清一下。亥不是指豬，也不是豕，諸多學者都誤解了。按十二生肖排列法是後世輸入文義，不可套用在上古當時，況且以甲骨文「亥」字造形來看，豕、亥二字根本不相類，一個肥嘟嘟，一個瘦乾巴，豈能混為一字？《說文》：「亥，十月微陽起，接盛陰，從二……」簡直不知所云；《春秋傳》曰：「亥有二首六身……。古文亥，亥為豕。」同樣不可採信。亥字，其正確意思是指「野狼」，狗尾上翹成勾狀，狼尾下垂毛鬆蓬，狗身較短，而狼身較長。

王亥，其名多從（隹）或（鳥）或，見之於卜辭多矣。下方特別合上「亥」字，其義為子姓的殷侯，名字叫作「隹狼」。

「隹」是極優的符號，也是殷人鳥圖騰的崇拜，「野狼」代表活力充沛不拘束，狼行千里食肉，狗走百步吃屎。所以王亥取名真正的含意是：極優的野狼。

高祖王亥：畜牧經商之神

這是一匹又佳又優的野狼，人如其名，因絕色而幾乎絕命，闖下了大禍，在歷史上留下許多懸疑淒美的傳奇。

有因民國，勾姓而食，有人曰王亥，兩手操鳥，方會其頭。王亥托于有易，河伯僕牛。有易殺王亥，取僕牛……，河念有易，有易潛出，為國于獸，方食之，名曰搖民。

——《山海經‧大荒東經》

《山海經》的這段記載，前文意思是：有個國家叫「因民國」，那裡的人姓勾。下文則與王亥的傳奇故事有關。

子亥是殷商朝的先公遠祖之一，也是商部族發展史上的一位重要人物。此時的「商」是夏后朝（帝杼、帝泄之間）的小邦諸侯，離商湯流放夏桀還有百來年之久，官方文書稱他為「殷侯子亥」。商湯代夏，當然尊稱為王亥，為了敘述方便，我們仍採用原始稱呼。

這個子亥長得男人女相，面目異常清秀，天資聰穎，跟隨父王治理清、定兩河水患十年，盡得疏導洪汎要訣，能耐也不輸大禹。所以父王晚年考慮再三，還是把邦國重位交給他來接任。

子亥長年在外奔馳，個性特別喜好山林原野，不但歌唱得清脆好聽，連弓矢狩獵也有身手。但接任後反倒顯得格格不入，儘管邑中有婦有嬪，但都是承命娶聘而來的「氏族聯婚」，膚貌平庸，談不上深厚的感情基礎。所以子亥三不五時便常藉由畜牧遊獵的機會，一走好幾天才歸返邦界。

一日禮祭完宗廟返回寢宮時，偶得一夢，夢見自己在草原上驅趕大群的黑牛，成千上萬數都數不清，接著一群野馬也在狂飆。子亥發現這群野馬似乎有人帶隊，立刻撥轉馬頭直追，這才看清原來是位全身半裸的長髮女人騎著一匹白駒，長髮迎風飄揚和馬尾散開的銀絲正恣情拂動，隨著奔騰的馬蹄一起上下盪舞。

女人似乎察覺有人靠近，便一會側騎一會俯貼，又一會用修長玉嫩的大腿勾住馬背藏身在馬腹，功夫了得，煞是好看。子亥為了看個究竟，再度夾馬揚鞭，一陣衝刺，突然踏到空穴，連人帶馬全部翻蹶在地上，一陣天旋地轉，景象忽白忽黑，夢就醒過來了。

醒來時，窗邊香椿樹上停著一隻喜鵲，不停吱喳直叫：「有易，有易。」他內心覺得納悶，有易？有益？還是有溢？弄不清楚這是什麼含意？

過了兩天，庭前大史官率了幾個女史（官方的巫）來面報好消息，有大批牛羊從漠北一路南遷，正要通過鄰邦「有易」的邊境（上北平一帶），目前剛好有塊新占領的大草原可以容納圈養，報請邦侯是否親自去看一趟？

王亥突然領悟前兩天夢中醒來聽到的喜鵲聲：「有易有易」，莫非就是此地？頻頻點頭後，避開那群女史太過熱情投射的眼光，說聲當然要去，便另外吩咐其他小臣準備安排遊獵出巡。當天，有易邦國派來的小使臣也到了涿縣（殷人故里）。

奉上齒革儀禮後，遞上簡片，竹簡大意是有易邦侯（名叫綿臣）的正配過世已滿一年，準備今年秋天豐收後續弦再婚，名聘已定要大宴賓客，有請四鄰部族及殷侯駕臨添賀，如此云云。王亥一想：巧呀！狩獵、賀婚兩事，就併在一起也未必不好，就是在外多駐一陣子也無妨。於是令史官挑了吉日，分兩個梯次出發，前隊為「文隊」，是一批工匠樂官；後續是「武隊」，預備象徵邦侯儀的弓矢射手及輜重人員，押送貴重珍寶。

他一直縈懷著夢境中那一幕鏡頭，有點好奇心急，便違反了常例，自己僅帶了少數侍衛獵手及史官冊燋、冊黽父子兩人，提前二個月先行開拔，後隊就交給親弟弟王恆帶領。一路上江山如畫，大好原野正顯示殷侯遷都後的宏績偉業，雖然已經休兵多年，但四鄰小部落看到紅太陽鳥圖徽，都還記得傳說中的相土征伐故事，依舊很恭敬地迎送這批車隊。大體上，除了西北邊的鬼方要提防外，不用擔心安全上的顧慮，一旬不到，前隊人馬便到達有易邦國的寨城。

邦侯綿臣當然親自接待鄰邦的大貴客，但看到來者只是普通車隊，人員不滿百，當下就有點輕忽，問到珍寶厚禮要過段時間才運到，就未免冷笑了兩聲，有關招待的熱忱也就減低了一半。

王亥沒計較這些，只當作不知。他把帛布地圖攤開一看，心中自有打算，叫史官冊燋占看骨卜，都認為狩獵上吉，叨擾了三天，交代了秋後佳節回來會面，就逕自率隊朝承德圍場方向開拔。一路走走停停，不時遊戲玩耍，放鴈逐狗、順搜狐兔，車隊中的伶官樂人也難得有此逍遙機會度假，心情格外輕鬆喜悅，夜間營火的歌舞演奏居然是超水平演出，連王亥也忘了自己的身分，常常情不自禁地隨曲高吭，大夔祭中失傳的片段也上演著，如率巫官扮成的百獸向天帝獻舞及白駒駼舞等。

吁朝雲瑰燦，臨暘谷扶桑嬪旦，瑩瑩建木昊昊羲和，燁燁海若絪絪空蟠。

遊赤水駕驩，越崑崙各霞迎驤。昂首峻極嘯霓環，蹄縱雲樞跖大蒙……

歌聲嘹亮在星垂闊野的大地，穿透了濱河籠紗般的夜霧，吸引了許多母系游團的女酋，風聲愈傳愈廣，每到黃昏降臨，小小車隊居然像個市集般熱鬧，有些還流連數天才走。這些小道消息傳到綿臣耳裡就很不是滋味，認為王亥搶了自己的風光彩頭。

一日來到灤河邊上，斥候突然回報，對岸十里路有不少牛羊正在灣口附近漸漸集結，準備東渡。整隊人馬聽了都興奮起來，王亥當下決定，車隊留駐原地不動，表演歌舞照舊舉行。反正各零星游團十幾氏族加起來也有五六百人，加上戀曲頻傳，公共關係搞得相當不錯，大部分都會自動自發地擔任警戒通報，糧草也供應無缺。因此，王亥立刻率了十數位好獵手，連同史官備了二日乾糧，爭取時間穿過灘地，躍馬渡河。

這大型圍獵有套標準手法，必須觀測好長形溝塹所在，釘好物旗為誌，兩端封好鹿角叉樁，網曲三面而不死圍，以防困獸冒死逆竄。等到包圍圈慢慢縮小，就一群群趕入壕溝深塹，獵手再持長矛從上方將傷者弱者紛紛擊殺，汰蕪留精，挑選優良品種，日後圈放飼養。

一行人過河後，史官臨時選一高丘，立好社堆，左右插了二根將軍柱，上面用雞血彝祝淋過，祝禱山川土地社神，指引狩獵成功。一下了斜坡順著水文痕跡，轉過小乾溝，很順利就摸到了一條被雜樹野草封蓋隱藏的長條深坑。一組人馬再分兩半，一半先趕工快速立好交叉鹿角樁，另一半再分左右兩路快速斜開出去，第二天清晨一定要迂迴包抄趕到西北方位，否則時間一誤，這些牛羊群就會乘隙亡走。

畢竟是老手出擊，左右協調都很有默契，牛群想走陡坡逃逸，立刻被犬隻逼回。偶有零散牛隻想逆突包圍圈，立刻被馬驅離，圈子慢慢收縮。然而，碰到起伏不定的丘坡，還是差點就讓部分牛群從間道逸逃。多虧制高點上有兩匹遊騎哨警覺不妙，迅速衝下，滾滾黃沙夾雜人影喝聲，暫時壓住了亂陣。

第二天下午鹿角叉樁的人馬已經完工，立刻補上缺口，數百隻黑牛無路可竄。就這樣一步一步邁向塹溝，此時才有機會派出人手渡河通知車隊群，趕快從依附的游團裡面挑些精壯，幫忙合圍，圍者有賞。

這次狩獵成績「上吉」，但沒想到牛羊群來得未免太早，目前仍在有易邦國的地界。照規矩來，是要對分不能全拿，只好掉回頭，挑出部分上好的牲口，一批批往灤河下游趕，剩下的就交給那些依附來的游團婦女，眾人自是感激不已。

王亥令車隊先循原路回到涿縣方向，不必跟來，等到牲口撥交清楚後，兩路人馬再行聚合。游團中仍有不少人自願跟著王亥驅趕牛羊，王亥無法全部容納，只好挑了二十幾位有點專長的精壯跟著走。二天後，走到淺灘開闊處，正要找尋臨時渡口，突然看到遠方又有沙塵揚起。斥候回報說是有數十匹野馬正在崖邊飲水食草，王亥眼睛登時一亮，準備好索套工具，率了一半得力獵手就去繞路搜尋。跑了半天，終於在崖邊接近了。

那群野馬精得像鬼魅一般可以看穿人意，為首的一匹白駒耳朵揚了一下，便悠閒地踏著溜步，不疾不徐帶領其他馬匹橫斜穿出，能耐十足地站在丘坡上迎風，還不時引頸嗅聞周圍的異常空氣。眾人都異口同聲地讚聲好馬，機不可失，就要快速趕上前坡。王亥這時反倒冷靜下來，手臂一抬，喊聲且慢。王亥仔細說明：「坐騎已經連跑二天還沒大休息，腳程絕對趕不上，要衝刺也只能衝半個時辰，硬圍是沒有機會。現在大家看好，把母馬跟幼駒盡量衝散，幼駒一叫，母馬就會慌張遲疑，這時趕快套住，母馬套牢後，才追雄馬。領頭的白駒暫時不管，不會跑太遠，等到全部馬群都抓齊後，只給麥料不給水喝，白駒無法丟開馬群又聽得斷續嘶鳴，自然會在附近打轉，到時一合圍就可以趕到柵圈裡面。」

果然不出所料，母馬被套住後，狂奔的雄馬立刻慢了下來，眾人馬上急追，剩餘的野馬都快抓到時，王亥一時大意，忘了眼前草叢下的斜坑，驟奔之下，煞不住韁繩便連人帶馬栽了進去。眼前頓時漆黑，醒過來時已經躺在樹枝編紮的擔架上。

王亥坐起來喝了口水，連說沒事，但一站起來發現腳踝扭傷了，想勉強支撐，偏偏使不上力氣。這可急壞了跟隨的史官冊燋、冊黽，怕追究占驗不靈，也急壞了獵手侍衛，怕追究保護不周。王亥雖然冒汗站立，仍不失邦侯氣度，只問此地可有巫咸（指醫生）能療此傷？

一夥人一半留守，一半擁著王亥上馬，急急忙忙奔赴鄰近的小城「句容」。神差鬼使之下，竟發展出以後的悲劇和歷史懸案。

這句容城的氏族長就姓句，名「灤」，是夏后朝帝杼的遠親，以醫術傳世。他的獨生女「纓」是鄰近周知的絕世麗人，也難怪邦侯綿臣急切地秋後就要來迎娶，辦一場大婚聘。

族長「句灤」的醫術果然不同凡響，這位中年婦女看了傷勢直說好辦，令僕役生起旺火，熬煮一大缽氣味特殊濃烈的黏膠，準備了六、七枝削好的梗木，放進爐火堆裡，一邊揉著王亥扭傷的筋骨，一邊朝遠方喃喃祝語。念到差不多時，突然站起來繞著爐火踏舞，並且快速地旋轉身軀，突然倒抽一根還帶著燄火燃燒的梗木枝，瞬間插入到滾燙熱稠的藥缽中，只聽得滋滋幾聲冒陣青煙，梗木枝上纏繞了一團似糊似膠的濃稠膏汁，向空劃舞幾圈後，像是對好焦距似的，非常沉穩準確地直砥傷損經穴。這樣來回封燙壓砥數次，梗木枝都用完了，最後拿起小塊薄羊皮往腳踝上用力收捲，紮好皮繩固定，囑咐三日內不得奔跳，再來換藥。

王亥此行並未暴露身分，由衷感謝族長的神奇醫療，加上小隊人馬仍要補給麥草酒餅，回返營地後，便將新擄獲的野馬群及牛羊群整批朝句容城郊外趕來，打算將最上等的白駒及五六匹健馬送給族長句㰚，以為拜謝。原本只當路過並未預估久留，哪知連日奔馳辛勞下，老史官冊樵體力已呈衰竭狀態，百事憂慮過急，從馬上跌下，吐了數升黑血便兀自昏迷不醒；而獵戶侍衛也有數人受些外傷，都需停留治療，王亥只好將人馬暫時歇在城寨邊上，令人牽過白駒挑些健馬㹊牛，帶了擔架傷患等先朝族長宅中前去答禮。

這白駒一路上甩尾踢踹，不要說是騎御，連生人靠近都會嘶鳴踢騰。這一來，驚動了整個城寨，大家都在議論紛紛聚攏圍觀，白駒拴在氏族大院的樁上還是不肯就範。句㰚採藥尚未歸返，由女兒「句纓」出面接待王亥，句纓原本不必親自接待，但聽得人聲吵雜鬧哄而好奇心起，想一瞧究竟，代收謝禮後，便欲告退。但看到擔架上的老史官冊樵昏迷不醒，她於心不忍，就親自探了一下鼻息脈胳，令僕役準備湯藥煎劑。

幾番言語下來，雙方內心皆暗自訝異，小小的句容寨城竟然會出現這般人物？這時白駒仍在樁邊昂首嘶鳴，句纓便慢慢走近端詳，順手拿了一把黑豆，站立在白駒面前，輕輕伸出手掌，周圍吵雜的聲音也都安靜了下來，白駒好像認得主人似的，居然不踢不騰，俯頭嘗了點黑豆，任由她輕撫臉頰。當句纓牽起韁繩緩慢地繞圈起場，連獵戶侍衛都喝起好彩，王亥內心更是欣喜不已，愈發打定主意，不得此絕世佳人誓不歸也。

句纓得此良駒甚是開心，牽返後院時，回眸凝睇，深深地向王亥致意。其實她也暗自動了春心，然聘嫁在即，名分已定，又能奈何？可是又想那綿臣乃一瘦乾老男，半輩子春花秋月竟是如此不堪，想想也是神傷。雙方這番心思，恰巧都給小史官冊黽看在眼裡，心中暗自叫苦，今後不知要給這對歡喜冤家每天灼骨看兆多少回呢？

王亥決定等冊燋病癒後才離開句容城，每天不動聲色依舊蹓馬放鷹，以避大家耳目。幾日後，預定好地點，假稱要辦野祭燎火酬謝山神，在一場盛大的歡宴儀式中，表演了兩場角弓獵技，獻上牲獸，醉飽父老眾人後，這對情侶終於有了機會私下晤面，句纓直到這時才知道王亥的真實身分。

情感進展得很快，雙方也漸漸不顧忌周遭眼光，消息很快就洩漏了出去。侯主「綿臣」大為光火，老臉掛不住，只好突然宣布提前迎娶。王亥知道事情已無轉圜餘地，又不能阻止綿臣不娶親不辦喜事，只好走一著險棋，與弟王恆商量，帶著「句纓」迅速乘間道返國，屆時就算天大的事也好解決。王恆一見句纓如此絕世美女，動了不能說出口的暗戀之心，當然滿口答應王兄的主張。

但如此一來，也把綿臣逼得惱羞成怒，等王亥車隊通過灤河渡口時，就準備調集兵馬伏擊。可是王亥的親弟弟王恆也率了殷邦侯的數百精銳前來接應，一旦雙方人馬合攏後，再要追擊，就未必有十足把握。這「綿臣」不愧為老薑，得知王恆極度暗戀句纓，立刻派了密使與王恆談判。

根據當時邦侯的繼承制度，主要是「兄終弟及」，而後才是父死子繼。王亥若死，則王恆便是理所當然的邦邑侯主；王亥若死，則目前所捕獲的大批黑牛羊馬全歸王恆所有；王亥若死，句容城的麗女句纓擄獲押返後也歸王恆。因為有易邦已不能再娶此女，今後綿臣只能不聞不問。

有易邦只要求一個條件，那就是隔河觀戰，原地不動。

王恆考慮了一夜，細算了利弊得失，很快答應了暗盤條件。他對部屬佯稱渡河工具尚未齊備，上游大水退完才能前行，所有人馬停頓在河岸高地。第二天下午，王亥車隊果然爭取時間，走捷徑小道越河，綿臣以逸待勞，早已率了六、七百人馬事先將所有通路封死。王亥一看情況不妙，下令將車隊圍成左右兩個方陣，內藏弓弩，中間空隙利用牛群來回奔馳，踐出許多塵煙以為隱蔽。

他冒險派出的斥候，說已經看到本邦的旗號，部隊正在高岸旁邊駐紮，天黑後可以掩護車隊過河，必要時車隊可以捨棄，人員過渡尚不成問題。

王亥用牛群奔竄的方式擋住數波段步卒的攻擊，但牛群散逸後，仍有大量步卒繼續持矛攻來，車隊且戰且走，想靠岸邊貼近，但敵方人員太多，弓矢射完後，只好展開近距離肉搏。王亥這方點起火把做了數次記號，奈何對岸毫無支援的動靜，他心知事情不對勁，趕緊喊聲四散突圍。

這一場戰役殺到天黑後就結束，剩下的人員在第二天清晨全部在河濱處被擄獲。句纓和白駒雖然躲藏在蘆葦叢中，還是被綿臣搜到，當場就被押還到河岸高地交給王恆看管，表示信守承諾，並指出四散牛群馬匹的逃逸方向。

王恆等人貪圖這批龐大的牛群羊隻，不知是計，竟將隊伍分成三處分邊獵捕，花了四、五天功夫才捕捉全數，正要合攏驅趕之時，綿臣暗中調集的大隊兵馬已紛紛到齊，把王恆的部隊衝散，區隔成五、六塊喝令繳械，部分隊伍一看勢頭不好，登時潰散逃逸。

看管句纓的兵卒情急之下也拿起弓矢參加戰鬥，句纓趕緊趁機跳上了白駒。這白駒乃群馬之英，幾聲嘶鳴，原有的野馬群紛紛集中靠攏，句纓死命貼緊馬鬃，拉緊了韁繩任由白駒突圍竄出。大草原上數十匹野馬同時奔騰，其勢甚為驚人，雖然左衝右突之際被射倒一半，損失頗重，但總算帶了五、六匹衝出包圍圈，老馬識途，盡走一些荒涼古道，連跑了兩天才算脫離險境。

王亥在亂軍之中，驚覺到往河岸方向逃逸，必然死路一條，乾脆反向疾走，果然利用夜色昏暗之際，迂迴逃出。第二天清晨，綿臣的零星斥候仍不時出現，王亥白天不敢行動，等到夜晚再度快馬啟程，到第三天穿出了有易邦的地界才鬆了口氣。但是現在他只能北走，不能南逃，天氣愈來愈冷，幸虧邊境上許多零星游團的女酋長都聽過王亥名聲，不但盡力接濟，有的還志願跟隨王亥遠走天涯。十天後，一支奇異的隊伍——上百人的娘子軍及大批兒童，出現在遼河附近徘徊。

句纓在奔逃途中，也略約聽到王亥北走的傳聞，便藉著游團氏族的小道消息，一路循線摸索追尋。一個月後，這對情侶終於在新遼河邊上相逢泣擁，王亥當眾宣布歸路已斷，今生已無顏面重返舊邦。但此生願以句纓為后，再建氏族邦國，這支隊伍人數愈聚愈多，獲得子國女巫群多方資助，提供了車輛騾馬皮裘糧食，最後走到嫩江邊上，成為以後「女真族」的始祖之一。

《楚辭．天問篇》還特別提到了這一段淒美的愛情故事：

> 該秉季德……胡終弊於有扈……干協時舞，何以懷之？平脅曼膚，何以肥（妃）之？有扈牧豎，云何而逢？擊牀先出，其命何從？

大略解釋：該是指王亥（烏形換言部），繼承父親（季德）之德業，為何全淪陷在有易畜牧呢？「干協時舞」，是指用大合舞、萬舞，類似男女蠱惑的舞藝向對方挑情。「何以懷之」，是說到底用了什麼手段，擄獲準王妃的芳心？「平脅曼膚」，形容王亥勇壯的手臂和充滿活力的肌膚。「何以肥（妃）之」，是說怎麼就這樣贏得了準王妃的捨命相就？「有扈牧豎」，有易（扈）邦的美女，牧豎是指不務正業、只喜打獵牧牛的小子（王亥）。「云何而逢」，是說這兩個人八竿子打不到一塊，怎麼會被神奇的命運湊合在一起呢？「擊牀先出」，是說姦情暴露，先出，是指事先閃人。「其命何從」，是說王亥與準王妃逃逸後的下場，究竟如何？

事後，有易（扈）邦侯綿臣也覺得做得過火了，就為了一個女人結怨，導致兵戈連連，破壞多年畜牧合作關係，並非上策。因此透過河伯做仲人，將所捕獲的牛羊又全數歸還王恆，以示修好。

王恆回到邦邑後，原本已為天下便宜占盡，還可接邦侯大位。然而，子國的女巫群早將這些卑劣事蹟傳開了，並且帶來王亥自我放逐的簡片：「誓不返舊邑，即刻推舉新邦侯承續祖業，唯一條件，願有生之年看到有易滅族。」王恆背兄棄義，當然為族人所不齒，最後改由其子上甲微登位，並承諾誓言。按《竹書紀年》所載：「十二年，殷侯子亥，賓於有易，有易殺而放之，十六年，殷侯微（即上甲微）以河伯之師，伐有易，殺其君綿。」另外，老本《竹書》也記載了事件的前段部分：「殷王子亥，賓于有易而淫焉，有易之君綿臣，殺而放之。」

殷商王朝歷世五百餘年，傳君廿九名。《楚辭》、《史記》及《竹書紀年》，傳述成湯伊尹事簡冊盈筐，而後一跌，就跌到最後一朝帝王商紂的身上，中間留白未免太多。其中武丁的輝煌中興，與「婦好」的傑出成就都不能被忽略遺忘，特開專篇論述（見262頁及296頁）。

目前只好依照史料鋪陳的重點，重接探討武乙（武乙為商朝第二十七帝，紂王為第三十帝）。《史記．殷本紀》：「帝庚丁崩，子帝武乙立。殷復去亳，徒河北。帝武乙無道，為偶人謂之天神，與之博，令人為行。天神不勝，乃僇辱之，為革囊盛血，卬（仰）而射之，命曰『射天』。武乙獵於河、渭之間，暴雷，武乙震死。」而《楚辭．天問》有：「不勝心伐帝，夫誰使挑之？」質疑射天的荒唐行徑，到底是誰挑起的？然其文義並非直指武乙，不過這些記載頗有問題。

歷來「射天」的行徑，何止武乙一人，一直到民國初年尚有傳聞軍閥以巨砲轟天求雨，西方舊約亦有尼祿王之箭，所以有理由懷疑，是否周人積極強調伐紂的正當性、合理性，而將流傳已久的軼聞套用於武乙身上？

末代商紂：集污名於一身的亡國商王

首先條列商朝末代君主紂王的罪行：

❶《史記．殷本紀》：王子比干者……諫弗聽……遂去……紂怒……剖比干觀其心。

❷《史記．殷本紀》：費中善諛，好利……殷人弗親……諸侯以此益疏。

❸《尚書．泰誓》：崇信姦回，放黜師保。俾暴虐於百姓，以奸宄於商邑。

❹《索隱》：箕子乃披髮詳（佯）狂而為奴，遂隱而鼓琴以自悲。

❺《戰國策》：箕子接與……披髮而為狂。

根據這些劣行事蹟，似乎把商紂王描繪成惡貫滿盈的昏君，不過《楚辭．天問篇》的觀點則持保留態度，也質疑真相真的如此不堪嗎？比如：「彼王紂之躬，孰使亂惑？何惡輔弼，讒諂是服？」、「比干何逆，而抑沉之？雷開阿順，而賜封之？」……其文義口氣，固然記載民間傳說，但也提出了不解之處，很想知道真正的實情。如「梅伯受醢，箕子詳（佯）狂？」這是依據周人傳聞記述而寫下，但屈原並不相信這些說法，也質疑其中的曲折，所以專門列在天問之中。

廿四史，無朝不興，無朝不亡，周人代殷已成事實，沒有必要幫助商紂王開脫。然而，據卜辭出土的材料來看，的確有矛盾。

殷商末代帝王的卜辭文字極為嚴整，文句亦為典雅，甚至龜版檔案的冊排都非常完整有序，並無散亂逸失，沒用到的龜甲版也整齊屯放，不像是荒廢朝政縱淫度日、管理鬆懈的樣子。基於對歷史真相的尋奇，個人從卜辭中整理出一些新看法：

一、周人圖謀殷商，蓄意已久

先挑撥嬴氏族（秦之先祖）僱傭兵團，許以未來厚利及土地賜封，使其暗中倒戈。接著用鄉村包圍城市的方式，花了數十年光陰，用心設寨立啚，將殷人的西蜀黃金貿易線阻斷。

近百年進貢美女，換取戰略要地，並且安排殷王朝中親周勢力的擴張，進貢美女的同時，也派出年輕子弟到殷朝學習各種典章制度。到了帝辛朝，連占卜的貞人（史官）都有不少周人。

利用西北邊境氣候大乾旱，許多游牧蠻族必須往河套地區掠奪，因此攏成一塊組成聯軍，共同伐紂。利用夏后王朝殘餘的彝族，由新疆重返中土故地，又添了一股強悍力量。利用一向唱反調的淮夷，許以金銀，資其擾亂華中線的殷人商貿活動。

商紂不察，竟將主力部隊調往該區，從此陷於三面作戰的被動窘境。

二、創造「上帝」天命，取代殷人祖靈神祇

此處的上帝，與西方基督文明的上帝，同名但不同義。周人潛伏的史官花了數代工夫，搞懂了殷人政教合一的精奧神髓，便從意識形態開始著手。

《楚辭．天問》：「令徹其社，命有殷國。」大意是說，周人在岐地開始立自己的「社」，不再按老規矩奉事殷商朝的神祇。而後鋪排：「文王以祭告上帝，乃親致紂之罰也。」一系列的心戰文宣活動。

《詩經．大雅》中連續有「帝謂文王」，簡直是上帝親自與文王交談的實錄。而在〈蕩〉的雅詩

中，文王大詈殷商，用詞憤怒毒辣激烈，不留餘地傾瀉而出，完全是苦大仇深、勢不兩立的敵對國（所以後世儒家編造的周人「三分天下有其二，猶服事殷」、「紂囚西伯於羑里」，集謊言一堆，不可驟信也）。

這種新天命說一出，振奮了所有蠻族外姓諸侯滅殷的決心，也讓部分殷人開始動搖了信念。

三、商紂王違反「以商立國」的祖訓

只懂進不懂退，為了維持虛榮版圖，興兵過度透支財政。比如在位的第十年遠征東夷，第十五年再度遠征，同是鳥圖騰系列的伏羲後裔，同室操戈殊為失策。甚至把水利建設工程所役使的大象群，全數調出豫省（古之象省），最後慘勝而歸，唯一能對抗西北面騎兵的大象兵團就此煙消雲散。

四、官僚抬頭，女巫群淡出

核對武乙、帝辛期的卜辭，已少見巫史、女史、女官、命婦等活動。遠因是父系社會日漸成熟，近因是周人有心逐年淺削女巫群的影響力。女巫群淡出權力核心後，只好退回東北老窩，或者冒險走西南蜀地，更有一批荊楚巫官，寧可委身蠻荒純樸的熊氏族（楚國祖先），也不願再與城府甚深的周人打交道。

殷商早年賴以發家繁榮的經貿體系，從此萎縮而日漸凋亡。

五、過度勤儉，事必躬親反而亡國

勤儉的確是生活中的美德，但用在政治管理藝術上就大錯特錯了。老莊哲學也常說：「將必取之，故必予之。」因軍費過度，財政透支，故萬事不得不節儉，到處打小算盤，遲遲捨不得犒賞，弄到各地僱傭兵團紛紛變節。

縱有幾批老交情的部隊，缺餉缺糧也打得有氣無力，這個情況如同明朝末年崇禎皇帝一樣，節儉成性，夙夜認真辦公，事必躬親，結果大家無利可圖，看不到未來，陽奉陰違之下，各自找尋出路，焉得不亡？個性影響命運，命運造成結局。

六、商紂王年事已高，接班人武庚年輕無用

武王伐紂，中途崩了，文王有為，繼續接手，還利用喪事大搞悲情，激起聯軍復仇意志，其勢本就難擋。而老紂王偏偏碰到妲己之喪（依據卜辭材料，推估時年約在六十五歲上下），哀慟逾恆，疏忽戰情判斷反應（時年約七十二歲上下）。其子武庚不知世事艱難，只懂奉行教條，這一去一來，雙方勝敗業已判定。一月之後，牧野兵敗，二月之後，商紂鹿台自焚，五百多年的殷商王朝宣告解體覆滅。

3 淺釋殷人及周邊氏族的奇異圖騰

太陽、禽鳥、龜蛇……圖騰代表了整個部族的精神、特色及渴望

圖騰崇拜是原始宗教的最初形式，用以暗示種族源起或視為保護神象徵，其實質作用則包括團結群體、連結血緣關係、維繫社會組織及區別不同部族等功能。例如「天命玄鳥，降而生商」，就是一種圖騰崇拜，玄鳥便成為殷商部族的代表標幟。

中國上古史出現的各部族都有自己的代表圖騰，隱含在其中的故事精彩豐富，這也是圖騰耐人尋味之處。

——編者的話

圖騰一詞是外來語，出自於印第安古語totem的音譯，中譯後極為生動巧妙。其本義是「他的親屬關係」、「他的氏族」或「他的標誌」。古人與自然界或萬物之間的關係很緊密，往往認為本氏族是起源自某種特定的物種，具有所謂的「親緣關係」，於是圖騰信仰就跟祖靈崇拜產生了連結，某種動物或植物就成了這個氏族最古老的祖先，並被當作該氏族的一個象徵，描繪其形狀在旗幟及器具用品上。

上古社會，專業家族有「銘記」家徽作標示，直系氏族有「圖騰」族徽作崇拜，比較大些的部族都有一定的圖徽，當作效忠、凝聚及敵我辨識的一個標誌。

黃帝

原始圖騰： **集團代表圖騰：**

七千年前北方的黃帝部族是軒轅氏，以游牧為主，活動範圍大致在陝甘寧地區，沿著黃河以北的大漠草原線，向東拓展到遼寧地區。黃帝部族的原始圖騰本來是「天黿」，類似蜥蜴的形狀，後來漸漸圓飾成簡易的C形龍。在圖騰的描繪上，許多C型龍快速旋轉看起來就像漩渦，如，最後與蚩尤集團作戰時，主要的集團圖騰是，就像雲彩在飄動。

按紅山文化，本來就是黃帝集團的後花園，現今出土的眾多上古玉器造型中，除玉瑞獸以外，最多的是玉豬龍（其實應正名為龍胎），如，以及類似梳子狀的勾雲器，如，經書所言：「以雲為記」是信而有徵之事。

能

金文：　小篆：

黃帝氏族姓「姬」，又稱「有熊氏」，但應該修正為「有能氏」，原因分述如下：

卜辭中不見熊字，金文則「能」與「熊」通用。考證上，看不出有「熊」圖騰崇拜的大量證物，倒是在甲骨文中有類似的「羽能」字樣，如。學者認為是熊的背上長了翅膀，這就產生了疑問：熊背上怎麼會生出翅膀，笨重的熊怎麼能夠飛翔呢？

當然，熊是不會飛上天的，不可將符號當作羽毛的羽（羽字，甲骨文有另外的刻寫法，如）。我們來看看女巫群創字的慣例，等形，原本是指「彗星」的符號。彗星又稱掃把星，像一支小掃把橫掃天際而過，所以等形，是掃帚的「帚」的原始初文。

熊有長期冬眠的特殊習性，冬眠之前，會用爪子「掃」出一個深窩來伏藏；在三個月的冬眠結束後也會用爪子「掃」開封穴探出頭來。因此，古人根據熊的特殊習性，添飾了「帚」的意符。

由於大雪封山，北地酷寒，許多生物熬不過去，瀕臨死絕，唯有熊可以撐過寒冬的嚴苛考驗，故以此象形兼會意，成為無所不能的「能」。從這個「能」字，終於可以瞭解黃帝號稱有熊氏，應該修正為「有能氏」，表示本領很大、很能幹。從此字的變化也解開了治水無功的「鯀」被舜帝處以極刑後，一會兒化作熊、鵬，一會兒又化作魚等等極不合理的荒野傳奇，原來是傳抄字訛誤，誤解成了羽化的「羽」，難怪化得離奇又離譜。

炎帝

原始圖騰： 氏族圖騰：

炎帝出於青海，活躍於陝甘南部，其原始圖騰的基本型是玫瑰，在彩陶上所遺留的標誌，大約如。為什麼會有植物性的圖騰崇拜呢？這是因為炎帝氏族習慣以各種不同的花卉來代表四季八節，作為生產採集的依憑，暫稱作「花曆」。爾後圖騰演變成盛開的紅菊花造型（取紅色是有原因的，一來是代表太陽的顏色，二來紅菊花在黃色的陶器上才會顯眼），如等。問題來了，炎帝氏族圖騰為何會定型為菊花呢？

理由是菊花耐寒，又像太陽四射的光芒，象徵氏族興旺可以生生不息。這種紅色菊花看起來也像火焰燃燒，炎帝的稱呼就是出於此處。炎帝與黃帝早先在中原爭戰過，炎帝戰敗數次後，衡量利弊得失，最後輸誠向黃帝靠攏、結盟合併，形成了新的共同稱呼，即「炎黃」或「黃炎」。

蚩尤

代表圖騰：

與黃帝集團對峙數百年的蚩尤集團，是三苗九黎（含南島語系）各氏族的大統領，由於長江流域的大洪水成災，和全球氣候的澇旱大逆轉，只好硬著頭皮往北衝，打算進軍中原。

蚩尤集團的聯合圖騰是大頭蛇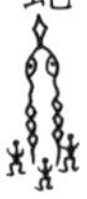（明清兩代，晉陝地區猶存蚩尤廟，其廟只供大頭神，有首無身，鄉戲以牛角互抵搏鬥，稱作蚩尤戲）。

蚩

圖騰字： **小篆：**

蚩尤的「蚩」，是從虫部變出來的字，與甲骨文的習用語「」有差別，不可誤讀。，在甲骨文作，描繪的是被蛇竄起來咬在腳趾頭上，是指災禍義。「蚩」字從虫，是牛角造型，其字的演變來歷大約如。

伏羲氏

代表圖騰：

同時期，東夷方面的伏羲氏，以蒼鷹作主圖騰，管轄各種鳥系列的小圖騰。淮夷方面的尚犧氏族，則以人面魚紋為圖騰，如。

女媧氏族

代表圖騰：

由山東群島向內陸遷徙的女媧氏族，以擬人化的神蛙做主圖騰。

殷商

子姓圖騰：  **殷商圖騰：**  **軍旅旗徽：** 

因為「天命玄鳥，降而生商」句，讓人以為玄鳥就是指黑色的鳥，而把殷商人的圖騰視為燕子。但其實這是文字誤解誤讀後的結果。《詩經》等典籍提到的玄鳥應解讀為「彗星隕石」，隕石焦黑，故以「玄」字稱呼；而且石塊扭曲交纏的狀態及斑紋，既像蛇紋又像龜紋，又符合了玄武龜蛇的圖騰，切合「玄」字本義。

反過來說，如果玄鳥真的是指燕子，那麼燕子既然貴為殷國的圖騰，何以卜辭中關於「燕」子的說法及用法都極少？在十數萬片龜甲中，簡直寥若晨星。

原始殷商族的女巫群，因支援黃帝集團有功，所以在遼河附近，建立了「子」的邦國，其氏族「子姓」的圖徽是神獸獅（即獒犬的脫胎翻版）。但初期參加黃帝集團作戰時，女巫群掛的是神龜幡旗，以便與其他氏族做區分。

史書上所謂帝令有熊、羆、龜、雲征伐蚩尤，其中的「龜」就是泛指殷初的女巫群。在黃帝與蚩尤的大戰結束後，「子」姓小邦國成立了，圖騰當然會做改變，恢復昔日雄風，自可理解。

商湯在渤海灣一帶，苦心經營準殷商朝，用了賢臣伊尹，熱絡交好原本的盟邦東夷族，也就是聯合所有鳥系圖騰的部族，因此商之圖騰正式更改為鳥圖騰，但此鳥絕非燕子，而是鴟鴞（即貓頭鷹，白日不動如山，夜間善襲神準）。在出土玉器中，如等形，都是貓頭鷹，而非燕子。再來看看甲骨文的「燕」字，頭無冠飾，翼無振翅，尾無增飾，形象萎弱，既不雄壯又不威武，作為國徽軍徽誠令英雄氣短，何能統率群鳥圖騰而奪天下？何能長延國祚五百餘年？

取用夜鷹的神祕力量，插於百夫長出征的權杖頂端，以為作戰指揮，故甲骨文皆以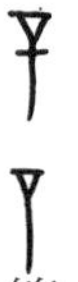符號表示。至於玉器出土的地點常在紅山文化區的範圍，因此有人說殷商文化承襲了紅山文化，此為極錯誤之論點。

橋歸橋，路歸路，原始殷商族的女巫群是文明文化遙遙領先的女始祖，光在文字上的創造，就是大突破大躍進，沒有任何氏族可以與之比擬，連殷商之前的夏朝，都無文字可傳（縱有小部分吉光片羽的彝文，仍局限在圖繪初階）。

若以玉器形制比較，殷商人主要用琮、璧，做得非常精細，黃帝軒轅氏族主要用玉豬龍（龍胎）和勾雲器，兩者在巫術、巫法上的發展系統截然不同，連工藝手法都不同，怎麼能說殷人承襲紅山文化？所以有關黃帝發明舟車、嫘祖發明桑蠶等等記載，都有必要重新檢視一番，當然戰勝的集團會囊括所有的光環與榮耀，歸功於大領導的歌頌讚美自然不絕於耳，此為古今中外之通例。

◎夜鷹睥睨，兵權在握

殷商作戰指揮用的權杖，上面放的是鴟鴞形狀的玉器。

天降玄鳥的真實性

甲骨文搜尋不到單獨的「玄」字，只有在金文中可以窺見一二，如。在《山海經》中，稱北方大神或海神為玄冥；漢代瓦當上的四靈之一「玄武」（四靈分別代表東西南北四方，即左青龍、右白虎、南朱雀、北玄武），則銘刻為蛇與龜的合併圖案，那麼「玄」到底是什麼意思呢？

照理說來，長蛇與烏龜是在溫暖的長江流域活躍生長，怎麼會跑到極寒的北方當作圖騰崇拜呢？原來原始殷商族女巫群舊有的三大圖騰，分別為猛獅（脫胎於獒犬）、靈龜及盤蛇。猛獅的圖騰，後來變成「子」國的徽記，早期殷商貴族皆姓「子」。靈龜的圖騰，流布於冀北地區，是女巫群的分支，為河伯氏族的銘記。盤蛇的圖騰是女巫群最遠的分支，最後在黑龍江流域生根，為「龔」族的銘記，而雙手拿龍的「龔」字則隱藏著歷史神話中撞不周山的共工氏一族，共工氏後來變為北方的水神。共工氏的圖騰本來就是一隻黑龍，甲骨文有線索：，這是和殷商王朝有聯姻關係的親族。

北方龜蛇二圖騰，由於氏族長期聯姻，就合併成，宛若龜蛇交配的新圖騰，或龍龜造型圖騰。在殘留的金文中，玄字依然有此類圖騰的遺痕，如（雙龜聯蛇符號）、（蛇首龜身符號）；另有金文符號，象徵長蛇靈活扭曲盤旋。

龜可縮藏於殼內，敲不破打不壞，忽然又可以變為可伸可曲、盤旋自如的長蛇，所以玄字就有變幻莫測的含意。另外，龜與蛇都是黑烏烏的顏色，在色彩上也代表黑色的意思。

商

圖騰字： 

甲骨文： 

金文：  **小篆：** 

殷人文書上自稱為大邑商或天邑商，甲骨文商字的上端從等符號，這是夜鷹（鴟）圖騰，下方的，則是指商旅大車隊的車篷布簾造型，有的字還依稀尚存車輪符號。原始的「商」字是，甲骨鍥刻為了省便，筆畫多有刪減。

顓頊

原始圖騰： 

五帝之一的顓頊，相傳是黃帝之孫，其圖騰在金文中的描繪極為傳神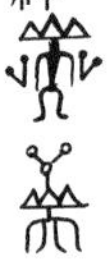，以崇山峻嶺來代表高高在上的領導者，或則是指天狼星；一直傳到帝堯，從三土、從人形，尚有脈絡可循。

耑

甲骨文：  **金文：** 

後代文字記載將顓頊的「顓」字套用在「耑」字邊，是一種約化省便，與甲骨文「耑」字的本義不同，試看甲骨「耑」字是怎麼一回事？

「耑」字上從足（含有散狀滴），下從「不」，甲骨文原義是說從室外到室內滿腳灰塵泥垢，所以睡前必須洗腳（旁有水滴狀），才能掀簾上床。這是基本衛生也是禮貌，象形意會成「耑」，通端正的「端」。

再看金文的變化，取消洗腳的足形，改用手掀「不」（取床前垂簾之形），其意仍在保持端正之心。當時東北天寒地凍，有裸體睡暖炕取暖的習慣，因此不能隨便掀開布簾，這也是「耑」字從「不」的另一層含意。此外，亦有從掃帚形的字，意思是清潔床鋪衛生要很仔細，所以會意成「耑」，含有專心的意思。而這個掃帚形進入篆書，就寫成這樣的斜形了，連下方的不形也修飾成「而」，到了楷書就被擺正成山形，即現在的耑字。所以耑字本源，上頭不從山，下面也不從而，這都是後來文字演變修飾後的自然結果（瑞、端皆後起衍生字）。《說文》：「上象生形，下象根也。」漢儒未見出土的甲骨文原字，釋之謬誤可以理解，但歷來學者一直從植物百草概念中搜尋，並為強解，反而造成更多誤解了。

商

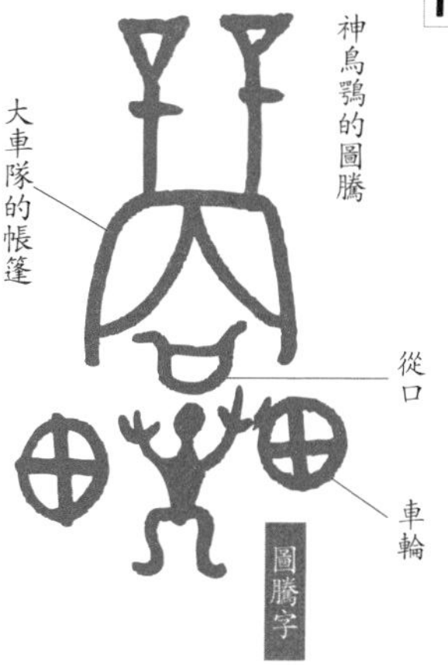

- 有車輪，有帳篷，代表四處遠行的大車隊。
- 從口，代表開口經營做生意。
- 商字採大車隊的車篷布簾造型，表達出殷商以「商」起家的歷程。

耑

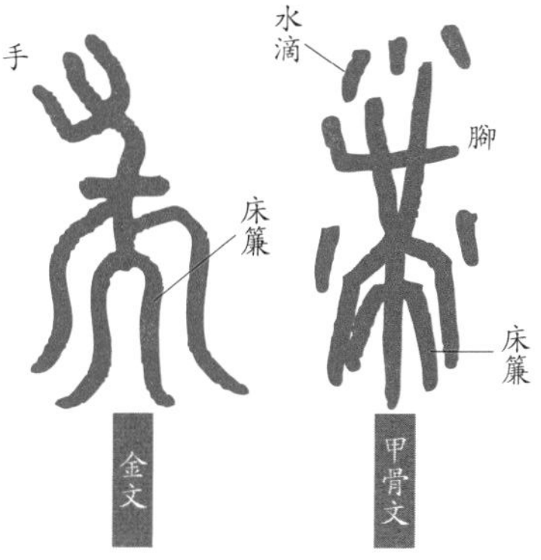

- 掀簾上床前，要先用水洗腳，隱含行為「端」正之意。
- 不能隨手掀開床鋪的布簾，也是端正之意。

大禹

代表圖騰：

舜之後傳位給大禹。大禹九州治水，功同造化，人民感戴，諸侯威服，建立了正式的「夏」朝。

大禹原沒有自己直轄的氏族，所有權力都來自於舜的恩授，於是援用先賢帝嚳的「夔」形圖騰，即神猴也。夔的甲骨文作，意味帝嚳善於養猴、用猴、役猴；而「夔」上古也通優（指傑出的藝術表演者），變成「夏」的初文。金文、小篆，字體字形仍與舞蹈藝術產生連結，只不過那精靈般的猴神戴上了面具，改作人形。

不過大禹的「禹」字，用字開頭似乎有問題？尤其是被民初疑古派學者大力抨擊，說大禹是虛構之人，根本是個爬蟲動物，那真相是怎麼一回事呢？

禹

金文： 小篆：

甲骨文沒有「禹」字，也沒有類似單獨的「愚」字，偏旁倒是有的，如（暫釋為喁），只不過這個符號又是代表什麼？

我們在金文中可以找到（堣）字，或是（愚）字，現在從這些線索裡面來抽絲剝繭，看看是否能找出真相？

❶，從類似手形。

❷，旁邊有城廓建築，肯定與建築土方有關。

❸，應當是指做某種很老實的工作，很有耐性，故從心。愚，在古代是指老實忍耐的意思。從中國上古神話「愚公移山」的故事來看，最後逼得山神恐懼讓步，搬開王屋、太行二山，留下一條路。所以愚字應該不是什麼貶損語，只不過愚公是用什麼樣的工具來威脅山神的呢？

甲骨文為方筆鍥刻，要畫正圓輪形較為困難，故稍有扁斜，但並不影響最後判斷。禺的初形是古代用來運送築城土方的「獨輪車」，將豎立鍥刻的改作橫看，則為（橫叉中夾個輪子）。是多出來的支撐板，可以放置物件，金文中為了修飾，漸訛為（手形）；而此字的整體結構也就偏於半個萬字，難怪專家都不解。

所以，「禺」是指用獨輪車運送築城的土方，以此類推，「喁」是指一邊推車，一邊碎碎念請求讓路；「愚」，是有恆心地日夜推車。

可別小看了這獨輪車（也稱雞公車），穿梭在羊腸小徑、田埂窄路十分輕便俐落，能通偏遠之所，後世所謂海角一隅的「隅」，或寓所的「寓」，這些衍生字體皆由此出。

由這個「禺」形字的考證，大致可以瞭解原來大禹的「禹」是指治水挖土運土的獨輪車。當時在黃淮平原上的數千輛獨輪車擺開作業，持續十餘年動員，場面相當驚人。當代人稱其賢，故以「禹」尊稱之，絕非什麼爬蟲動物，這必須還大禹一個公道。

西周

代表圖騰：

商湯立國傳位到商紂兵敗自焚滅亡，前後五百年，取而代之是西周。周人姓姬，是黃帝的本家姓；國號「周」是從，代表有農業生產，田中有米能讓大家吃飽飯就成了。周人是黃帝的直系血統加上部分中亞混血，原本游牧，後來經濟轉型，歷朝進貢美女予商王，獲准遷於岐山之下，變成半牧半農的部族。原始圖騰不是田口「周」，而是承黃帝雲記標誌，再加上正紅色伸展雙翅的鷲鷹，「牧野鷹揚」的典故就是描述其圖騰在原野上翻動招展的故事。

姬

甲骨文： 金文：

姬是指身材豐滿的絕色美女。甲骨文左偏旁是梳子，右邊的女形特別用了兩點強調胸部豐滿。周朝本姓姬，一方面承繼黃帝的血脈，一方面又有中亞民族的混血，不論身材或面貌都勝人一等，是一個靠美女起家的氏族。

秦

原始圖騰： 代表圖騰：

協同西周共同伐紂的秦人，本姓為「嬴」。秦朝的開創先祖是「伯益」，乃女媧氏族的後裔。女媧族原先居於山東群（半）島的北端，靠海產致富，後來遭遇到全球氣候大逆轉，又碰上幾次無情的大海嘯肆虐，不得不放棄祖居地，一路向西方尋求出來，沿途死傷病故甚多，每到一地，就被驅趕，情況比吉普賽人好不了多少。

中國的「愚公移山」、「精衛填海」的神話故事起源都與此有關，嬴姓氏族最後穿王屋山越太行山，到了陝北與犬戎蠻族交界的地區，才算站穩了腳跟（數千年後，陝西農村尚保留久遠的習俗，春季正月做烙餅拋上屋頂，效法女媧娘娘補天，就是秦風遺俗）。

「秦」本來是殷商王朝在邊邑的僱傭兵，以寶雞為起點，負責西蜀貿易交通線上的安全及棧道工程修護。秦人的原始圖騰是女媧族的蛙神，到了商紂滅亡，因為倒戈有大功，得到賜賞封地（包括西蜀部分），正式稱邦國，甲骨文秦作，金文，小篆。秦字從禾，代表秦人也精於米稻文化，立邦國之後，尊伯益為太祖神，也就是取「伯勞」鷹科的圖案作圖騰，用黑白兩塊布料縫合，做成黑底反白的圖徽旌旗，如。（近代拍攝的春秋戰爭古裝片，軍旗上寫篆書，那不符合事實，上古文盲極多，識字人口少，一般平民百姓看不懂，圖徽必須鮮明簡單，易於辨識。）

嬴

金文： **小篆：**

歷來學家皆不解其義，眾說紛紜。依據《山海經》的地理比對（漢代曾在山東萊蕪西北設立嬴縣），以及甲骨文圖畫式的構字習性，此字應解釋為「大龍蝦」。何也？蓋嬴秦先妣祖為女媧，女媧族在山東群島時以海濱礁石中的大龍蝦為主要食材，此即「嬴」造字根源。

古朝鮮國

原始圖騰：

商紂雖然覆滅，但老臣箕子率領極少數官吏一路奔逃到遼東北邊的老窩，依靠舊有的貿易殖民屯堡，以亡國餘燼重起爐灶，建立了古朝鮮國。其活動範圍在松花江畔到鴨綠江周邊，數百年後再分裂成扶餘國。古朝鮮國的圖騰廢棄商之鴟鳥，改採藍底布縫上白圓圈，繡上黑色的旋轉鳥（太陽鳥），如，此圖騰的基本構想被後世的高句麗（高麗）援引改良，逐步轉化成太極旗。

從黃帝到古朝鮮國，原始圖騰大比拼

氏族	代表圖騰
黃帝	 天鼋 ↓ C形龍 ↓ 作戰用的集團圖騰
炎帝	 玫瑰 ↓ 紅菊花
蚩尤	 牛角造型 ↓ 大頭蛇
伏羲氏	 蒼鷹，代表太陽神鷹
尚羲氏	 人面魚紋

女媧氏	 神蛙
顓頊	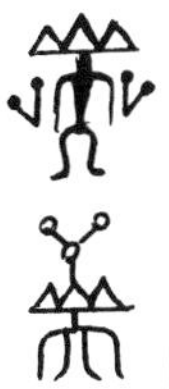 天狼星加上高山，代表高高在上的領導者
堯	 陶唐氏的原始族徽圖騰是陶神
舜	 有虞氏以仁獸騶虞（獅首虎身）或象為圖騰
禹	 神猴，援用帝嚳的夔形圖騰
殷商	 神獸獅，為子姓圖徽  夜鷹鴟鴞，代表巫法  四方征伐用的軍旅圖徽
西周	 雲加上鷲鷹，有「牧野鷹揚」之意
嬴秦	 沿用女媧族的神蛙圖騰  取伯勞鷹科為圖騰，做成黑白兩色的圖徽旌旗
古朝鮮國	 黑色的旋轉鳥（太陽鳥），後來被高句麗援引改良，轉化成「太極旗」
柏濩氏	 濩是水鳥，加上柏樹，就成了柏濩氏的圖騰
魚鳧氏	 魚加上鳥的圖騰，鳧是鷗鳥（俗稱魚鷹）

三星堆傳奇：一個分庭抗禮的小王國

一九八六年，成都北方四十里路的三星堆一號祭坑，挖到古蜀女王魚鳧氏的黃金權杖（見圖1），接著二號祭坑出土了青銅凸目大面具像（見圖2）、黃金面具（見圖3），還有打斷破碎，但經考古人員續拼出來的十日青銅神樹（見圖4）。沒多久找到了古城遺址，以月亮灣、鴨子河、牧馬河交叉的一塊臺地，出現了三星堆古代城牆，城基厚四十米、頂寬二十米，共計三．五平方公里，規模氣勢，超過同時期（殷商）在鄭州二里崗的王城。這座古城有大量與「酒」有關的各種文物（見圖4），容器製造器具多到令人嘆為觀止。

這種高度精緻的文明，怎麼會突然出現在西蜀偏遠之地呢？又怎麼會突然消失？經過碳測定，遺址的所有一切確實是商末周初的產物，這是怎麼一回事？

沒有人可以回答，各種外星說、外來文化說充斥論壇，連博物館的專業人員也講不出個所以然。所幸中國文字有個優點，透過金文、甲骨文可以往上追溯三千五百年至四千年前的歷史概況，彌補考古之不足，現在就一段一段來釐清整個「三星堆」文化的來龍去脈。

圖1 祭祀用黃金權杖

圖2 青銅凸目大面具像

圖3 黃金面具

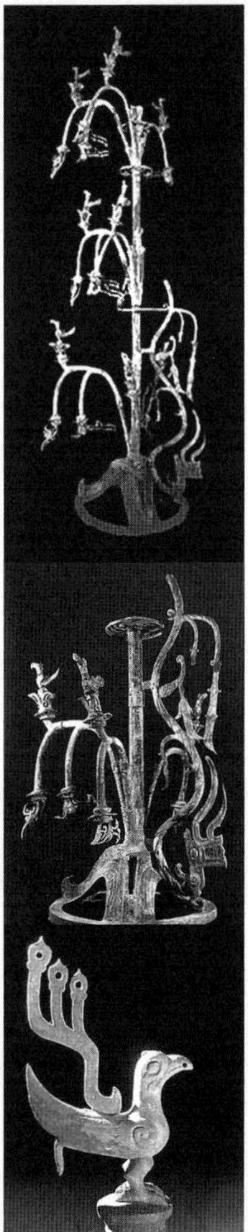

圖4　三星堆二號坑出土的青銅神樹：由上至下分別為神樹、底座、樹上的神鳥

蠶叢氏由來

蠶叢氏是西蜀國首位稱王的氏族，以下的文字紀錄是關於西蜀國最早的文獻。

《先蜀紀》：蠶叢氏，始居岷山石室中。

《蜀王本紀》：蜀之先王名蠶叢，後代名曰柏濩，後者名魚鳧。此三代各數百歲，皆神化不死。

唐以後的各種文獻記載，強調蜀王教民眾養桑蠶、播五穀，歷來學者也不疑有他，繼續援引照錄，甚至把黃帝嫘祖都扯了進來。真相如此嗎？大有疑問！原因如下：

❶家蠶、野蠶大不同，前者為基因突變種，其繭可抽絲；後者無用，其繭遇水即化，抽不出絲。家蠶必須透過人工培養，有許多條件限制。

❷從殷商到漢代，絲織品是中國賺外匯的最大宗，嚴格保護專利。漢律私自攜蠶蛹出關者，不論首從皆斬，妻孥同坐。

❸西蜀若是遍地桑林，養蠶發達，小徑通各國邊界，這種技術早就會被印度、波斯偷竊，

不會拖到宋代以後，此為邏輯，毋庸辯證。

❹再說古蜀文物考古也搞了很久，怎麼就沒掘到當時養桑蠶的物證呢？可見這個「蠶」字是有問題的。如果多多觀測岷山地形，大概就會發現山區中有許多裂隙大縫（又稱石室），大者可容二三十戶人家，小者容五六戶也容易，遠遠望去如，不就像一個臥蠶的形狀嗎？因此蠶叢者，乃對山崖石室的穴居氏族叢雜而居的描述。蠶字，甲骨文多作形，擺橫了，不就像山中石室穴居的造型？

西蜀在被秦始皇滅亡之前，有一種古老的混血文字，姑且稱作另類圖案巴蜀字，一個音節一個字，也是仿漢字由上而下、由左而右，已經有表意字，不是音符字。這種古老文字混合了甲骨文、古彝文，還有西蜀的巫術符號，當這種文字轉換成漢字時難免會有差錯，故石穴叢落變成了「蠶」叢。所以，不用苛責許多經典方誌的訛載，因為一開頭就搞錯了，一錯三千年。

詩聖李白為此事還留了一首詩〈蜀道難〉：「蠶叢及魚鳧，開國何茫然？爾來四萬八千歲，始與秦塞通人煙。」李白曾在西蜀居住二十年，對巴蜀史料軼聞知識遠遠超過他人，隱約覺得「蠶叢」二字的來歷有問題，所以用「何茫然」做一個委婉的質疑。

蠶叢氏是羌人氐人混血的一支，由松潘草原（四川西北部）翻越到岷江上游山區。該氏族的確住在石室，上古期西蜀平均溫度比現在高出五度上下，夏季特長而無風，最好的穴居之所就是天然石室，他們喜歡石頭，連墓葬也要

◉從石穴叢落到蠶字

西蜀國首位稱王的氏族是蠶叢氏，其名稱與養蠶一點都沒有關係，而是圖畫文字刻畫簡省與解讀上的訛誤，解釋如下。

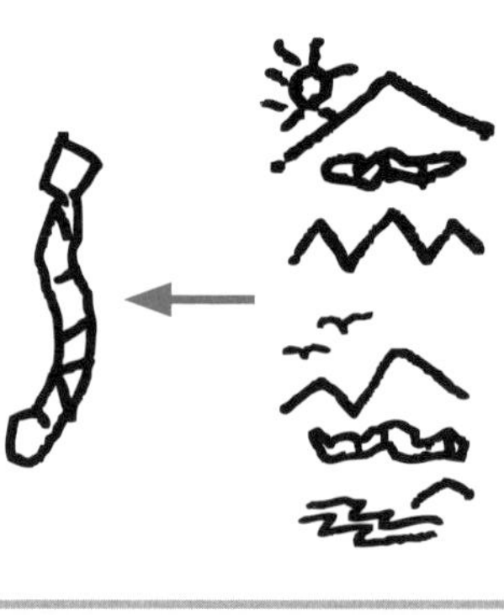

①右邊圖像是石穴叢落，中間為石壁的凹洞石縫，遠觀時像臥蠶形狀。

②當時的圖騰畫像往往會被省筆，久之就訛誤成最左邊的蠶形。

蜀

用石棺。

圖案巴蜀字有一個符號，就是「祖」的意思，後為大山凸起，前面為「石」之祖，類似大墓碑。蠶叢老王死了很久後，氏族後人已經來到汶山地區，總不便繼續使用穴居這個土稱號。

他們在汶山地區看到許多柏樹，還有白鶴展翅於水濱沼澤之間，景象優雅，就以此做圖騰，改稱為「柏濩」氏。濩是水邊之鳥，應該沒有疑義，品種為何則不必細究。這個柏濩氏因為生產能力低落，後來就被魚鳧氏取代了。那麼，魚鳧氏又是打哪來的？

圖騰字：　**甲骨文：**

蜀的原始圖騰圖畫字，是一個「縱目」之人，走一條極為曲折彎繞的小徑；甲骨文為殷人王室占卜的專用字體，多半有簡體，故簡化成，再變。為何不直接寫縱目呢？這是怕與「臣」字混淆之故。

《華陽國志》：「有蜀侯蠶叢，其目縱，始稱王。」究竟縱目是怎麼一回事呢？這乃是在額頭上（印堂上方）用刺青畫了一個垂直形狀的眼睛，是給自己壯膽又恐嚇對方的一種巫術。民間流傳許久的托塔天王二郎神是西蜀灌縣人，其特徵即「縱目」，有第三隻眼可以射出神光收服妖魔，雖是神話，但也反映了地區文化習俗。

西周初期的甲骨文仍繼續沿用龜卜文化，蜀字的縱目特徵保留了，但人形部

下方多了「虫」的符號。這個虫是指蛇紋盤繞的刺青，當時西蜀是有著幾近於赤道高溫濕熱的地區，除非祭儀，否則平日習慣裸半胸刺青，不著上衣。所以，蜀字上面的目是一種「縱目」巫術的殘餘，底下的包字形是指「蜀道難行」的描繪；中間藏的虫字，則是普遍性的刺青習俗（蟒蛇圖案）。因此，千萬別看成蠶蛹吐絲謂之蜀，那是受了蠶叢錯誤概念的影響。

魚鳧氏由來

魚鳧氏基本上是濮人血統，但是原始殷商族在雲夢大澤曾留下看守人員，雙方混血融合後，與濮族脫離自成一系，是個標準的母系社會。他們聽聞各式各樣的女巫傳奇，便積極向川東尋找鹽礦。湖北沔陽有魚復，四川南溪有魚符津，奉節有魚邑（古魚腹縣），宜賓有魚鳧關，溫江縣有魚鳧故城，把這些地區連接起來，大致就是當日魚鳧氏前往西蜀的遷徙痕跡。

魚鳧氏族找到鹽礦了嗎？答案當然是，而且品質超優，廣受歡迎。有了經濟實力，自然在成都區汶山地區做起大盤，慢慢生根，久之，就取代了原先的柏濩氏，成為西蜀女王。魚鳧氏是以魚加鳥作圖騰，鳥做為鸕鳥（俗稱魚鷹，或水老鴨）。

大約在盤庚七遷都邑之後，殷人的大商隊車團已經頻頻走子午道於漢中集結，大西南的商貿網正式成形，為什麼說頻頻呢？因為魚鳧女王國拿黃金交易，引起了女巫群的高度重視，殷人國力雖然管不到巴蜀，但派駐一些巫史貿易團隊，也是長期營商之必需。

武丁中興期，王室直轄師旅已經進駐秭歸，控制了長江流域的進出門戶，對大西南的經營做了未來開發的準備，因此逐年由子國加派不少女史、女妊赴西蜀作業。

這些女史、女妊到了魚鳧王國極受佳評，一方面固然是大邑商威名遠播，但最主要是有共同的原始信仰；加上女巫群見過世面，穿著打扮儼然時尚主流，歡樂飲宴出手大方，人皆樂於趨赴而留連忘返。

魚鳧女王占地利門戶之便，月月盈收，年年有餘，當然對這些女史、女妊、巫官崇拜禮敬，最後乾脆在王城撥一角蓋了許多大房花園招待。既像一國兩制，又像半個租界，平行共治的局面就自然而然誕生了。

這時節，由大彭國撤退下來的一批青年工匠隊伍，千辛萬苦盤旋轉進到涪陵地區，與前朝夏后遺民的彝族聯繫上了。彝族表示，此地已無可耕之地，山區資源極為艱困，與濮人爭河川小臺地，一定出大事，不如借鹽船先到宜賓再說。

這些彭祖後裔一聽，心都涼了半截，出發一千餘人，走到現在只剩九百出頭，許多掉隊的、生病的還留在湖北山區。雖然許多蠻族知道是彭國人，沒為難他們，甚至還幫忙，但愈走人愈少，面對不可測知的明天後天，該如何呢？

剛好，一批押運滇銅、蜀銅的大船到達，左面掛商王鶚鷹旗，右邊掛子國獅子旗，正徐徐靠岸。一些女妊看到岸邊一大群人亂哄哄，連問什麼事？役差回報如此這般。最後驚動了年長女史出面，在公廳詢問幾位彭族代表，老女史幾句話就問到重點，看了看這些塵垢滿面，但仍掩蓋不住青春活力的青年男女，心中突然浮起了一個念頭：「這些人若是自己的子女，那該多好。」但又不能太快表露心態。

於是她說：「彭國人造鼓，天下馳名，但造船不知靈不靈，大船到了奉節（古之夔州），全部要改裝小平底船，越過那驚險的迴龍十八灘。我方正缺人手，給你們三個月時間，老匠人的大木料都在塢倉，造得好不但有賞，而且稟告商王，給你們歸化民的新身分。若造得不好，我也懶得罰了，旁邊的秭歸正到處抓軍伕，還天天急催要供應女優娛軍，通知他們來領人就是。」

老女史表面嚇人，其實暗中幫人，這批彭國青年認真學習受教，悟性極高。三個月後，整批新船下水，比從前耐撞耐操耐轉彎，舵工都說好使，通過層層考驗，老女史簡冊向武丁稟告此事。此時武丁正忙著西北方的大決戰準備，凡有利於大邑商的事，一律照准，還派了王室小臣子央，赴江陵宣慰女史們的辛勞，並傳口諭：「大西南只要上繳黃金、供應軍需這兩件大事做好就行。零星俗事小事，經俞站層層轉交，拖延太久，早已失去時效，不如現地裁決為要。」此例一開，就變慣例，慣例一長，如同法律，在西蜀的女巫群、大小巫官掌握地方實權，真正是「巫在天外，君命有所不受」。

半年後，許多女妊、巫官紛紛將這批彭祖後裔的傑出者挑出放在身邊培訓，白日雖曰差役，但夜裡宛若情侶。久了，風聲傳開，成都附近的女妊、女巫也紛紛假借名義，前來甄人，弄到最後，那邊的女史也下水了。

由於涪陵山城太小，暫時容納可以，日子長了還是不便。於是分批運到成都王城附近（廣漢三星堆），另做出路安排。彭祖裔人既然到了王城，當然要向魚鳧女王獻禮、獻歌、獻舞，這一獻，就獻出了連串群巫爭風、女王較勁的戲碼。

當魚鳧女王接受彭國青年的「黃金權杖」獻禮，表達臣服之心時，女王沒想到有這麼好的工藝，真是愛釋不手。再看到獻禮的代表，體格俊挺，五官輪廓明朗，鼻樑豐厚挺直，眼神有力，是半個中亞混血型的美男子，連連埋怨怎麼不早點來。

三天後，彭祖後裔在王城內庭表演大彭國拿手的鼓樂，「百獸率舞」、「群雉朝凰」，強健的手臂揮舞著，呈現的是力學與美感的完美張力組合；音符音節起伏跌宕，喚起靈魂底層的吶喊。大自然和諧的天籟、百獸迴旋的韻律，透過各種不同感情的鼓聲，交匯成生命的樂章。

西蜀原本偏僻，與中原鮮少交通，群山之中只出蠻人，哪看過如此精彩絕倫的表演。這一來，就把魚鳧國從女王到屬臣，上上下下全給迷倒了，當晚就不讓走，折騰到天亮才放人。彭國的女性也沒閒著，正在另一場類似勞軍的晚宴搏命演出，表演高臺差點就被快要暴動的群眾擠垮，王室衛隊幾乎攔不住了。三個月後，女王把王城對面只有十里路的臺地（原本要當成獵獸場的祭祀地）賜給彭人，並且封為「天彭國」。雖然占地不大，但是有平起平坐的微妙含意，魚鳧國上下都說女王英明。

歡樂的日子日復一日，先前就有不少女妊紛紛懷孕，不便在成都待產分娩。女史眼光畢竟夠遠，當下想出了一個法子。她協調秭歸駐軍，說武丁要來校閱南疆，經過占卜數次，神的旨意是希望在奉節（古之夔州）白帝城迎王，順便舉辦山神磔祭、水神祓除。

一場超高效率的建設工程，很快就把白帝城打造成空中懸圃，上下錯落許多半花園、半閣樓、半亭臺，可以鳥瞰整個江流與群峰，不少女妊、女官就聚集於此度假待產。由於群巫進進出出頻繁，因此對面的峽谷，土人就稱為巫峽，旁邊的山，土人就稱為巫山。中國境內有巫山之地共有五處，此地的巫山與楚懷王的巫山神女夢無關，那個巫山是在雲夢大澤的北邊。第一代的爭風與較勁，魚鳧女王明顯占了上風，到了武丁在位第三十三年，第二代的女巫群接班人，找到機會扳了回來。

棧道貫通，西蜀王城若明珠

武丁與婦好大破鬼方，徹底殲滅三百年邊防大患，擄獲站在鬼方那邊的游牧方國不少牛羊人馬，戰利品很快按功績分配完畢。

至於俘虜呢？上萬的婦女兒童大部分送往淮南地區，從事紡織生產，落實北奴南調政策。男性待遇就極為淒慘，交給嬴秦傭兵看管，那簡直是人間煉獄，餓死了近千人，何以如此？

嬴秦氏族長期居於陝北，地不產金銀，土不生稼穡，游牧稍微過界，立刻與戎狄發生衝突，生活極為艱苦。青壯男子唯一出路，就是當殷商人的邊防傭兵。二百年下來，已經變成了全民皆兵的特殊傳統。嚴守紀律服從命令是強項，執法認真

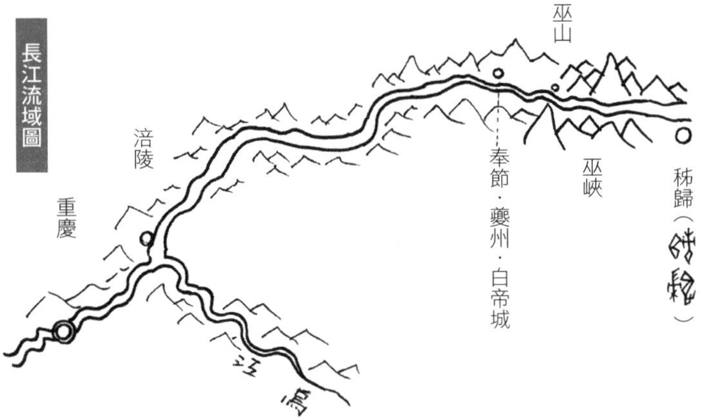

長江流域圖

不講情面是特徵，所以後世商鞅（衛國人）變法，施行於秦地當然可以成功，但秦始皇硬將這一套頒行於六國，天下皆反，搞不到二十年，帝國就垮了。

西蜀分部的女巫群，看到戰俘被嬴秦傭兵凌虐的慘狀，便向商王武丁提出請求：大西南交通艱困，阻礙開發建設，何不將閒置人力調撥蜀地？

武丁在宴會中舉起酒爵笑著說：「妳們要多少，我就給多少，隨時可以鬆手。不過提醒眾家姊妹，這批凶頑野族，既不好管也不好用，到時出了大問題，可別怨大邑商。」

中原地區的女巫群聽了這個構想不置可否，但是興趣缺缺。最後西蜀的女巫群只好說動天彭國的女性，組成了商貿編制以外約二百人的教導服務團，甲骨卜辭寫作：（庫二一五）。

西蜀來的教導團果然有兩手，透過人事，用商貿系統將各邊鄙曾經屯積超量，或即將過期的戰備糧（含醃肉、稷、麥、酒）徵集到天水、鳳翔的俘虜牢營。西蜀的巫官，故意吃同缸大羹、同灶大麥餅，與俘虜一起用餐，三天後，許多女巫下蠱、酒中有毒的離奇謠言不攻自破。接著巫醫帶上西南好藥粉親自敷傷，甚至做截肢手術，十天下來，俘虜牢營的氣氛改變了。一個月後，女史女巫將兩地關押近六千人的俘虜，重新登載族名年籍，一一註明專長特徵，並甄選出各隊伍的役夫長進行一個築祭壇比賽。各隊評比最優者，免除公差勞役三天，並可加餐及觀賞天彭國戲曲。二個月後，土壇石壇竣工，比賽也評定出優劣。

某天早晨，女史女巫令人牽牛羊、車運蔬果，要求各隊就地取用食材，做出自己氏族的風味特餐。這些狄戎俘虜開心極了，非常認真宰殺割烹。下午，女巫女史開始在主壇臺上祭風神和方位神，經文頌讚完畢，立刻召集各隊俘虜，用木板木槽抬上菜飯，到各指定的土壇前面列隊，透過翻譯，用一人傳三人，用三人傳九人方式，同步廣播重大事項。

女巫在主壇饗祭風神時，早將一批特製的稷米香丸子撒遍了壇臺上方，風一吹，天上群鳥聞到香味，慢慢在廣場天空盤旋，沒半個時辰，由數百隻變成數千隻環繞不去。女巫掐算好時間，配合大小祭鼓，揚起插滿羽毛的神袍高聲說：「大鳳來，帝使到，帶來了我們的、你們的祖先靈，正在天上關切著後代子孫。」頓了一下，換個祝咒的動作繼續說：「我已經答應了你們的祖靈，這一生這一世，一定會好好照顧你們，你們的祖靈收到我的承諾，都非常高興。」

說完把神袍一脫，委之於地，許多大膽的鳥群紛紛降落在主壇上（原來神袍內裡，事先已塗抹了各種鳥卵的蛋汁）。女巫又說：「現在，各役夫長就用你們自己的習慣、自己的方式，祭拜你們的祖先親友們，凡人所做的一切，上天都在觀看，祝福大家。」這時廣場上許多狄戎野人紛紛叩壇號叫，捧槽而泣，還有人滿地打滾，撕扯自己的髮辮，悽厲嚎叫。

女巫看看黃昏已近，重新登壇宣布舉行氏族聯合總祭，天上祖靈既已和好，祈願人世間化解所有的怨讎。這些狄戎異族儘管不通文字，不曉中土語言，但誰對他好、誰對他壞，心頭可是雪亮。從此，女巫女史經過俘虜面前，沒有人下命令，也沒人指使，俘虜全都自動自發蹲下，或彎躬或屈膝禮敬。等到人心收攏，女史才宣布開拓棧道計畫，過去的草原已經回不去了，還想留在這裡嗎？不如奔向新的天地——西蜀樂園。

教導團的天彭國女性能講古彝語，部分還通狄戎話，很快就深入俘虜隊伍，做了許多鋪底，甚至臥底工作，還揪出一夥意圖謀殺嬴秦兵逃亡的小集團。女史女巫聽了，便把為首的幾個人找來，也沒審訊，也沒責罰打入黑牢，反而笑著說：「要跑得有馬，不如跟我們到西蜀去，我讓你們養馬，馬長大了，你們愛去哪就去哪，如何？」幾句話一說，為首的幾個立刻跪了下來：「我們酒後說了瘋話，今後不會再犯，一切都聽大巫官指示，今以祖靈之名起誓，永不叛逃。」最後，所有能動能走路的俘虜，全都志願參加鑿山築路，他們深信女巫群的承諾，知道有一個希望在西南。

女史女巫撤換了原先看押的嬴秦傭兵，準備了半年的裝備資糧，正式從天水開鑿新路。另一路由鳳翔出發，最後兩隊人馬在棗城會合整補。沒想到新路如此艱巨，必須一隊走溪谷，一隊走懸崖，一隊爬山顛，三條選一條湊一條，工期一直拖延，路開到廣元時，已經是第三年了。

按慣例，這已經是魚鳧國蜀界了，嬴秦傭兵不能再前進，必須回頭。接手的魚鳧國兵卒看了場面陣容，嚇一大跳，實難相信，僅一百多位女官就靠二百名衛隊，帶了五千狄戎俘兵，長達三年做苦工而不出事？

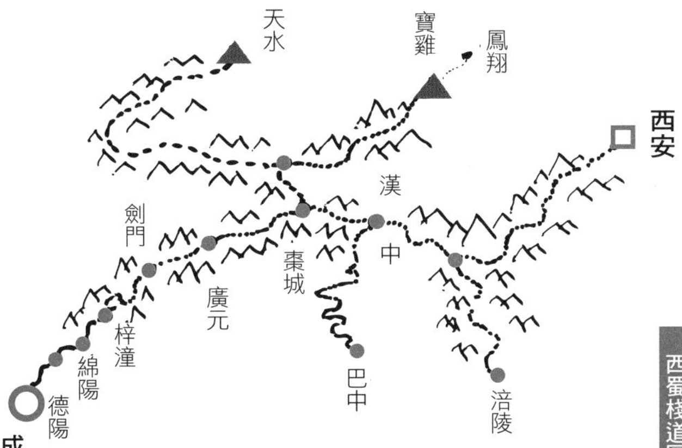

西蜀棧道圖

當然不會出事，人類因有理想而偉大，因有夢想而快樂，與其說是築路，不如說是築夢，更何況大部分的天彭國女性紛紛與狄戎兵俘虜中的菁英演變成共患難的夫妻關係，同樣都是失國之人，彼此扶攜照顧，是一種打不破的金石情誼。

這批隊伍，在心態上早已做了大轉變，屯於綿陽郊區，經過女巫女史隆重類似受洗大典，額頭上全部刺上神聖符號──鳳，甲骨文作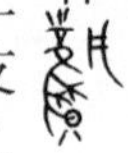，取其半用，為了整齊好看，就刻刺成H形，代表新的身分──天帝鳳族系的另一支，是新移民。

新移民第一件貢獻，就是建築高大厚實的三星城牆（用版築法），魚鳧女王認為經費太龐大就藉故拖延。而西蜀的女巫群用的招式很簡單，先做靠自己的這一邊，接下來調集大木料，有榫頭有卯接的高大房舍取代了原先矮屋，地面是數層的類水泥，砌抹嵌五彩石；牆壁是竹籬笆做筋骨，上抹稻殼黃泥固定，最後敷白圭粉。內間房有墊高鋪設上料木板，整個通風系統門窗靈活，可拆可開可關。

大房建築的平面布局是反凵字形，花園隱藏在中間，外表看不出來。大房建築的後面是平民坊、工匠坊，每間都很小，不設灶房。每條街段頭尾都闢有公廁、公浴、公灶，給水系統與排水系統非常密集通暢。釀製酒坊含地下窖室，共計三層，多達二十餘處，簡直是個酒廊國。

一年後竣工，百商雲集於此，彭國俊男美女也貪歡於此，燈燭通明，歌聲不絕於耳，夜間鳥瞰宛若明珠不夜城。這下子，魚鳧女王發現錯了，被比下去了，立刻拿出黃金動工，酒廊沒得比，那就搞浴池。此為三星堆的大城牆，為何分兩階段施工的由來。

這些女巫女史女奼，極擅於運用人力資源，新的狄戎移民體能差的或掛病號的，全部改調到汶山區綿陽區放牧，並引進新品種，改良成運輸專用的川馬。此外，還引進馴化黃牛，甚至從緬甸雲南引進亞洲水牛；配合精耕水稻作業，二十年不到，已經是大西南的畜牧示範區。

有技藝專長的，就撥到工坊酒坊；儀表好的歸籍成大彭國衛隊，或在女巫集團擔任衛士御夫；體能不錯的，往礦區協助採礦煉銅；能通水性的，調往長江沿岸的俞（驛、庹）站管船管倉；有工程專長的，調往劍門、廣元，維護車馬安全。自從開通棧道，原本只能用背簍方式的人力運輸，現在可以直通四輪車輛，貨流量激增了八、九倍。二十年下來，西蜀女巫群的投資全部回收，而且倍數獲利。

樂極思蜀，不返中土

殷人以商貿起家，早期由子國（略等於教廷）女巫群派出女巫女史打著殷商王的旗號，共同拓展經濟疆域和遠方貿易，到了武丁王朝，巫權漸弱，但還是保持雙軌並行，形式上要尊重商王。

武丁在作戰準備期間，開始派出朝廷直屬的女奼漸漸插手到女巫群之中，當鬼方宿敵殲滅後，淮南桑蠶養殖區轉型成功，天下底定，商王武丁對女巫群的態度就沒那麼熱絡了。加上西蜀女巫群的投資比例太高，上繳（拆帳制）歸庫的黃金長期下降，子國略有微詞，商王也抱怨甚多，導致後來西蜀女巫群，雖然能掛著大邑商旗號，但內心已決定走出自己的路。

到了第三代的西蜀女巫群，就有了一半應付、一半壯大的策略。這時三星堆的魚鳧王城，已經是大西南的小聯合國，各色人種充斥其間，石板古道都壓出車轍凹痕，物產豐盈，生活水準超過中原。任期已滿的女史、女巫，甚至女妊，千方百計要留在西蜀，不想走了。

此外，簡單說明，魚鳧王國就是女兒國，行走婚制度，女性有極大的性自主權。至今巴東文化的遺存，依舊留存於納西族（瀘沽湖附近）。而女巫、女史為變相單身制，家庭或教廷二選一，除此之外，豐富的個人生活並無限制。

所以女兒國加上小女巫國（經濟上有王國的實力），儼然一城兩國，加上南邊對門十里路的天彭國，形成極其弔詭的感情三國，還包括各氏族經濟朝聖的小聯合國，怎麼會不熱鬧滾滾呢？

為了提高祭祀慶典的隆重豪華程度，魚鳧國傾全力找銅礦與金礦，西蜀女巫群出數倍高價禮聘江西武漢頂尖的開模鑄造匠人，直接到銅礦區，就地冶煉翻鑄。

三星堆現今出土的諸多銅器祭祀器，都充滿了殷商文化的濃烈色彩，但又有自己的突出風格，藝術水準實際不輸王朝。因為沒有王天下的野心，不必僭越去鑄不必要的鼎，況且祭祀儀軌已經不走殷商早中期那一套了。陳列食器則全部改用竹籐（甚至大樹葉片）編製，這是因為長年氣溫在三十至三十五度左右，女巫女史甚至不著上衣（裸胸），只穿窄裙，魚鳧國更簡單，僅著垂襠片（類似丁字褲），參看各類銅器的實型即可明白。長期自由慣了，不喜太多約束，反映在簡潔俐落的線條、紋飾方面，幾件代表性的祭器就做了最直截了當的說明：

❶青銅通天神樹，就是山海經及其他古典神話的再現，代表天有九日（其實是十日，一日輪值，九日休息，也因此才有十天干），也是殷人曆法（干支）的精神所繫。

❷大耳、又凸又長的眼睛，這種神格面具（見圖5）代表「重瞳」的誇張表現，是夏文化（帝舜）的崇拜，意為天視、天聽，不做身軀，僅立於柱上瞻仰，應為天彭國的懷舊系列。

❸大眼閉目、挺直豐厚鼻樑的面具組，是中亞混血型男的特徵呈現。魚鳧女兒國堅持鑄此造型，將心目中的理想男性（脫胎於天彭國）用極簡主義的風格表現出來。

❹蹲坐姿勢的人鳥合體神獸，頭額保留鷹之彎嘴，額頭四方各呈長翼翅造型，肩部左右也呈現展翅造型，足部為鳥之爪。此物乃共同膜拜的嶽神，即岷山之神，並且把岷山升格成崑崙山（鷲鷹、蒼鷹築巢於峰之頂嶽之顛，故借此仿效，混合了類比式的巫術思維）。

❺身軀最高大的「群巫之長」（見圖6），頭戴法冠，身著三重袍衣，赤足行地，雙手用抽象手法誇張比例做出環繞握物狀。筆

圖5 三星堆銅人像

圖6 群巫之長

者推敲考證許久，斷為神農氏，手中圈環可以集束插上百花、百枝、百穀，乃炎帝神話系列的膜拜（此時成都沼澤區正在推廣水稻）。

❻諸多鳥形飾件，是殷商朝鳥圖騰崇拜的遺俗。

❼最令人嘆賞的黃金鏤空面具（見圖3），可以實際佩戴，是上古化裝舞會的尊貴道具，何以言之？這種面具應該用在巫法中的致飴之術，為求禋祀的古老習俗。彭人戴上面具後，身分轉變為神降，既可救贖墜落的靈魂，又可激發生命孕化的生機。銅模型有分組，並非全部一樣，或隱含雨露均霑之深意。

帝國將傾，魚梟生變

好夢由來不易醒，繁華褪盡終有時。帝乙初期，西周悄然崛起，蓄積百年的野心正式展露侵吞手段，嬴秦傭兵的立場開始變得曖昧，淮南長江流域的淮夷、苗夷死灰復燃，人方（吳、越）物產無法順利過江。

到了帝乙末期，嬴秦已聯合各方國氏族，占據了西蜀黃金貿易線的邊鄙屯站，主要商貿受到嚴重打擊，西蜀女巫群的總收益亮起了紅燈。到了末代商紂王，西周正式攤牌用兵，大西南貿易區全被切割封鎖，魚梟女王也焦慮不已，只好與周人談判，歸順妥協，掛上魚鷹旗的車隊，勉強支撐凋零的貿易通路。這樣一來，西蜀女巫群三百年的政治優勢地位就一落千丈，更糟糕的還在後面。

在感情世界的追尋競逐中，女巫群身高體型、五官輪廓盡占鰲頭，文化修養、氣質風采都遠遠壓倒魚鳧國，而天彭國是個寄居的附庸國，總不能得罪地主國，因此搞出了一半應付一半偷渡的模式。魚鳧國的婦女雖然心知肚明，但也莫可奈何。魚鳧國的女性，這時想出了一個釜底抽薪、一石兩鳥的計策，主張積極出兵共伐商紂，取得西周的商貿特惠條件，當殷商王朝崩解，女巫群也就自動消滅，此後彭郎獨占，黃金商貿路線由魚鳧國取代。但是，人算不如天算。

周文王當然希望能聯合各種力量共伐紂王，因此一口就答應了條件（事後變卦）。魚鳧國女性全部動員，國內士兵傾巢而出，連王城衛隊都調走了一半。西蜀女巫群一看大勢已去，三百年基業終將付諸流水，與其倉皇「辭」廟，乾脆自我「毀」廟，遂將城外歷代女巫群墓全部開挖，取遺骸以烈燄焚燒，僅剩殘骨盡碎於石臼中研磨，裝了兩大箱回城。

在一場悲涼的毀滅儀式後，巫法重寶不便帶走，但也不能留給對手糟蹋，於是灑上雞血祝告之後，盡數砸爛拆毀，接著傾下二箱白細碎骨，灑上醴酒，嚎哭晝夜。天明，將數百根禮祭過的象牙全部交叉疊放坑內，唱完象王護主咒曲，才拖著疲憊不堪的身軀離開月亮灣。西蜀女巫群撤退到白帝城秭歸王室師旅的駐所，這一次魚鳧女王自以為得計。

商紂王被官僚系統長期誤導，不知社會底層的實際變化，其實當時他若敢對天下宣布，將散盡五百年庫存黃金，那麼不知有多少死士、烈士、勇士出面硬挺，鹿死誰手尚難評定。兩軍對戰，商紂王敗得很慘，官僚推諉，軍餉剋扣，士卒原本就怨氣沖天，再被周人撩撥喊話，十萬戈矛立即轉向。牧野大戰結束後，文王在鎬京校閱從甘肅慶陽來的彭人勁裝部隊，並賜封西蜀都江堰旁的湔水做為封地，順便盯牢魚鳧氏，以防坐大。

這一切，來得又快又突然，古彭人的勁裝隊伍搶先直奔西蜀，直接控制局面；而天彭國對魚梟氏欲滅除女巫群的手段非常不齒，西蜀本樂園也，何必去蹚渾水，於是與甘肅彭人打過招呼後，就率了另一批濮人直接占領王城。

《蜀王本紀》：「（魚梟）王獵于湔，便仙去。」魚梟王離開王宮前，將所有的貴重祭器禮器投坑掩埋，只帶了少數殘眾遁入岷山。據說女王懊悔至極，每天瘋了似地喃喃自語，常說看到這個神那個仙，故史書上曰仙去。

天彭國根基太淺，人數又少，最後西蜀的政權還是落入他人之手。濮人系的杜宇及母系社會的江源利族，聯兵攻打三星堆王城，占領整個成都區域。即《蜀王本紀》所說：「后有一男子名曰杜宇，從天墜，止朱提。有一女子名利，從江源井中出，為宇妻。乃自立為蜀王，名曰望帝。」

周文王崩駕，成王年幼即位，周公代為攝政。周人內部大分裂，三叔叛亂，商紂王的兒子武庚雖然乘亂起兵，但很快就失敗了，殷商王朝復辟的最後機會終於破碎。

殷人長期駐紮秭歸的師旅，不願降周，有的散了，有的乾脆換了衣服自稱楚人，荊楚羋氏當然喜出望外地收下這天上掉下來的禮物。按西周與荊楚交好之期始於周文王，但武王伐紂雖有盟會，偏偏冷落了楚侯「鬻熊」，導致周楚交惡。殷商王朝崩解後，大量女史巫官紛紛逃離中原西蜀等地，投奔於荊楚，並藉此交惡矛盾獲取活動空間。

於是楚文化就在一夜之間，全面躍升，實力倍增，形成獨特風格，敢與中原叫板，歷代周王十分不悅，如出土銅器銘文所載：

《史墻盤》：廣批楚荊……。（周昭王大規模撻伐荊楚）

《過伯簋》：過伯從王伐反荊……。（過伯隨周昭王南征荊楚）

到了周昭王還親率大軍征伐楚國，如《竹書紀年》的記載：「周昭王十六年，伐荊楚，涉漢，遇大兕……。」這一仗，周昭王不但沒討到便宜，還斷送了性命。楚人按殷商女史巫官的高明戰略，全面佯裝敗退，繼續誘敵深入，留下大批潛伏的船工船匠，半推半就幫周朝軍隊打造運輸船舶，表面上為了超時趕限，實際上偷工減料，弄出大批看似堅牢的「山寨版」船隻，在滿載吃水後立刻散了架。

雨季來臨，江闊水深，正是用水師的好時機，誰知解纜開航後，君臣紛紛沉於茫茫漢水之中。這在史書中都有載錄，例如《史記．周本紀》：「昭王之時，王道微缺，昭王南巡狩不返，卒於江上。」《帝王世紀》也說：「昭王在位五十一年，以德衰南征，及濟於漢，楚人惡之，乃以膠船進王。王御船至中流，膠液船解，王及祭公俱沒於水中而崩。」

這就是被勝利沖昏腦袋的結果，化身隱籍的女史巫官總算報了數世的恩怨情仇。

另外，別忘了，楚國文學的重鎮就在秭歸（屈原故里），歷史上令漢王驚豔的絕世美女王昭君也生在秭歸，還有許多古老巫術流傳於楚地，蔚為風氣，此中纏繞了許多值得玩味的歷史線索。

國家圖書館出版品預行編目(CIP)資料

巫帝國藏在甲骨文裡 / 王泰權作. -- 初版. -- 臺北市：橡實文化出版：大雁文化發行, 2014.02
面； 公分
ISBN 978-986-6362-84-2(平裝)

1.甲骨文 2.巫術 3.研究考訂

792.2 102021011

BM0031

巫帝國
藏在甲骨文裡

作　　者　王泰權
特約主編　莊雪珠
封面設計　莊謹銘
內頁構成　舞陽美術・張淑珍
校　　對　莊雪珠、魏秋綢

發 行 人　蘇拾平
總 編 輯　于芝峰
副總編輯　田哲榮
業務發行　郭其彬、王綬晨、邱紹溢
行銷企劃　陳詩婷
出　　版　橡實文化 ACORN Publishing
臺北市10544松山區復興北路333號11樓之4
電話：02-2718-2001　傳真：02-2718-1258
E-mail信箱：acorn@andbooks.com.tw
發　　行　大雁出版基地
臺北市10544松山區復興北路333號11樓之4
電話：02-2718-2001　傳真：02-2718-1258
讀者傳真服務：02-2718-1258
讀者服務信箱：andbooks@andbooks.com.tw
劃撥帳號：19983379；戶名：大雁文化事業股份有限公司

印　　刷　中原造像股份有限公司
初版一刷　2014年2月
初版五刷　2020年3月
I S B N　978-986-6362-84-2（平裝）
定　　價　420元